완전하지도, 끝나지도 않았다

완전하지도,

끝나지도

않았다

**양심적인 일본 변호사들의
징용공을 위한 변론**

가와카미 시로·김창호
아오키 유카·야마모토 세이타
은용기·장계만 지음
한승동 옮김

메디치

일러두기

1. '징용공'이라는 용어는 일본식 표현이어서, 한국어판에서는 '강제 동원 노동자' 또는
'강제 동원 피해자'로 옮겼으나, 경우에 따라서 '징용공'이라는 표현도 함께 썼다.

2. 역자 주는 본문에 * 기호로 표시했으며, 원서의 각주는 미주로 정리했다.

3. 부록의 자료는 원문 그대로 싣는 것을 원칙으로 하되, 책의 편집 원칙에 맞춰
맞춤법, 띄어쓰기 등을 통일했다.

추천사

아베 정권은 1965년 한일 청구권협정으로 양국 간 식민지배 및 강제 동원에 대한 보상 문제는 모두 해결됐으므로 2018년 10월 한국 대법원의 판결은 나라 대 나라의 약속을 어기고 국제법을 위반한 처사라고 주장한다. 이에 한국 측은 피해자들의 개인 청구권이 소멸되지 않았고, 개인이 기업에게 배상을 청구할 수 있는 권리는 남아 있으므로 대법원 판결은 정당하다고 맞선다. 이 책은 한일 양국의 뜨거운 이슈였고 현재까지도 국가적 차원의 대결로 치닫고 있는 강제 징용 문제를 알기 쉽게 설명하고, 근본적인 해결책까지 제시하고 있다. 정말 이런 책이 나오기만을 기다렸다. 일반 대중을 대상으로 징용공 문제를 이렇게 알기 쉽게 설명한 책은 처음이다. 우리는 진실을 알아야 한다. 강제 징용 문제는 정치적 영역이 아닌 인권의 문제다. 부디 이 책을 통해 한일 양국이 피해자들의 인권을 회복하는 방안을 찾고, 두 나라 국민의 인식 또한 한층 진일보할 수 있기를 희망한다.

호사카 유지(세종대학교 교수)

이 책의 저자들은 강제 동원 문제의 최전선에 서 있다. 2018년 대법원 판결 이후, 나를 포함한 한국인 피해자 대리인 및 지원단은 수시로 일본을 오가며 저자들과 함께 일본 기업 및 정부로부터 사과와 배상금을 받을 수 있는 전략을 논의했다. 그중 하나가 일본 사회에 사건에 관한 정확한 정보를 전달하는 것이었고, 이 책은 바로 그 결과라 말할 수 있다. 이제 한일 관계는 결코 2018년 대법원 판결 이전으로 되돌아갈 수 없다. 피해자를 배제하고 침묵을 강요한 채 비겁하게 이어져 온 한일 관계는 더 이상 '적당히' 유지될 수 없기 때문이다. 이 책은 2018년 한국 대법원 판결, 그 판결이 나오기까지 20년 넘게 한일 양국에서 이어진 소송의 역사, 그리고 판결에 대한 양국 정부의 입장까지 '팩트 가득하게' 분석하고 있다.

임재성(변호사, 강제 동원 피해자 소송 대리인)

옮긴이 해제

아베 정부는 일제 강점기에 강제 동원된 조선인 피해자, 이른바 '징용공' 배상 문제는 1965년에 체결된 한일 청구권협정에 의해 "완전히 그리고 최종적으로 해결"됐으므로 한국이 이를 다시 문제 삼아서는 안 된다고 주장한다. 정말로 그럴까?

2019년 7월 일본의 한국에 대한 반도체 소재·부품 수출 규제에 이은 '화이트리스트'* 제외, 이에 대한 한국의 맞대응에 따른 1965년 국교 수립 이래 '사상 최악'의 한일 관계 이면에는 바로 이 강제 징용 문제를 둘러싼 한일 두 나라의 이견과 갈등이 자리 잡고 있다. 2018년 말 한국 해군이 일본 해상자위대 초계기에 레이더를 쏜 것을 두고 벌어진 양국의 논란도 마찬가지로 그 배경에 강제 동원 '사건'이 있었다.

---

* 자국의 안전 보장에 위협이 될 수 있는 첨단 기술과 부품 등을 수출할 때, 수출 허가 절차에서 우대를 해주는 국가를 일컬으며, '안전 보장 우호국'이라고도 한다.

코로나 바이러스(COVID-19, 이하 '코로나19') 감염 사태 확산으로 동아시아 인근 국가 간의 협력이 절실해진 지금의 긴급 상황조차 돌려놓기 어려워 보이는 두 나라 갈등의 진실은 무엇인가?

문제가 매우 복잡해 보이지만, 실은 아주 단순하다. 핵심은, 일제 강점기에 조선인들을 강제 동원해 가혹하게 노동시키고 임금도 지불하지 않았던 일본 전범기업들에게 한국 법원이 배상하라고 판결하자 일본 정부가 이 문제가 한일 청구권협정으로 논의가 끝난 사안이라며, 일본 기업들에게 배상하지 말라고 가로막고 나선 것이다. 아베 정부는 한일 청구권협정 체결 당시 한국은 피해자 개인의 배상청구권까지 포함해서 "완전히 그리고 최종적으로 해결"하기로 약속했으므로, 그 뒤의 문제는 한국 정부가 처리해야 하며 일본 정부 및 기업과는 관계가 없다고 주장한다.

이러한 논리는 그동안 아베 정부가 줄기차게 주장해왔고 대다수 일본 언론과 지식인들도 이에 대해 별다른 이의 제기를 하지 않고 오히려 적극적으로 지지하기까지 했다. 따라서 일본 내 여론의 대세는 아베 정부의 주장이 옳고 한국 쪽 주장은 '사악하다'는 것이다. 달리 말하면, 한국 정부와 한국인들의 주장이 나쁜 의도를 가진 '억지'라는 것이다. 한국에 대한 수출 규제나 화이트리스트 배제 등의 조치에 대한 일본 내 여론조사에서 80퍼센트 안팎의 응답자가 정부의 논리에 찬성하고 한국과의 국교 단절까지 공공연하게 거론하는 것도 이러한 사정 때문이다. 코로나19 사태 이후 한국 정부의 대응 조치에 일본인들이 기이할 정도로 불신과 혐오를 드러낸 것도 그 연장선상에 있다고 할 수 있다. 또한 온갖 정치 스캔들과 '아베노믹스'의 한계 속에 일본 경제의 전망이 더욱 불투명해진 데다, 도쿄올림픽 연기와 코로나 19 사태에 대한 무대책 논란 악재까지 겹쳤음에도 아베 총리의 지지율이 떨어지지 않는 작금의 특이한 현상도 이와 무관하지 않다. 그렇다면, 강제 동원 피해자들에 관한 일본 정부의 주장은 옳은가? 또한 일본 정부의 주장에 동조하는 일본 내의 다수 여론은 과연 정당한가?

이 책은 바로 이러한 의문점에 정면으로 맞서 응답한다. 단정적으로 선뜻 정답을 제시하기보다는 일본 측의 주장과 논리가 어디가 어떻게 잘못된 것인지 조목조목, 치밀하게, 법리적으로 반증한다. 일본인과 재일 조선인 변호사 6명이 강제 징용 사건과 관련된 핵심 문제들을 법리적으로 하나하나 짚어가며 일본의 주장을 논파하는 것이 이책의 기본 구조이자 특징이다. 이는 정치·경제적, 역사·문화적 관점에서 이 문제를 바라보는 것과는 또 다른 시야를 독자들에게 제공한다. 저자들도 서문에서 이 점을 직접 밝히고 있다.

우리는 징용공을 비롯한 강제 동원 문제나 한국 대법원 판결을 정확하게 이해하고, 피해자를 구제하기 위한 방안을 냉철하게 생각하는 데 필요한 정보를 제공하고자 이 책을 썼다. 부디 이 책이 국가 간 분쟁에 시선을 빼앗기지 말고 피해자 개인에게 초점을 맞춰, 이 문제를 해결해가는 방법을 생각하는 데 참고가 되기를 바란다.

그러면, 한일 청구권협정으로 강제 동원 피해자들의 배상 청구 문제가 "완전히 그리고 최종적으로 해결"됐다는 일본 정부의 주장은 왜 잘못된 것인가?

먼저 이 주장을 정면으로 반박하는 한국 대법원의 판결을 보자. 대법원은 강제 동원 피해자들의 위자료청구권처럼 "일본의 국가권력이 관여한 반인도적 불법 행위나 식민지배와 직결된 불법 행위에 의한 손해배상청구권"은 애초에 1965년 청구권협정의 적용 대상에 포함되지 않는다고 지적했다. 이 책의 저자들도 국가권력이 관여한 반인도적 불법 행위나 식민지배 같은 불법 행위의 배상청구권 문제는 해당 국가 양국이 어떤 협의를 하더라도 피해자 개인의 청구권을 제약할 수 없다는 데 동의한다. 그것은 반反인권 문제에 대처하는 국제사회의 최근 흐름과도 합치한다. 저자들은 특히 한국 대법원이 판단의 근거로 삼은 한국 헌법 전문의 '독립과 자주, 평화와 인권 존중 정신'이 일본 헌법의 근본 가치와도 통한다며 한국 대법원의 판결을 지지한다. 이는 달리 말하면 아베 정부의 주장은 일본의 헌법 정신에도 어긋난다는 얘기가 될 수 있다.

저자들은 한일 청구권협정을 체결할 때 배상청구권도 그 대상에 포함시켜 해결했다는 일본 정부의 주장에 의문을 표한다. 10대 초반의 나이에 취직, 공부를 시켜준다며 속여 데려가 강제 노역을 시킨 여자근로정신대 피해자들의 경우를 예로 들면서 "일본 기업에 대한 위자료청구권까지 포함한 모든 문제를 해결하기로 의심의 여지가 없을 정도로 명확하게 합의했다고 할 수 있는가?"라고 반문한다. 협정문에는 그러한 명시적 문장이 들어 있지 않다.

또 하나의 반론은 한국 정부와 민관공동위원회가 제기했다. 2005년의 민관공동위원회 견해나 2017년의 문재인 대통령 연설에서 제시된 한국 정부 입장은 강제 동원 피해자들의 손해배상(위자료)청구권도 한일 청구권협정의 대상이긴 하지만, 협정으로 한국 정부가 포기한 것은 '외교보호권外交保護權'일 뿐, 개인의 청구권은 소멸하지 않았다는 것이다.

외교보호권이란 자국 국민이 타국의 위법 행위로 손해를 입었을 경우에 정부가 타국에게 책임을 추궁할 권리다. 협정 체결 당시 한국 정부가 배상청구권을 포함시켜 그 권리를 포기했다는 일본 측 주장은 반쪽짜리 진실일 뿐이다. 그것은 배상청구권 문제와 관련해 더 이상 정부 차원에서 일본 정부에게 배상 요구 및 주장을 하지 않겠다는 것이지, 피해 당사자 개인들의 배상청구권을 포기했다는 의미는 아니다. 개인의 배상청구권은 본래부터 포기될 수 없으며, 따라서 강제 동원 피해자들이 일본 전범기업들을 상대로 자신들의 손해배상을 청구하는 것은 정당한 권리다.

이런 주장은 비단 한국 정부만 해온 것이 아니다. 일본 정부도 2000년 무렵까지는 동일한 주장을 폈다. 1999년에 피해자들이 일본에서 제기한 미쓰비시중공업三菱重工業 상대의 손해배상청구 소송 등에서 일본 법원도 강제 연행·강제 노동 사실과 기업들에게 손해배상 책임이 있다는 것을 인정했다.

일본 정부가 그렇게 판단한 데에는 물론 이유가 있다. 2차 세계대전 이후 소련군은 일본인 포로를 시베리아로 끌고 가 장기간 강제 노역을 시켰으며, 미국 정부도 미국에 거주하던 많은 일본인을 적국인으로 간주해 강제 수용했다. 일본 정부는 전쟁 뒤에 이들 사건의 피해자들이 일본 정부를 상대로 손해배상을 청구할 경우 책임을 회피하고자 했다. 일본은 교전국들과 전쟁 뒤 강화조약과 공동선언 등으로 청구권 문제를 해소했지만 개인의 손해배상청구권은 살아 있었으므로 피해자들이 일본 정부를 상대로 손해배상을 청구할 경우 일본 정부가 아니라 소련이나 미국 정부를 대상으로 소송을 제기하라며 책임을 떠넘기려 했다. 일본 정부는 2000년 무렵까지는 일제 강점기 당시 조선인 피해자들에게도 이 논리를 그대로 적용했다.

하지만 1980년대 후반부터 한국이 민주화되고 냉전체제가 무너지면서 그때까지는 목소리를 낼 엄두조차 내지 못했던 한국의 강제 동원 피해자들이 일본 정부를 상대로 배상 청구 소송을 제기하기 시작했고, 이들의 손을 들어주는 판결이 늘어나면서 상황이 달라졌다. 일본 정부가 기존 입장을 바꿔 개인 피해자들의 배상청구권도 한일 청구권협정으로 해결됐다고 주장하기 시작한 것도 바로 이 무렵부터다.

설령 개인 배상청구권까지 한일 청구권협정 대상에 포함됐다는 일본 정부의 주장을 수용한다 하더라도, '청구권협정으로 다 해결됐으므로 피해자 개인은 전범 기업들을 상대로 손해배상을 청구할 수 없다'는 논리는 국제적으로 통용될 수 없다. 최근 인권 문제와 관련한 국제사회의 입장은 당사국끼리 어떤 협정 및 조약을 체결했든 개인 차원의 피해를 해소할 수는 없다는 것, 즉 그럼에도 개인의 배상청구권은 살아 있다는 쪽으로 모아지고 있다. 일본 정부가 주장하듯이 국제 법정에서 재판하더라도 일본 정부가 이길 수 없다는 말이다.

일본 정부가 들고 나온 또 하나의 논리는 설사 모든 배상 청구 논리가 옳다고 하더라도 공식적으로 2차 세계대전을 종결한 샌프란시스코 강화조약에 따라 피해자들이 '재판(소송)을 통해서는' 배상을 청구할 수 없다는 것이다. 일본 사법부가 일본 내에서 제기된 한국인 피해

자들의 청구 소송을 모조리 기각하고 있는 최후, 최강의 '절대 논리'
다. 일본 정부는 한일 청구권협정도 기본적으로 샌프란시스코 강화조
약의 틀 안에 있으므로, 이에 따라 재판을 통해 손해배상을 청구할 수
없다고 주장한다. 샌프란시스코 강화조약의 해당 조항은 패전국 일본
이 연합국에 끼친 손실에 대한 배상 책임을 지지만, 현실적으로 일본
의 자원 등이 이를 감당할 수 없는 상태라는 점을 전제로 하고 있다.
말하자면 '배상해야 하지만 현실적으로 불가능하니 안 된다'는 논리
다. 하지만 샌프란시스코 강화조약문 어디에도 피해자 개인들의 청구
권은 재판을 통해 청구할 수 없다는 규정이 없다.

　게다가 한국은 일본 정부의 방해로 샌프란시스코 강화조약에 초청
조차 받지 못했고, 또 다른 최대 피해국인 중화인민공화국과 중화민
국(대만)도 마찬가지다. 다시 말하면 사실상 미일 양국의 단독 강화라
할 수 있는 샌프란시스코 강화조약은 가장 큰 피해를 입은 국가들을
배제한 채 그들끼리의 이해타산에 맞춰 체결된 조약이다. 당시 미국은
일본을 통째로 차지하는 대신 천황과 주요 전범들의 책임을 거의 대부
분 면제해주었고 엉뚱하게도 그 옆에 있는 한반도를 분단시켰다. 말
하자면 일본 정부의 주장은 자신들이 그 조약에 참가하지도 못하게
한 피해국의 배상 요구를 그 조약의 이름으로 불가하다며 거부하는
자가당착적인 면모를 보인다.

　이 모든 것을 종합해 보면 지금까지 아베 정부의 주장은 잘못된 게
분명하다. 아베 정부는 강제 동원 피해자들의 손해배상청구권은 한일
청구권협정으로 소멸했다면서 2018년 한국 대법원의 판결은 국제법
을 어긴 행위라고, 축구게임으로 치면 규칙을 어기고 골대를 마음대

로 옮겨버린 폭거에 해당한다고 주장해왔다. 만약 이 주장이 옳다면 한국 대법원은 국제법을 어겼고, 한국 정부는 이를 알면서도 바로잡지 않고 이를 이용해 반일감정을 부추겼으며, 이에 놀아난 한국 유권자들은 돈만 노리고 부당하게 배상을 청구한 강제 동원 피해자들의 비뚤어진 욕심에 동조해 일본인들을 괴롭힌 악당이 되어버린다.

"사죄했는데 또 사죄라니, 몇 번이나 사죄하란 말이냐, 돈을 또 달라는 것이냐"는 등의 근거 없고 저열한 '반한 감정'은 이런 메커니즘 위에 구축되었고, 일본 우파 정권은 이를 부추겨 정권 안보에 이용해왔다. 그래놓고 오히려 한국 정부가 반일감정을 부추겨 정권 안보에 이용한다고 역선전을 펼쳤고, 여론조사는 이러한 행태가 일본에서 그대로 먹혀들고 있다는 사실을 보여준다.

여기에는 우파 정권에 순치된 일본 언론의 책임이 크다. 모든 언론이 그렇다고 할 순 없지만 많은 일본 언론은 이런 악순환의 구조를 정면으로 파고들어 취재하지도, 분석하지도, 보도하지도 않는다. 일본 사회에서 이른바 혐한·혐중 '헤이트스피치'가 백주에 저토록 횡횡하고, 우익들이 펴낸 혐한 서적이 서점 특별코너에 집중 진열되고, 예전엔 북한을 희화하고 조롱하는 것을 업으로 삼던 일본 민방 텔레비전 방송사들이 최근엔 앞다투어 한국을 왜곡·폄훼하는 것도 그 연장선상에 있다. 외부에 일본의 언론이 우파 정권의 적극적인 동조자처럼 비치는 것도 무리가 아니다.

최근 이런 일본 언론에 대한 국제 언론기구의 평가도 형편없이 떨어졌다. 만일 일본 언론이 아베 정부의 주장이나 논리를 제대로 파헤치고 문제점을 짚어내 공론에 부칠 경우, 일본인들이 한국을 바라보는 시각에 큰 변화가 일어나고 한일 관계는 지금까지와는 전혀 다른 양상이 전개될 수 있진 않을까?

이 책은 일본 언론이 동조하거나 외면하고 있는 아베 정부 주장의 허점을 제대로 짚어낸다. 배상 청구 소송 사건들의 개요와 성격을 알기 쉽게 기술하고, 원고 개개인의 간략한 인생사를 당시의 사정을 중심으로, 그들의 직접 진술을 토대로 정리하고 있다. 또한 판결에 이르기까지의 경과, 강제 동원의 규모와 배경도 흥미진진하게 서술한다. 이것만 놓고 보아도 강제 동원 피해자 배상 청구 소송과 관련한 정보로서는 특별하다. 필자가 과문한 탓인지는 몰라도 특히 피해자 개개인의 기구한 사연과 그들이 주체가 된 소송 관련 사건 개요를 이렇게 신뢰할 만한 자료로 정확하게 정리해준 책은 달리 본 적이 없다.

그런 정보를 토대로 이 책은 이어서 한일 청구권협정의 내용, 체결 배경과 경과, 그리고 이에 대한 한일 양국의 해석 변천 과정을 대조하면서 문제의 확정 판결이 어디쯤에 위치하는지 정리한다. 그리고 대법원 확정 판결과 그 과정을 총정리하고 의미를 짚은 다음, 이 모든 논의의 토대이자 근거가 되는 판결문, 문서 등의 자료를 충실히 실었다. 관련 자료들을 이렇게 충실하게 집대성한 책도 아직까지는 찾지 못했다.

부디 이 책이 저자들이 소망하는 것처럼 피해자들의 피해 보상과 인권 회복, 나아가 한일 양국의 생산적이고 미래 지향적인 관계를 정립하는 데 조금이나마 도움이 되길 바란다.

2020년 5월
한승동

한국어판 출간에 부쳐

2018년 10월 30일과 11월 29일, 한국 대법원은 강제 동원 피해자들이 제기한 3개 소송에 대해 판결했다. 이는 일본 기업이 국민학교(오늘날의 초등학교)를 졸업한 지 얼마 되지 않은 소녀나 미성년 청년들을 속여 공장에서 위험한 중노동을 강요했거나, 원자폭탄 피폭자가 된 강제 동원 노동자들을 치료하지도, 귀국을 돕지도 않은 채 방치하는 등의 중대한 인권 침해를 자행한 사건에 대한 판결이었다. 한국 대법원은 가해 기업인 일본제철과 미쓰비시중공업에게 위자료를 지불하라고 명령했다. 원고들 중 일부는 처음 일본에서 소송을 제기한 이래 무려 20년이 넘는 오랜 세월이 지나서야 승소했다.

이런 결과에도 일본 정부는 피해자들에게 위로나 사죄의 말을 하지 않았다. 오히려 아베 신조 총리는 "국제법에 비춰 있을 수 없는 판결"이라고 비난했으며, 고노 다로 외상은 "국제질서에 도전"하는 "폭거"라고 주장했다. 일본의 주요 언론들도 이 견해에 동조해 연일 텔레비전 프로에서는 논평가들이 한국을 비난했다. 나아가 일부 국제법학자, 정치학자, 다수의 야당 의원까지 여기에 가세해, 한국 비난은 마치 팬데믹처럼 일본 사회에 퍼져 나갔다. 원고들의 피해 사례나 일본 정부 및 기업이 자행한 강제 동원의 사실, 일본 정부 스스로 1965년 한일 청구권협정 이후 개인의 청구권이 소멸하지 않았다고 해석해왔다는 등의 중요한 사실들은 거의 보도되지 않았다.

다만 이런 상황 속에서도 정부나 언론의 태도에 의문을 품은 시민들은 분명 존재했다. 우리가 변호사회나 시민단체의 주최로 강연회를 열었을 때 예상외로 많은 시민들이 찾아오는 바람에 준비된 자료가 부족해 황급히 추가 복사를 한 적이 몇 번이나 있었다. 우리는 그 모습을 보며 많은 일본 시민들이 정부나 언론이 쏟아내는 편향된 정보가 아니라 확실한 사실을 알고 싶어 한다는 것을 느꼈다. 그래서 한국 정부와 대법원을 비난하는 보도와 언설이 가득한 일본 사회에 조금이라도 더 정확한 사실관계와 정보를 제공하고 이를 전제로 한 냉정한 논의를 촉구하고자 이 책의 일본어판을 출간했다.

강제 동원의 역사적 사실이 잘 알려져 있는 한국에서 이 책을 원서 내용 그대로 출간하는 의의에 의문을 제기할 사람도 있으리라 본다. 하지만 이 책은 한일 청구권협정의 체결 경위나 양국 정부와 법원의 해석 같은 법적 사실 등 한국 사회에 잘 알려져 있지 않은 사실까지도 담고 있다. 이 책을 계기로 단순히 '같은 한국인이라서' 피해자들을 지지해왔던 독자들 가운데 한 사람이라도 '피해자들의 호소가 정의와 법의 원칙에 부합하기 때문에 지지한다'는 쪽으로 바뀐다면 필자들로서는 이보다 더한 기쁨이 없을 것 같다.

4장 말미에 기재한 대로, 일본어판을 출판할 당시 일본 정부가 한국을 '화이트리스트'에서 제외하는 결정을 내리는 등 상황이 매우 긴박했다. 그래서 원서에서 강제 동원 문제는 외교게임의 카드가 아니라 피해자의 인권 문제라고 강조했지만, 그 뒤에도 지소미아(GSOMIA, 한일비밀군사정보보호협정)의 연장 여부를 둘러싼 한일 간의 정치적 대립만이 더욱 주목받았다. 그 결과 피해자들의 인권 회복이라는, 이 문제의 본질과는 점점 멀어지는 안타까운 상황이 이어졌다.

한편 한국에서도 강제 동원 문제를 해결하기 위한 움직임이 있었다. 그중에서 일본에서도 크게 보도된 것은 2019년 12월 문희상 국회의장이 제안한 '기억·화해·미래재단 법안' 발의 제안이다. 이 책의 Q17에서도 얘기했듯이 기금을 창설해 피해자들을 널리 구제하려는 제안 자체는 환영할 만한 일이다. 설사 대법원 판결로 승소한 원고들이 강제집행에 성공하더라도 전체 피해자들 가운데 극히 일부 사람만이 구제받을 수 있기 때문이다.

하지만 유감스럽게도 이 법안은 내용상 많은 문제가 있는데, 무엇보다도 큰 문제는 피해자들의 의향을 묻지도 않고 느닷없이 발의됐다는 점이다. 강제 징용 사건 피해자들은 인권을 유린당했던 아픔이 있는 만큼, 진정으로 이 문제를 해결하기 위해선 시간이 걸리더라도 그들의 의사를 최대한 존중해야 한다.

반인도적 불법 행위 피해자들의 인권 회복을 위한 국제법에 관한 논의는 1990년대부터 눈부신 발전을 이룩했다. 그 예로 2005년 유엔 총회에서 채택된 '국제인권법 및 국제인도법의 중대한 위반 피해자들을 위한 구제와 보상에 관한 기본 원칙 및 가이드라인'이 있다. 이 문서는 피해자들이 신속한 배상을 받을 권리 및 불법 행위와 배상 제도에 관한 적절한 정보에 접근할 권리를 선언하여, 이러한 원칙에 따라 피해자들 중심의 관점으로 피해자들과 전 인류의 연대를 실현하는 것을 밝히고 있다.

2015년 한일 외무장관의 '위안부' 합의를 두고 여성차별철폐위원회나 인종차별철폐위원회가 이러한 피해자 중심의 접근법이 아니라며 비판한 것도 기억에 새롭다. 피해자의 의향을 확인하지 않은 채 '위에서' 구제 방책을 제시해주겠다는 법안 발의 방식은 그 이전의 실패를 되풀이하는 것이라고밖에 할 수 없다.

또 2020년 1월 6일에는 원고들의 대리인인 변호사들을 중심으로 강제 동원 문제를 해결하기 위해 한일 양국의 변호사, 학자, 정·제계 관계자로 구성된 협의체를 설치하자는 제안이 있었다. 이는 피해자 중심의 접근을 실현하기 위한 방법을 구체적으로 제시한 것으로, 한국 정부가 여기에 참가할 의사를 표명한 것은 매우 환영할 만한 일이었다. 그러나 스가 요시히데 일본 관방장관은 이 제안에 "아무런 흥미도 없다"고 공언했다. 일본 정부가 근본적으로 역사에 대한 반성이 결여됐고, 여전히 국제적인 인권 보장 움직임에도 무관심하다는 것을 확인하면서, 재차 이런 정부를 허용하고 있는 일본 국민의 책임을 통감했다.

나는 이 책의 한국어판을 일본의 전후 보상 재판 과정에서 만난 이금주 씨와 양금덕 씨 두 분에게 바친다.

이금주 씨는 군무원軍務員으로 남양제도에 동원된 남편을 잃었다. 그는 전후 태평양전쟁 피해자 광주유족회 회장으로서 결코 명예를 위해서가 아니라 오직 성실로써 일본의 강제 동원 문제에 대응해왔다. 무려 2,000명에 달하는 피해자들을 일일이 찾아다니며 피해 사실을 듣고, 설득해 수차례에 걸쳐 그들을 소송 원고 단체로 조직했다. 내가 원고 대리인으로 관여한 관부關釜 재판, 우키시마마루浮島丸 소송, 광주 1,000인 소송 등은 이금주 씨의 헌신적인 노력으로 실현된 것이다.

양금덕 씨는 대법원 판결 당사자의 한 명으로, 어린 나이에 여자근로정신대로 나고야 미쓰비시중공업 항공기공장에 동원돼 공습의 공포 속에서 중노동을 강요당했다. 1994년부터 야마구치지방재판소 시모노세키 지부에서 일본을 피고로 한 관부 재판에 원고로 참가했으며, 그 뒤 나고야에서 미쓰비시중공업을 대상으로 한 소송에도 참가했다. 양씨는 두 사건 모두 최고재판소에 올라갈 때까지 싸움을 계속했지만 유감스럽게도 일본에서 진행된 여섯 차례 재판은 모두 패소 판결이 났다.

그러나 양씨는 결코 포기하지 않았고, 이번에는 한국 법원에 미쓰비시중공업을 제소했고 무려 아홉 차례에 걸친 재판 끝에 마침내 대법원에서 승소 확정 판결을 받아냈다. 관부 재판의 원고로 재판을 시작한 지 25년 만의 일이었다.

앞서 얘기했듯이 1990년대부터 반인도 범죄 피해자들의 인권 회복을 둘러싼 국제법은 눈부신 진보를 이룩했다. 그러한 진보의 원동력은 바로 이금주, 양금덕 씨 같은 피해자들이 결코 침묵하지 않고 평생을 걸고 계속해온 싸움 덕분이다. 이 두 분의 투쟁에 감사와 존경을 가득 담아 이 책의 한국어판 출간을 축하한다.

이 책이 한국 독자들이 피해자들의 아픔에 공감하고 문제 해결을 모색하는 마중물이 될 수 있기를 바란다.

2020년 4월

야마모토 세이타

서문

　징용공(강제 동원 노동자)과 여자근로정신대 문제를 둘러싸고 한일 두 나라 정부 간 대립이 이어지고 있다. 그런데 애초에 이 문제가 양국 정부가 대립해야 하는 문제일까?

　1944년 당시 13~14세였던 소녀들은 "일본에 가면 학교에 갈 수 있다", "공장에서 일하면서 돈도 벌 수 있다"는 등의 꼬임을 믿고 정신대원에 지원했고, 일본으로 끌려갔다. 소녀들은 기숙사에서 자유로이 외출도 할 수 없었으며, 제공되는 식사는 현저히 부실했고 급료도 받지 못한 채 가혹한 노동을 강요당했다.

　전쟁이 끝난 뒤 한국으로 돌아간 소녀들은 일본에서 당한 고통을 잊을 수 없었고, 1999년에 일본에서 미쓰비시중공업을 상대로 손해배상(위자료)을 청구하는 소송을 제기했다. 일본 법원은 강제 연행·강제 노동 사실을 인정하고, 당시 기업에게 손해배상 책임이 있다는 것을 인정했다. 그러나 "한일 청구권협정 2조에 따라 청구권에 대해 어떤 주장도 할 수 없게 돼 있다"며 소녀들의 청구를 기각했다. 소녀들은 포기할 수 없었으므로, 이번에는 한국에서 재판을 시작했다. 그리고 마침내 2018년 한국 대법원은 그들의 청구를 인정하고 미쓰비시중공업에게 1억~1억 2,000만 원의 배상금을 지불하라는 판결을 내렸다. 재판이 시작된 지 19년 만에 마침내 그들의 주장이 인정받은 것이다. 거짓말에 속아 일본으로 따라갔고, 급료도 받지 못한 채 가혹한 노동을 강요당한 피해자들이 무임금 노동을 강요한 일본 기업을 상대로 위자료 지불을 요구했고, 그것이 재판을 통해 인정받았다는 이 당연한 결과가 그렇게 받아들이기 어려운 일일까?

혹자는 한일 청구권협정에서 한국은 피해자 개개인의 배상청구권까지 포함해서 "완전히 그리고 최종적으로 해결"하기로 약속했으므로, 그 뒤의 문제는 한국 정부가 대처해야 하며, 일본 정부나 일본 기업은 이 문제와 관계가 없다고 말한다. 하지만 한일 양국 정부는 한일 청구권협정 체결 당시 그 안에 일본 기업에 대한 위자료청구권까지 포함한 모든 문제를 해결하기로 의심의 여지가 없을 정도로 명확하게 합의했다고 말할 수 있는가? 한일 청구권협정에는 국가 기반을 구축해가려던 한국에게 경제협력자금으로 무상 3억 달러·유상 2억 달러의 '역무役務'를 제공한다고 명기돼 있긴 하지만, 거기에는 위자료청구권에 해당하는 내용은 적혀 있지 않다.

무엇보다도 가장 중요한 문제는, 가혹한 피해를 당한 사람들이 소녀 시절부터 오늘에 이르기까지 구제받지 못한 채 방치돼 왔다는 사실이며, 이에 일차적인 책임을 져야 하는 이들은 당연히 피해를 준 일본 기업이 아닐까? 오늘날 한일 양국 정부 및 일본 기업에게 요구되고 있는 것은 그 사실을 인정하고 성실하게 대처하면서, 이들과 같은 피해를 받은 수많은 강제 동원 피해자들을 구제하기 위해 서로 협력하는 일이 아닐까?

그러나 유감스럽게도 현실은 이 문제에 대한 정보가 대중에게 거의 제공되어 있지 않다. 우리는 징용공을 비롯한 강제 동원 문제나 한국 대법원 판결을 정확하게 이해하고, 피해자를 구제하기 위한 방안을 냉철하게 생각하는 데 필요한 정보를 제공하고자 이 책을 썼다. 부디 이 책이 국가 간 분쟁에 시선을 빼앗기지 말고 피해자 개인에게 초점을 맞춰 이 문제를 해결해가는 방법을 생각하는 데 참고가 되기를 바란다.

2019년 7월

저자들을 대표해서

가와카미 시로

이 책의 개요

1. 일본의 조선 식민지배, 강제 연행

1910년의 한일병합조약으로 일본은 조선을 식민지로 삼았다. 그리고 1937년 중일전쟁을 시작한 후 일본 정부는 전쟁에 따른 국내 노동력 부족 현상을 해결하고자 계획적으로 조선인들을 강제 연행했다(→Q2).

2. 한일 청구권협정의 체결

전후戰後에 한일 양국은 오랜 시간 교섭한 끝에 1965년 한일기본조약【자료 8】및 그 부속 협정의 하나로 한일 청구권협정【자료 6】을 체결했다. 이 협정과 합의 의사록【자료 7】에는 "완전히 그리고 최종적으로 해결", "어떠한 주장도 할 수 없는 것으로 한다"는 문언이 있다(→Q7, Q8).

3. 일본 정부 해석의 변천

그러나 일본 정부는 이 문언을 두고 국가의 권리인 외교보호권의 포기를 의미하는 것일 뿐, 개인 청구권을 소멸시킨 것은 아니라고 해석했다【자료 18, 19】. 이 해석에 따라 2000년 무렵까지는 일본 정부가 법정에서 "한일 청구권협정으로 해결됐다"고 주장한 적은 없었지만, 그 후로 일본 정부에 불리한 하급심 판단이 잇따르자 돌연 해석을 바꿔 한일 청구권협정 등의 조약에 따라 해결이 됐다고 주장하게 된다. 그리고 강제 연행된 중국인 노동자가 원고인 2007년의 니시마쓰西松건설 강제 노동 사건 최고재판소* 판결【자료 3】은 기본적으로 이런 주장을 수용해 권리의 존재 여부와 상관없이 소송을 통해 손해배상을 청구할 수 없다는 것이 샌프란시스코 평화조약【자료 13】의 틀이라고 판단했다. 마찬가지로 그 틀 안에 있는 중일공동성명【자료 20】을 근거로 중국인 피해자가 재판을 통해 손해배상을 청구할 수 없게 됐다고 주장했다.

그러나 이것은 세계인권선언【자료 14】과 자유권 규약【자료 15】으로 보장된 '재판을 받을 권리'와 정면으로 충돌한다. 다만 최고재판소는 이 판결에서도 피해자 개인의 청구권은 소멸하지 않았다는 것을 인정하고, 당사자 간의 해결을 권장했다. 니시마쓰건설과 중국인 피해자들은 이를 받아들여 화해가 성립됐다.

피해자들이 재판을 통해 손해배상을 청구할 수 없다는 최고재판소의 이 이론은 이후 한일 청구권협정에도 적용됐다. 따라서 그 뒤의 한

---

* 한국의 대법원에 해당하는 일본 법원의 최상급 기관.

국인 피해자들이 제기한 소송에서는 한일 청구권협정에 따라 "피해
자들이 재판을 통해 청구할 수 없게 됐다"며 원고 패소 결정이 내려졌
다(→Q3).

4. 처음에는 피해자들의 소송 제기를 인정하지 않았던 한국 법원

한편 한국에서는 피해자들이 제기한 문서 공개 소송의 결과로 한
일회담 관련 문서가 공개되자 정부는 민관공동위원회를 열어 협의하
고, 2005년 8월 26일에 민관공동위원회 견해【자료 10】를 공표해 한국
정부의 해석을 밝혔다. 한국 법원에서 피해자들의 제소도 시작됐다.
그러나 한국 지방법원이나 고등법원은 소멸시효*와 일본 판결의 기
판력旣判力** 등을 이유로 피해자들의 청구를 인정하지 않았다(→Q4).

그런 가운데 2010년, 한일 병합 100주년을 맞아 일본변호사연합회
와 대한변호사협회는 공동선언【자료 5】을 발표하고, 일본 정부에 강
제 동원 피해 진상 규명과 사죄 및 배상을 목적으로 하는 조치를 취하
라고 요구했다. 또한 강제 동원에 관여한 기업들에게 자발적으로 보
상을 위해 노력하라고 호소했다.

---

*   권리가 일정 기간 안에 행사되지 않을 경우, 그 권리가 소멸한다고 규정한 제도.

**   확정 판결의 구속력.

5. 한국 법원의 흐름을 바꾼 2012년 대법원 판결과 그 연장선인 2018년 대법원 판결

이러한 흐름을 바꾼 것은 2012년의 일본제철[*] 징용공 사건 대법원 상고심 판결【자료 2】이었다. 대법원은 고등법원의 판단이 일본의 식민지배는 불법적이고 강제적인 점령이었다는 대한민국 헌법【자료 16】의 근본이념에 반하며, 식민지배와 직결된 불법 행위에 대한 손해배상청구권은 한일 청구권협정의 대상이 아니라며 사건을 고등법원에 되돌려 보냈다. 이에 고등법원은 신일철주금新日鐵住金에 배상을 명했고, 신일철주금이 상고하자 이에 대해 판결을 내린 것이 2018년의 일본제철 징용공 사건 대법원 재상고심 판결【자료 1】이다(→Q1).

이 판결은 2012년 대법원 판결을 답습한 것으로, 특별히 새로운 판결은 아니었다. 또한 이 사안은 일본 법원에서도 강제 노동이라고 인정한 사안이었지만, 일본 정부와 많은 언론들은 원고들에 대한 위로와 사죄에 대해서는 일언반구도 없이 "한국이 문제를 다시 끄집어냈다"는 등의 언사로 격렬하게 비난했다(→ Q12). 이에 몇몇 일본 변호사들은 '문제의 본질은 식민지 피해자들의 인권 회복'이라는 성명을 발표했다【자료 4】.

---

* 2018년 10월에 대법원 판결이 나온 '일본제철 징용공 사건'에서는 재벌 해체와 경영 통합 영향으로, 피고의 회사명이 바뀌었다. 강제 동원 당시의 사명은 '일본제철日本製鐵'이었는데, 소송 제기 때는 '신일본제철新日本製鐵(신일철)', 대법원 판결 때는 '신일철주금新日鐵住金', 그리고 2019년 4월부터는 다시 '일본제철日本製鉄'로 바뀌었다.

6. 일본 헌법과 대한민국 헌법의 공통 이념인 '인권의 회복'을 위한 협력을

여기서 주의해야 할 것은, 양국 정부와 법원 모두 피해자들의 개인 청구권은 인정하고 있다는 사실이다. 그러나 앞서 언급했듯, 한국 대법원이 일본의 식민지배가 불법이었다는 것을 지적하는 등 그 근거에 대한 의견이 두 나라 간에 완전히 일치하는 것은 아니다. 그러나 여기서 중시해야 할 것은 피해자의 인권 회복을 위해 무엇을 할 수 있는지 여부다.

한국 대법원 판결은 헌법의 근본이념을 이유로 삼고 있다. 그리고 한국 헌법과 일본 헌법【자료 17】의 이념은 결코 대립하지 않는다. 일본 헌법은 1945년에 일본이 포츠담선언【자료 12】을 수락함으로써 대일본제국 헌법의 구제도가 부정된 바탕 위에 제정된 것이고, 포츠담선언 8조에는 "카이로선언의 조항은 준수돼야 한다"고 기재돼 있으며, 카이로선언【자료 11】에는 "조선 인민의 노예 상태에 유의하고, 즉시 조선을 자유 독립시킨다"는 구절이 기재돼 있다. 그렇다면 일본 헌법 전문의 "자국의 일에만 전념하면서 타국을 무시해서는 안 된다", "전 세계의 국민이 다 같이 공포와 결핍에서 벗어나 평화 속에서 생존할 권리를 갖고 있다는 것을 확인한다"는 등의 문언은 일본의 침략전쟁과 식민지배를 반성하고, 두 번 다시 그런 짓을 하지 않음으로써 평화를 유지하겠다는 의미라는 것을 알 수 있다. 한편 한국 헌법 전문에도 독립을 유지함으로써 국제 평화에 공헌하겠다는 이념이 제시돼 있다. 그리고 두 헌법 모두 헌법을 통해 지켜낼 최고의 가치는 개인의 존엄(=인권)이라는 점을 확인하고 있다(→Q16).

한국 대법원 판결 뒤 일본 정부가 한국을 적대시하는 행위가 계속되고 있지만, 양국의 법체계는 이처럼 평화와 인권에 대해 같은 가치관을 공유하고 있다. 적어도 1998년에 양국 정부가 발표한 한일 파트너십 선언【자료 9】을 바탕으로 한일 정부가 협력해 강제 동원 피해자들의 인권 회복을 위해 노력해야 한다고 생각한다. 이 책에서는 크게 위의 문제들을 Q&A 형식으로 정리했으며, 이에 덧붙여 더 자세한 논의를 4장에 실었다.

야마모토 세이타

차례

....

제1장: 70년 동안의 기다림
- 한국의 징용공 재판 판결

....

제2장: 우리는 강제 징용 노동자였다
- 징용공 재판의 배경 사정

제3장: 정치적으로 타협된 인권

- 한일 청구권협정의 내용과 해석

제4장: 완전하지도, 끝나지도 않은 문제

- 징용공 재판의 총정리

제1장

70년 동안의 기다림

- 한국의 징용공 재판 판결

Q1 판결의 개요

2018년 10월부터 한국 법원에서 일본 기업에게 강제 동원 피해자들에 대한 배상을 명하는 판결이 몇 건 나왔다.* 그 판결의 구체적인 내용은 무엇인가?

일본제철 징용공 사건

2018년 10월 30일, 한국 대법원은 신일철주금(구 일본제철鐵), 지금의 일본제철에게 오사카, 가마이시釜石, 야하타八幡의 제철소와 함경북도 청진의 제철소 건설에 강제 동원된 한국인 피해자 4명에게 1인당 1억 원의 손해배상금을 지불하라는 판결을 확정했다. 그리고 같은 해 11월 29일, 서울중앙지방법원 항소 합의부는 2차 소송의 원고 1명에 대해, 2019년 6월 26일에는 서울고등법원이 3차 소송의 원고 7명에 대해 각 1억 원씩 손해배상을 인정하는 판결을 선고했다.

---

* 이 책이 일본에서 출간된 2019년 9월 기준으로 판결에서 배상을 인정받은 징용공 등 강제 동원 피해자는 64명, 관련 피고 기업은 4개다. 그 가운데 일본제철과 미쓰비시중공업 관련 10명의 피해자들에 대해서는 대법원에서 판결이 확정됐으며, 나머지 사건은 모두 피고가 상고해서 대법원에 계류 중이다.

미쓰비시 히로시마 징용공 사건

이어서 대법원은 2018년 11월 29일, 미쓰비시중공업에게 히로시마의 기계제작소와 조선소에 강제 동원된 한국인 징용공 5명에게 1인당 8,000만 원씩 손해배상금을 지불하라는 판결을 확정했다. 그리고 2019년 6월 27일, 서울고등법원은 2차 소송의 원고 13명에 대해, 1인당 9,000만 원씩 배상하라고 미쓰비시중공업에 명했다.

미쓰비시 나고야 근로정신대 사건

미쓰비시 히로시마 징용공 사건 판결이 내려진 2018년 11월 29일, 대법원은 미쓰비시중공업에게 나고야의 항공기공장에 강제 동원된 한국인 전 여자근로정신대원女子勤勞挺身隊員 5명에게 사망, 부상 등 피해 정도에 따라 1인당 1억 원에서 1억 5,000만 원씩 배상하라고 판결했다. 같은 해 12월 5일에는 광주고등법원이 2차 소송의 원고 4명에게 1인당 1억 원에서 1억 5,000만 원씩 배상을 인정했으며, 또 그달 14일에는 3차 소송의 원고 2명에게 1인당 1억 2,000만 원씩의 배상을 인정했다.

후지코시 근로정신대 사건

2019년 1월 18일, 같은 달 23일, 같은 달 30일, 서울고등법원은 후지코시不二越에 1~3차 소송 총 21명의 후지코시 여자근로정신대원 피해자들에 대해 동원 기간에 따라 1인당 8,000만 원 또는 1억 원씩 배상하라고 명했다.

히타치조선 징용공 사건

2019년 1월 11일, 서울고등법원은 히타치조선日立造船에게 1명의 징용공 피해자에게 5,000만 원을 배상하라고 명했다.

아오키 유카

Q2 판결이 인정한 노동 실태

한국에서 승소한 원고들은 어떤 체험을 했는가?

원고들에 대하여

Q1에서 소개한 사건 중에서 히타치조선 사건 이외의 4건은 한국에서의 소송 이전에 일본에서도 오랜 시간 법정 다툼을 이어온 주제였다. 이 사건들의 원고들에 대해서는 한일 양국의 법원 모두 동일한 사실을 인정한다. 원고들이 상대적으로 젊어서 기억이 선명했던 덕분에 일본에서의 재판이 오히려 한국의 경우보다 더 상세하게 피해자들의 입장을 인정했다. 이를 요약한 원고들의 체험은 다음과 같다. 당사자 또는 유족의 의사를 확인할 수 없기 때문에 원고의 이름은 익명으로 처리한다. 다만 지금도 실명으로 기자회견을 하고 있는 일본제철 사건의 이춘식 씨와 미쓰비시 나고야 여자근로정신대 사건의 양금덕 씨의 경우 실명으로 기재한다. 또한 '원고 ○○'라고 표기할 때에는 경칭을 생략한다.

일본제철 징용공 사건

오사카 제철소에 동원돼 현지에서 징용된 두 사람의 원고

구 일본제철은 1943년, 평양에서 오사카 제철소의 공원工員 모집 신문광고를 냈다. 그 광고에는 오사카 제철소에서 2년간 훈련받으면 기술을 습득할 수 있고, 한반도의 제철소에 기술자로 취직할 수 있다고 기재돼 있었다.

당시 17세, 20세였던 원고1과 원고2는 거기에 끌려 응모했고, 훈련공으로 일하게 됐다. 하루 8시간 3교대제였고, 휴일은 한 달에 1~2회 정도였고, 2~3엔 정도의 용돈만 지급됐다. 임금 전액을 지급하면 낭비할 우려가 있다며 원고들 허락도 받지 않고 그들 명의 계좌에 임금 대부분을 입금하고 저금통장과 도장을 기숙사감이 보관했다.

원고들은 화로에 석탄을 넣고 부숴 섞거나, 직경 150센티미터, 길이 100미터의 철관에 들어가 엉거주춤한 자세로 열기와 분진을 참아가며 석탄 찌꺼기를 제거하는 등 화상 위험이 있고 기술 습득과는 무관한 중노동을 해야 했다. 원고2는 감전되거나 화상을 입은 적도 있다. 기숙사나 공장의 식사량은 매우 적어 언제나 배가 고팠다. 기숙사 창문은 쇠창살이 붙어 있었으며, 현관문은 늘 감시받았고 밤에는 굳게 잠겨 나갈 수가 없었다. 그런가 하면 경찰관이 자주 와서 "도망치더라도 금방 붙잡힐 수 있다"고 했다. 원고2가 도망치고 싶다고 말했다가 발각돼 사감으로부터 구타당한 적도 있다. 일본 정부는 1944년 2월께 이미 일하고 있던 원고 등 훈련공을 현원現員으로 징용했다. 징용된 뒤에는 용돈도 전혀 지급되지 않았고, 감시도 심해졌다.

오사카 제철소는 1945년 3월 무렵 공습으로 파괴되었고 이때 훈련

공 일부가 사망했다. 원고들은 6월께 함경북도 청진에 건설 중이던 제철소로 이동했으며, 그때 사감에게 임금이 입금된 통장과 도장을 돌려달라고 요구했지만 거부당했다. 청진에서는 하루 12시간씩 공장 건설을 위한 토목공사에 종사했으나 임금을 전혀 지급받지 못했다.

가마이시 제철소에 동원됐다가 그 뒤 징병당한 원고 이춘식

원고 이춘식은 1941년에 대전 시장의 추천을 받아 보국대報國隊로 동원돼 일본으로 건너갔으며, 구 일본제철의 가마이시 제철소에서 일했다. 코크스를 용광로에 넣고, 쇠가 나오면 다시 가마窯에 넣는 노동에 종사했는데, 심한 분진으로 고생했고, 작업 중에 발이 걸려 넘어져 3개월 입원한 적도 있었다. 임금을 저축해준다는 말만 들었을 뿐 정작 임금을 받은 적은 없었다. 보름에 한 번 헌병이 와서 인원을 점검했으며, 병으로 일을 못 나가면 꾀병이라며 발길질을 했다. 1944년에 징병당해, 고베의 한 부대에서 패전 때까지 포로감시원으로 일했다.

야하타 제철소에 동원, 도주하다 발각돼 구타당한 원고4

원고4는 1943년 1월 무렵, 군산부(지금의 군산시) 지시로 동원됐고, 구 일본제철의 야하타 제철소에서 일했다. 화물철도의 포인트를 조작하거나 보수하는 작업에 종사했는데, 임금은 전혀 받지 못했다. 도주하다가 발각돼 며칠 동안 구타당했고 음식을 주지 않아 식사를 하지 못한 적도 있다.

미쓰비시 히로시마 징용공 사건

징용에 의한 동원

만 18세부터 21세였던 고故 A와 원고1, 2, 3, 4는 1944년 9월부터 10월까지 서울과 경기도의 거주지에서 징용 명령서를 받았다. 다른 징용공들과 함께 열차로 부산까지, 거기서 배로 일본 시모노세키까지, 다시 열차로 미쓰비시중공업의 기계제작소와 조선소가 있는 히로시마로 끌려갔다. 고故 A와 원고1은 기계제작소, 원고2, 3, 4는 조선소에 배치됐다.

중노동과 자유의 박탈

그 뒤 각 작업장에서 월 2회의 휴일을 빼고 매일 아침 8시부터 저녁 6시까지 철판 절단, 구리관 굽히기, 배관 작업 등에 종사하면서 회사가 설치한 기숙사에서 생활했다. 식사는 조악했고 양도 적었으며, 좁은 방에 10~12명이 생활했다. 기숙사 주변에는 철조망이 쳐져 있었고, 휴일에도 헌병과 경찰의 엄중한 감시 때문에 자유가 거의 없었고, 가족과의 편지 왕래도 사전검열 당했다. 급료에서는 기숙사비와 저금이 공제됐고, 통장도 받지 못했다. 회사는 급료의 절반을 가족에게 보내고 있다고 말했지만, 실제로는 보내지 않았다.

피폭 뒤 방치되다

1945년 8월 6일 히로시마에 원폭이 투하됐다. 기계제작소는 폭심지에서 3.7킬로미터, 조선소는 4.3킬로미터 떨어진 곳에 있었다. 피폭으로 부상당한 사람도 있었지만, 회사는 그 어떤 구호 조치도 취하지 않고 이들을 방치했으며, 귀국을 돕지도 않았다. 그 때문에 원고들은 각자 도보로 시모노세키나 하카타博多로 이동해 귀국했다. 상황이 여의치 않아 밀항선을 타는 경우도 있었다.

402호 통달에 의한 차별

원고들은 귀국한 뒤에도 피폭 후유증으로 고생했다. 원고2, 3, 4는 히로시마로 건너가 치료를 받은 적도 있다. 그런데 구 원폭의료법이나 피폭자특별조치법에는 국적에 관련된 조항이 없어 한국인 피폭자도 피폭자 수첩을 교부받거나, 조건을 충족할 경우에는 건강 관리 수당을 수급할 수 있다. 이는 현재의 피폭자 원호법援護法도 마찬가지다. 하지만 1974년에 후생성(후생노동성의 전신)은 이 법률이 '피폭자가 외국으로 거주지를 옮긴 경우에는 적용되지 않는다'는 402호 통달通達을 발표했다. 이로 인해 기껏 돈을 들여 일본으로 가서 발급받은 피폭자 건강수첩은 귀국과 동시에 종잇조각이 되었고, 원고들은 수당을 지급받을 수 없었다. 본인의 의사에 반해 일본에 강제 징용되었고, 그 결과 피폭까지 당했음에도 원고들은 그에 대한 구호 활동에서도 차별받아야 했다.

미쓰비시 나고야 근로정신대 사건

담임 교사나 교장에게 속아서 지원

고故 A, 고 B와 원고 양금덕, 원고2, 3, 4는 13세, 14세였던 1944년 5월에 여자근로정신대로 나고야의 미쓰비시중공업 항공기제작소 공장에 동원됐다. 동원 당시 원고 양금덕은 아직 국민학교 재학 중이었다. 원고5는 고 B의 형이자 고 A의 남편이다.

원고들에게 근로정신대에 가라고 권유한 것은 그들이 다니던 학교의 담임, 교장, 헌병 등이었다. 그들은 "체격과 머리가 좋은 아이가 정신대로 일본에 가서 일하면 돈도 많이 벌 수 있고, 여학교에도 다닐 수 있다. 돌아올 때는 집 한 채를 살 수 있는 돈을 갖고 오게 될 것이다", "일본에 가서 군수공장에서 하루 일하고 2~3일 공부하고, 그렇게 2년간 일하면 그 뒤에는 4년간 공부하고 졸업증서를 받을 수 있다"는 등의 말을 했다. 원고들은 여학교에 갈 수 있다는 꿈같은 얘기에 마음이 동했다. 또한 국민학교에 입학한 뒤 황거요배皇居遙拜*, 황국신민서사皇國臣民誓詞**, 교육칙어 암기해서 부르기, 일본어 사용, 일본 정신 교육 등 황민화 교육을 받아, 일본의 전쟁을 위해 일하는 것은 훌륭한 일이라 생각하고 있었기 때문에 근로정신대에 가기를 희망했다.

대부분 가족의 반대에 부딪혔지만, 원고들은 부모의 도장을 몰래 가지고 가 담임교사에게 건넸다. 부모가 강하게 반대하는 바람에 망설인 원고도 있었지만 교장에게서 "네가 가지 않으면 네 부모는 계약을 위반한 것이기 때문에 형무소에 가게 될 것이다"는 등의 협박을 받아 일본으로 갈 결심을 굳혔다.

---

* 멀리서 천황이 사는 궁을 향해 절하는 행위.
** 일본제국 신민으로서 천황의 충직한 신하가 되고 강한 국민이 되겠다는 맹세.

강제 노동과 자유 없는 생활

원고들은 담임과 헌병의 인솔로 배를 타고 시모노세키로 갔으며, 열차를 타고 나고야로 갔다. 공장에서는 오전 8시부터 오후 5~6시 무렵까지 일을 해야 했다. 작업은 철저한 감시하에 이뤄졌으며 옆 사람과 얘기를 할 수도 없었다. 화장실도 허락을 받고 가야 했으며, 정해진 시간 안에 돌아오지 않으면 꾸중을 듣거나 처벌을 받아야 했다.

작업은 시너로 항공기 부품의 녹을 제거하고 그 위에 도료를 칠하거나 줄칼로 부품을 절단하는 일, 두랄루민판에 항공기 부품 형태를 그려 일본인 종업원들이 작업하는 곳까지 운반하는 일, 긴 파이프에 피륙을 입히고 바느질로 꿰매는 일이었다. 원고3은 두랄루민판을 운반하다가 그 무게를 견디지 못하고 발등에 떨어뜨려, 피가 나고 부을 정도로 다쳤지만 의사의 진찰은커녕 약도 받지 못했다. 원고4는 두랄루민판을 절단하는 작업 중에 왼쪽 집게손가락이 잘리는 사고를 당해 병원에서 치료를 받았으나 출혈이 심해 2개월 동안 작업을 할 수 없었다.

원고들은 다다미 8장(약 13.2제곱미터) 넓이 정도의 기숙사 방에서 다른 정신근로대원 6~8명과 함께 생활했다. 오전 6시에 기상해서 아침식사 뒤 '가미가제神風'라고 쓴 머리띠를 맨 채 기숙사에서 20~30분 걸리는 공장까지 4열종대로 정렬해 군가를 부르면서 행진해야만 했다. 급여는 전혀 받지 못했고, 식사량도 매우 적어 늘 배가 고팠다. 감시원의 동행하에 단체로 나고야성, 아스타신궁, 호국신사에 간 적도 있었지만, 개인 외출은 금지됐다. 원고4는 동생이 사망했다는 통지를 받고 집으로 돌아가려 했으나 허가받지 못했다. 가족에게 보내는 편지도 검열당해 생활상의 불만을 편지에 쓸 수 없었다. 처음 약속했던 것과는 달리 기숙사에서 일본 노래나 일본 예의작법, 바느질 등을 배운 것 외에는 학교 교육을 받는 것도 불가능했다.

도난카이 지진

1944년 12월 7일에 도난카이東南海 지진*이 일어났다. 공장의 상당 부분이 무너지고 고故 B를 비롯한 전라남도 출신 정신대원 6명이 사망했다. 고 B는 넘어진 벽과 천장에 눌리고 단단한 벽돌에 머리를 맞아 피를 흘리며 죽었다. 원고 양금덕은 천장이 무너지면서 철봉이 왼쪽 옆구리를 관통하는 부상을 당했으며, 원고4는 건물 밖으로 도망쳐 나올 때 다른 사람에게 떠밀려 넘어진 뒤 밟히는 바람에 귀와 손, 왼쪽 발목 등을 다쳤다.

공습과 공장 이전

그 무렵부터 공습이 심해져 거의 매일 밤 공습경보가 울렸다. 원고들은 춥고 물이 고여 있는 방공호로 대피해야 했으며, 잠도 제대로 잘 수 없었다. 1945년 1월께 공장 일부가 도야마현富山県의 다이몬大門으로 이전했고, 원고들도 봄에 이곳으로 이동했다. 거기서도 나고야 때와 마찬가지로 급여를 받지 못해 주린 배를 움켜쥐고 힘든 노동에 종사했다. 원고3은 다이몬 공장 기숙사 사감에게 "약속대로 조선으로 돌려보내 달라"고 한 적이 있지만 사감이 "누가 처음에 그런 얘기를 시

---

* 혼슈 남동부 기이반도와 미에현 앞 일대에서 발생한 진도 7.9 규모의 지진.

작했나? 이 중에는 스파이가 있다"며 호통을 치는 바람에 오히려 사죄해야 했다.

1945년 8월 15일에 전쟁이 끝났지만 원고들은 10월께가 돼서야 사감으로부터 "급여와 짐은 집으로 보내주겠다"는 말만 듣고 작업복 차림으로 귀국했다. 그러나 그 뒤로 회사에서 급여를 보내 온 적은 없었다.

전후의 생활

한국에서는 일본군 '위안부'를 일반적으로 '정신대'라고 불렀기 때문에 여자근로정신대와 혼동되는 일이 흔했다. 그 때문에 원고들은 근로정신대에 갔던 일을 숨기며 생활했는데, 그것이 알려져 파혼이나 이혼을 당하는가 하면 남편의 폭력에도 시달렸다. 고故 A는 2001년에 사망했다.

후지코시 근로정신대 사건

기만과 강제에 의한 동원

1944년 5월께 여자근로정신대에 동원됐을 때, 원고들은 5명이 12세, 8명이 13세였고, 14세, 15세, 18세가 각각 1명씩 있었다. 근로정신대에 가라고 권유한 것은 갓 졸업한 국민학교의 담임교사, 교장, 군직원, 구청장 등이었다. 그들은 일본 여학생들이 일하면서 꽃꽂이를 하고 있는 사진을 보여 주면서 "일본에 가면 학교에도 다닐 수 있고 급료도 높다", "꽃꽂이, 미싱(재봉)도 가르쳐 준다" 등의 말을 했다. 부친이 반대하자 도장을 허락 없이 갖고 간 원고나 담임교사가 제비뽑기로 결정해 강제로 지원한 원고도 있었다. 이들은 약 50명의 다른 소녀와 함께 일본인의 인솔 아래 부산과 시모노세키를 거쳐 배와 기차로 후지코시 도야마 공장으로 끌려갔다.

자유 없는 생활과 위험한 중노동

기숙사에서는 약 13~16.5제곱미터 넓이의 방에 10명씩 배정돼 공동생활을 했다. 외출은 제한됐고, 소지금도 모두 맡겨야 했으며, 가족 앞으로 보내는 편지도 사감의 검열을 받았다. 식사는 빈약해서 언제나 배가 고팠다. 근로 동원된 일본인 여학생들과 식사량 등에서 차별을 받았다.

공장에서는 출정한 남자 공원들 대신에 주로 선반 작업을 했다. 키가 작아서 발판에 올라서서 작업했다. 주야 일주일 교대제로, 야간작업 때는 밤 8시부터 새벽까지 작업했으며, 노동 중 사고가 자주 일어나 입원하거나 수술을 받기도 했다. 공장은 빈번하게 공습을 당했고, 원고들은 죽음의 공포에 떨면서 방공호나 가까운 절, 신사로 피신하는 일을 거듭했다.

1945년 7월, 공장이 이전하게 돼 장시간 항해 끝에 황해도 사리원으로 이동했고, 잠시 자택에서 대기하라는 명이 떨어져 귀향한 직후 바로 해방을 맞았다. 결국 임금은 한 푼도 지급받지 못했고, 공부는 물론 꽃꽂이, 재봉 등 그 어떤 것도 배우지 못했다.

아오키 유카

Q3 판결에 이르기까지의 경과-일본의 경우

원고 일부는 일본에서도 재판을 한 적이 있다. 어떤 재판이
없나?

일본제철 징용공 사건

원고 1과 원고2는 1997년 12월 24일, 오사카 지방재판소에 신일철
(현 일본제철)과 국가(일본)를 피고로 삼아 사죄문을 교부하고 미지급 임
금 혹은 그에 상당하는 위자료로 1인당 약 1,900만 엔을 지불하라고
요구하는 소송을 제기했다.

2001년 3월 27일의 1심 판결은, 원고들이 노동자 모집 설명을 듣고
자신의 의사로 응모했기 때문에 강제 연행됐다고는 볼 수 없다고 판
단했다. 그러면서도 애초에 알려진 노동조건과는 달리 임금 일부가
지급되지 않았고, 식료품이 부족했으며 자유를 박탈당한 상태에서 위
험한 노동에 종사할 수밖에 없었던 상황은 강제 노동에 해당하며 이
는 위법이라고 인정했다. 그러나 원고들이 주장한 '국제법에 따른 청
구'에 대해서는 '국제법에 의거해 개인이 가해 국가에 직접 배상 청구
를 할 수 없다'며 인정하지 않았고, 구 헌법하에서 국가는 불법 행위

미쓰비시 히로시마 징용공 사건	일본제철 징용공 사건	미쓰비시나고야 근로정신대 사건		후지코시 근로정신대 사건
		나고야 소송	관부關釜 재판	도야마 소송
			1992. 12. 25 야마구치 지방재판소 시모노세키 지부 제소	
			1994. 3. 4 야마구치 지방재판소 시모노세키 지부 3차 제소	
1995. 12. 11 히로시마 지방재판소 제소				
	1997. 12. 24 오사카 지방재판소 제소			
			1998. 4. 27 야마구치 지방재판소 시모노세키 지부 패소	
1999. 3. 25 히로시마 지방재판소 패소		1999. 3. 1 나고야 지방재판소 제소		
	2001. 3. 27 오사카 지방재판소 패소		2001. 3. 29 히로시마 고등재판소 패소	
	2002. 11. 19 오사카 고등재판소 패소			
	2003. 10. 9 최고재판소 패소		2003. 3. 25 최고재판소 패소	2003. 4. 1 도야마 지방재판소 제소
2005. 1. 19 히로시마 고등재판소 일부 승소		2005. 2. 24 나고야 지방재판소 패소		
		2007. 4. 27 중국인 강제 연행 니시마쓰건설 사건 등 최고재판소 판결		
		2007. 5. 31 나고야 고등재판소 패소		2007. 9. 19 도야마 지방재판소 패소
2007. 11. 1 최고재판소 상고 기각				
		2008. 11. 11 최고재판소 패소		
		2010. 11. 8 화해 교섭 개시		2010. 3. 8 나고야 고등재판소 가나자와 지부 패소
				2011. 10. 24 최고재판소 패소
		2012. 7. 6 화해 교섭 결렬		

표1. 일본에서 제기된 징용공 재판의 경과

에 대한 책임을 지지 않는다는 '국가 무답책無答責의 법리' 등에 따라 국내법에 의거한 청구도 부정하면서 국가를 대상으로 한 청구 자체를 기각했다. 신일철에게 제기한 청구에 대해서도 현재의 신일철은 재벌 해체 전의 구 일본제철과는 다른 법인이므로 채무를 승계하지 않았다며 역시 기각했다.

원고들은 오사카 고등재판소에 항소했지만 2002년 11월 19일의 2심 판결도 1심과 같은 이유로 기각됐으며, 2003년 10월 9일 최고재판소도 형식적인 이유로 상고를 기각했다. 원고들은 비록 일본에서는 패소가 확정됐지만, 포기하지 않고 신일철을 피고로 해서 이번에는 서울중앙지방법원에 소송을 제기했다(→Q4).

미쓰비시 히로시마 징용공 사건

1995년 12월 11일, 히로시마의 미쓰비시중공업 기계제작소와 조선소에 징용된 피해자가 히로시마 지방재판소에 국가(일본)와 미쓰비시중공업과 료주菱重(재벌 해체 때 구 미쓰비시중공업을 계승한 회사의 후신)를 대상으로 1인당 1,100만 엔의 손해배상과 미지급 임금을 지불하라며 제소했다.

1999년 3월 25일의 1심 판결은 일본제철의 경우처럼 국가의 책임은 '국가 무답책' 법리에 의해, 기업의 책임은 소멸시효 경과 등의 이유로 소멸했다며 청구를 기각했다. 이에 원고들은 히로시마 고등재판소에 항소했다.

심리가 진행 중이던 2002년, 전쟁 중 징병돼 히로시마에서 피폭당한 전 한국인 군인들이 '402호 통달(→Q2)이 위법'이라 주장한 재판에서 승소했고, 그 결과 402호 통달은 폐지되었다. 이에 2005년 1월 19일의 2심 판결에서는 이 사건의 원고들에 대해서도 402호 통달을 낸 국가에 대한 손해배상 청구만 인정해, 원고 1인당 120만 엔을 배상하라고 명했다. 그러나 국가가 징용 과정에서의 기만과 강박強迫, 연금 상태에서의 연행 등 국민징용령을 어긴 위법 행위가 성립할 여지가 있다고 하면서도, 손해배상청구권은 한일 청구권협정을 바탕으로 하는 재산권조치법으로 소멸했다며 인정하지 않았다.

또 구 미쓰비시는 원폭 피폭 뒤에 아무런 구호 조치도 취하지 않은 채 원고들을 방치했고, 이들의 귀국에도 협력하지 않았던 점으로 미루어 안전배려의무 위반 사실이 있으므로 손해배상 책임을 진다고 판단했다. 그러나 이것도 시효가 경과돼 권리가 소멸됐다며 원고들의 청구를 인정하지 않았다.

이에 원고와 국가 양측 모두 상고했고, 2007년 11월 1일 최고재판소는 쌍방의 상고를 모두 기각했다. 결과적으로 한국 거주 피폭자들을 차별한 402호 통달 문제는 원고들의 주장이 인정됐지만 강제 동원 배상은 인정받지 못한 채 일본에서의 재판은 종결됐다. 그러나 이 재판의 원고 46명 중 5명은 2심이 진행되고 있던 시기에 부산지방법원에 미쓰비시중공업을 피고로 세워 손해배상 청구 소송을 제기했다(→Q4).

미쓰비시 나고야 근로정신대 사건

관부 재판과 나고야 소송

미쓰비시 나고야 여자근로정신대 피해자들의 재판은 1994년 3월 4일, 양금덕 씨가 관부 재판의 제3차 제소에 참가함으로써 시작됐다.

관부 재판은 3명의 전 일본군 '위안부'와 7명의 전 여자근로정신대원이 국가에 사죄와 손해배상을 청구하며 야마구치 지방재판소 시모노세키 지부에 제기한 재판이다. 1998년 4월 27일의 1심 판결은 '위안부'의 경우 인권 회복을 위한 입법 조치가 늦어진 것에 대한 위자료를 인정하는 획기적인 판단을 내놓았다. 하지만 여자근로정신대에 대해서는 "공부도 할 수 있고, 돈도 벌 수 있다"는 권유에 속아 가혹한 조건 아래 고생했고, 민족 차별 대우까지 당한 사실을 모두 인정하면서도, 국가가 구제입법을 의무화할 만한 사항은 아니라며 소송을 기각했다.

2001년 3월 29일 히로시마 고등재판소는 전후 보상 문제 대응은 입법부의 재량에 맡겨져 있다면서 1심 판결을 취소하고, 모든 원고의 청구를 기각했다. 그리고 2003년 3월 25일, 최고재판소가 형식적인 이유로 상고를 기각함으로써 관부 재판은 마무리됐다.

한편 1999년 3월 1일, 미쓰비시 나고야 여자근로정신대 피해자 6명과 1명의 유족이 국가와 미쓰비시중공업을 대상으로 손해배상과 신문 지면에 사죄문 광고를 실을 것을 요구하며 나고야 지방재판소에 소송을 제기했다. 관부 재판의 원고인 양금덕 씨도 미쓰비시중공업을 피고로 설정한 소송이므로 부분적으로 이 재판에 참가했다.

일본 정부의 자의적인 해석 변경을 인정한 1심 판결

그런데 이때까지만 해도 일본 정부는 지금처럼 "한일 청구권협정으로 해결이 끝났다"는 주장을 하지 않고 오히려 개인의 청구권이 소멸되지 않았다는 사실을 인정했다. 그런데 이후 다른 쟁점에 관해서 몇 차례의 재판에서 잇따라 국가에 불리한 선고가 내려지자 2000년 무렵부터 돌연 기존의 해석을 뒤집어 "한일 청구권협정으로 재판을 통해 권리 행사를 할 수 없게 됐다"는 등의 주장을 펼치게 됐다(→Q10). 그 이후에도 많은 지방재판소 및 고등재판소는 일본 정부의 견해를 반영한 판결을 내리지 않았다. 그러나 2005년 2월 24일 나고야 지방재판소가 1심 판결에서 처음으로 일본 정부의 논리를 그대로 수용해 한일 청구권협정으로 피해자들이 일본 정부와 기업에게 어떠한 배상 요구도 할 수 없게 됐다면서 원고의 청구를 기각했다.

강제 연행·강제 노동이었다고 인정한 2심 판결

그리고 2007년 4월 27일, 중국인 강제 연행 사건에서 최고재판소는 국가의 새로운 해석을 받아들여, 중일공동성명으로 중국인 피해자들은 재판으로 청구할 수 없게 됐다는 판결을 선고했다【자료 3】.

2심 판결은 그로부터 1개월 뒤인 2007년 5월 31일에 선고됐다. 예상대로 중일공동성명에 대한 최고재판소 판결의 논리를 그대로 한일 청구권협정에 적용해 재판으로 피해 보상을 청구할 수 없게 됐다며 원고들의 항소를 기각했다. 다만 재판부는 원고들이 기망과 협박으로 지원하였고, 이 동원이 강제 연행이며, 가혹하고 자유를 박탈당한 노동은 강제 노동이라는 점은 인정했다. 또한 구 미쓰비시와 지금의 미쓰비시중공업은 실질적으로 동일성이 있고, 구 미쓰비시의 행위에 대해 새 회사가 책임지지 않겠다고 하는 것은 신의성실의 원칙에 반하는 것으로 해석할 여지가 있다는 말도 했다. 만약 최고재판소의 판결이 없었다면 원고가 승소할 수도 있었음을 시사하는 판결이었다. 2008년 11월 11일, 최고재판소는 형식적인 이유로 상고를 기각했고,

재판은 종결됐다.

화해 교섭과 결렬

그러나 원고들과 지원 단체는 그 뒤에도 미쓰비시중공업에 대화를 요구했으며, 미쓰비시중공업도 이에 응해 2010년 11월 8일부터 화해 교섭이 시작됐다. 그 후 2년 가까운 시간 동안 16차례 교섭이 이뤄졌다. 그러나 결국 미쓰비시중공업은 한국인 유학생을 위한 장학금제도 창설 등의 제안을 했을 뿐, 여자근로정신대 피해자들에게 사죄하거나 배상·보상하는 것은 거부했다. 결국 2012년 7월 6일 교섭은 결렬됐다. 원고들은 그로부터 3개월 뒤, 광주지방법원에 미쓰비시중공업을 상대로 소송을 제기했다(→Q4).

후지코시 근로정신대 사건

후지코시 여자근로정신대의 피해자 재판도 1992년 12월 25일에 3명의 피해자들이 관부 재판 제1차 제소에 참가함으로써 시작됐다. 그리고 2003년 3월 25일에 최고재판소에서 패소한 직후인 4월 1일, 후지코시에 동원된 27명의 전 여자근로정신대원과 1명의 전 징용공이 제기한 새로운 소송이 도야마 지방재판소에 제기됐다. 원고들은 국가와 후지코시를 상대로 손해배상과 신문지상의 사죄 광고를 요구했고, 관부 재판의 원고였던 3명도 이 소송에 부분적으로 참가했다. 그런데 1심 심리 중에 앞서 얘기한 중국인 강제 연행에 관한 2007년 4월 최고재판소 판결이 나옴으로써 원고들의 청구가 인정될 가능성은 거의 없어져 버렸다.

2007년 9월 19일의 1심 재판부는 예상대로, 한일 청구권협정으로 원고들은 소송을 통해서 손해배상을 청구할 수 없게 됐다며 기각했다. 다만 그 판결은 피해자 한 사람 한 사람의 체험을 87쪽에 걸쳐 자세히 인정했고, 여자근로정신대 피해자들에 대해 "권유자들의 기망과 강박에 의해 근로정신대에 참가했다는 점을 인정받았으니, 강제 연행된 것이라고 해야 한다", "본건 공장에서의 노동은 당사자들의 연령에 비해 가혹한 것이었으며, 이에 대한 임금을 받은 적도 없었다는 것 (…) 전시 중이라고는 하나 충분한 식사도 주지 않고, 위생환경도 좋았다고는 할 수 없으며, 외출은 제한됐고, 편지도 검열을 받았음이 인정되므로 (…) 이것은 강제 노동이었다고 해야 한다"는 점을 인정했다. 재판관이 나름대로 원고에게 공감했다는 것이 전해지는 판결이었다.

2010년 3월 8일, 나고야 고등재판소 가나자와 지부는 1심과 같은 이유로 항소를 기각했으며, 2011년 10월 24일에 최고재판소가 상고 불수리 결정을 내림으로서 이 재판은 종결됐다. 그러나 2013년 2월 14일, 이 사건의 원고 중 17명(유족 포함)이 서울중앙지방법원에 후지코시를 피고로 한 소송을 제기했다(→Q4).

이처럼, 일본에서의 재판은 모두 원고들의 패소로 끝났다. 그러나 많은 법원에서 판사가 원고들의 호소에 귀를 기울이면서 강제 동원이 위법이었다는 것을 인정했다. 일본 언론도 당시까지는 아직 건강했던 피해자들의 진지한 호소를 듣고 오늘날과는 달리 어떻게든 해결 방법을 찾으려는 방향으로 보도했다.

아오키 유카·야마모토 세이타

칼럼 1.
한국과 일본에서의 정보 공개 청구

정보 공개 청구를 시작한 계기

일본 정부는 "징용공 피해자 문제는 한일 청구권협정에 의해 완전히 그리고 최종적으로 해결됐다"고, 즉 양국이 화해한 것이므로 다시 문제 삼는 것은 불가하다고 말한다. 그러나 정말로 징용공 피해자들이 받은 피해에 대한 문제는 '해결이 끝난' 것일까?

우리는 한일회담에 관한 구체적인 내용은 아무것도 모르는 상태에서 '해결이 끝났다'는 일본 정부의 견해를 들었을 뿐이며, 일본 내 재판에서도 정부 견해를 그대로 수용해서 판결을 하고 있을 뿐이다. 그렇다면 '해결이 끝났다'는 전제 자체가 잘못된 것은 아닐까? 과연 한일회담에서는 한일 양국 정부가 무엇을 협의했고, 무엇을 해결한 것인가? 그 소박한 의문이 정보 공개 청구의 발단이었다.

한국에서의 정보 공개 청구

정보 공개 청구는 한국에서 시작됐다. 2002년 9월, 원고를 포함한 일본 식민지배 피해자들(한국의 일본군 '위안부', 근로정신대, 군인, 군속, 노무자 등으로 강제 동원된 사람들, 종전 직후에 마이즈루항에서 침몰한 부산행 우키시마마루浮島丸 승선자 유족, 원자폭탄 피폭자들)은 한국 외교통상부에 대해 한일회담 관련 문서 공개를 청구했다.

그러나 한국 외교통상부장관이 외교문서라는 이유로 공개를 거부했고, 이에 공개 거부 처분 취소를 요구하는 소송이 제기됐다. 법정 투쟁 결과, 2004년 2월, 서울행정법원은 정보 공개 거부 처분을 취소하는 판결을 내렸다. 이를 근거로 한국 정부는 2005년 1월과 8월에 한일 청구권협정 관련 문서를 전면 공개했다. 이 문서는 약 3만 페이지 분량에 달하는 것으로 알려졌다. 이 문서 공개로 한일 청구권협정을 둘러싼 한일 양 정부의 대화 내용이 드러났다. 그 결과, 2005년 8월 26일 한국 정부에 의해 이루어진 '한일회담 문서 공개 후속 대책 관련 민관공동위원회'는 한일 청구권협정에 관한 공식 견해를 발표했다【자료 10】.

일본에서의 정보 공개 청구

한국의 문서 공개에 이어 원고와 전후 문제 피해자들을 포함한 한일 시민들은 일본 외무성이 보존하고 있는 한일회담 관련 외교문서의 전면 공개를 요구하는 운동을 벌였다. 한일 양국 정부가 보유한 문서를 대조해 봐야 비로소 구체적으로 무슨 얘기들이 오갔는지 알 수 있기 때문이다.

그런데 한국의 경우와 달리 일본 외무성을 상대로 한 정보 공개 청구는 2006년 4월의 정보 공개 청구 때부터, 공개 불가 결정에 대한 3차에 걸친 소송 종결까지 실로 8년이 걸린 긴 여정이었다. 제3차 소송의 고등재판소 판결이 2014년 7월이었다.

끈질긴 법정투쟁의 결과, 2006년 12월 제소된 1차 소송의 지방재판소 판결에서는 외무성의 태만이 위법으로 단죄되고 원고가 승소했다. 정보 공개 청구로부터 1년 이상 경과했음에도 개시·불개시 결정조차 하지 않았기 때문이다. 또 2008년 1월 제기된 3차 소송의 지방재판소 판결에서도 공개 불가 문서 중 70퍼센트 가까운 분량에 대한 공개 불가 결정이 취소돼 원고가 승소했다. 이 법정투쟁을 통해 최종적으로는 약 6만 페이지에 이르는 한일회담 외교문서가 공개됐다.

한일 양국에서 한일회담 외교문서가 공개됨에 따라 당시의 외교자료에 근거한 한일회담 연구도 진행됐다. 그 연구 성과가 오늘날 한국 대법원 판결의 결론으로 이어졌다고 해도 과언이 아니라고 생각한다. 또 일본에서의 정보 공개 청구는 전후 문제 해결을 한 걸음 전진시켰을 뿐만 아니라, 일본의 정보공개법 해석을 통해 일본의 사법부가 외무성의 은폐 의도를 매섭게 비판함으로써 일본의 민주주의를 한 걸음 전진시킨 점에도 주목해야 할 소송이었다.

장계만

한국에서의 재판은 어떻게 진행되었나?

미쓰비시 히로시마 징용공 사건	일본제철 징용공 사건	미쓰비시 나고야 근로정신대 사건	후지코시 근로정신대 사건
2000.5.1. 부산지방법원 제소			
	2005. 2. 28 서울중앙지방법원 제소		
2007. 2. 2 부산지방법원 패소			
	2008. 4. 3 서울중앙지방법원 패소		
2009. 2. 3 부산고등법원 패소	2009. 7. 16 서울고등법원 패소		
2012. 5. 24 대법원 환송 판결	2012. 5. 24 대법원 환송 판결		
		2012. 10. 24 광주지방법원 제소	
2013. 7. 30 부산고등법원 승소	2013. 7. 10 서울고등법원 승소	2013. 11. 1 광주지방법원 승소	2013. 2. 14 서울중앙지방법원 제소
			2014. 10. 30 서울중앙지방법원 승소
		2015. 6. 24 광주고등법원 승소	
2018. 11. 29 대법원 승소	2018. 10. 30 대법원 승소	2018. 11. 29 대법원 승소	
			2019. 1. 8 서울고등법원 승소

표2. 한국에서 제기된 징용공 재판의 경과

미쓰비시 히로시마 징용공 사건 1심, 2심 판결

미쓰비시중공업 히로시마에 징용된 피해자들은 일본에서 재판이 진행 중이던 2000년 5월 1일 부산지방법원에도 소송을 제기했다. 2007년 2월 2일 1심 판결은 한국 법원의 관할권은 인정했지만, 피고의 소멸시효 주장을 인정해 원고들의 청구를 기각했다. 원고들은 항소했지만 2009년 2월 3일의 2심 판결은 한국 법원도 일본 법원의 확정 판결 효력에 구속당해 그와 모순되는 판단은 할 수 없다는 기판력 旣判力을 이유로 항소를 기각했다.

일본제철 징용공 사건 1심, 2심 판결

2005년 2월 28일, 오사카 제철소에 동원된 원고 2명이 일본에서 재판을 받고 있는 도중, 가마이시 제철소와 야하타 제철소에 동원된 새로운 피해자들이 이들과 동참해 당시 신일철에게 위자료 지불을 요구하며 서울중앙지방법원에 소송을 제기했다. 2008년 4월 3일 1심 판결은 일본 재판의 원고였던 2명에게는 일본 확정 판결의 기판력을 이유로, 나머지 원고들에게는 구 일본제철과 당시 신일철은 다른 법인이므로 채무를 승계하지 않았다는 근거로 청구를 기각했다. 원고들은 항소했지만 2009년 7월 16일의 2심 판결은 1심 판단을 유지하면서 항소를 기각했다.

2012년 한국 대법원 판결 –

일본제철 징용공 사건, 미쓰비시 히로시마 징용공 사건

일본의 판결은 대한민국 헌법의 핵심적 가치관에 반한다

위 두 사건의 원고들은 한국 대법원에 상고했다. 2012년 5월 24일, 대법원은 동시에 이 두 사건을 고등법원에 돌려보냈다. 대한민국 헌법 전문은 "유구한 역사와 전통에 빛나는 우리 대한민국은 3·1운동으로 건립된 대한민국임시정부의 법통과 불의에 항거한 4·19 민주이념을 계승하고"라는 구절로 시작한다. 즉 오늘날의 한국 정부는 상하이에서 망명정권을 세워 일본 식민통치의 부당성을 세계에 호소했던 대한민국임시정부의 법적인 후계자라고 선언하고 있는 것이다. 대법원은 일본의 조선 식민지배는 부당한 군사적 점령이었을 뿐이라고 보는 대한민국 헌법의 핵심적인 가치관이 이 구절에 제시되어 있다고 지적했다.

그런데 일본의 판결 이유에는 일본의 식민지배가 합법이었다는 것을 전제로 국가총동원법 등을 원고들에게 적용하는 것이 유효하다고 평가한 부분이 포함돼 있다. 이는 한국 헌법의 핵심적 가치와 정면으로 충돌하기 때문에 그 효력을 인정하는 것은 한국의 공서양속公序良俗*에 반하므로 일본 판결의 구속력은 한국 법원의 판결에 영향을 미치지 못한다고 본 것이다.

---

* 공공의 질서와 선량한 풍속을 아울러 이르는 말.

신일철이 구 일본제철의 채무를 승계해야 하고 소멸시효 주장도
권리의 남용으로 보아

한국 대법원은 신일철이 구 일본제철의 영업재산, 임원, 종업원을
실질적으로 승계했음에도 일본의 재벌 해체를 위한 기술적 입법을 이
유로 한국 국민에 대한 채무 면탈을 인정한 것도 한국의 공서양속에
비춰 볼 때 용인할 수 없다고 판단했다. 또한 적어도 원고들의 제소 시
점까지는 원고들이 대한민국에서 객관적으로 권리를 행사할 수 없는
상황에 처해 있었기 때문에, 피고의 소멸시효 주장은 신의성실의 원
칙에 반하는 권리 남용이라고 부정했다.

강제 동원에 대한 손해배상청구권은 청구권협정의 대상 외 문제

무엇보다도 이 대법원 판결의 큰 특징은 한일 청구권협정에 대해
새로운 해석을 제시한 것이다.

이 판결은 ① 한일 청구권협정은 일본의 식민지배에 대한 배상을
청구하기 위한 것이 아니라, 샌프란시스코 조약에 의거해 한일 양국
간의 재정적·민사적 채권 및 채무 관계를 정치적 합의로 해결한 것이
라는 점, ② 한일 청구권협정 교섭 중에 일본 정부가 식민지배의 불법
성을 인정하지 않고, 강제 동원 피해에 대한 법적 배상을 부정했기 때
문에 양국 정부가 식민지배의 성격에 대해 합의할 수 없었던 점, ③ 한
일 청구권협정 1조에 의해 일본 정부가 한국 정부에 지급한 경제협력
자금과, 한일 청구권협정 2조의 권리문제의 해결은 대가관계에 있지
않다고 일본 정부도 인정하고 있다는 점을 지적한다. 일본이 국가로
서 관여한 반인도적 불법 행위나 식민지배와 직결된 불법 행위에 의

한 손해배상청구권은 청구권협정의 대상에 포함되지 않는다고 본 것이다. 즉 "식민지배와 직결된 불법 행위"인 강제 동원을 강행한 기업의 피해자 개인에 대한 책임은 한일 청구권협정으로 소멸하는 것이 아니며, 한국의 외교보호권도 유효한 것으로 본다. 외교보호권이란 한 나라의 국민이 외국으로부터 부당한 대우를 당해, 그 피해가 상대국의 재판 등으로 구제받을 수 없을 경우 최후의 수단으로 피해자가 속한 국가가 상대국에 배상을 요구하는 권리다.

대법원은 여기에서 '예비적 이유'도 제시했다. 설사 원고들의 청구권이 한일 청구권협정의 적용 대상에 포함돼 있다 하더라도, 그것은 한국의 외교보호권이 소멸된 것을 의미할 뿐, 원고들의 청구권은 소멸되지 않았다는 것이다. 이런 이유로 대법원은 원고의 청구를 기각한 원 판결을 파기하고, 두 사건을 고등법원으로 돌려보냈다. 여기서부터 한국 재판의 흐름은 크게 바뀌게 되었다.

새로운 제소

2012년의 대법원 판결에 용기를 얻은 피해자들은 2012년부터 2015년에 걸쳐 새로운 소송을 제기했다. 이 무렵에 미쓰비시 나고야 여자근로정신대 피해자들이 3건, 후지코시 여자근로정신대 피해자들이 3건, 일본제철의 피해자들이 2건, 히타치조선의 피해자들이 1건의 소송을 제기했다.

고등법원의 환송심 판결 – 일본제철 징용공 사건, 미쓰비시 히로시마 징용공 사건

2013년 7월 10일, 서울고등법원은 대법원의 환송 판결에 따라 일본제철 징용공 사건에 대해 신일철주금(신일철과 스미토모금속공업이 경영 통합한 회사)이 원고들에게 각 1억 원씩 배상하라고 선고했다. 그해 7월 30일, 부산고등법원도 미쓰비시 히로시마 징용공 사건에 대해 피해자 1인당 8,000만 원을 배상하라고 선고했다.

서울과 부산의 고등법원 판결에 반발한 피고들이 다시 상고했지만, 대법원은 5년 동안이나 판결을 내리지 않았다. 그 뒤에도 지방법원이나 고등법원에서는 대법원의 환송 판결 이후 미쓰비시 나고야 근로정신대 사건과 후지코시 근로정신대 사건 등의 청구를 인정하는 판결이 나왔지만, 2016년 무렵부터는 대법원의 판단을 기다리기 위해 지방법원과 고등법원의 절차도 거의 정지됐다. 그러는 중에 피해자들은 계속 사망했고, 후지코시 근로정신대 사건에서는 관부 재판 이후 원고 2명이 이 시기에 사망하여 일본제철 징용공 사건에 대해 대법원의 승소 판결을 들을 수 있었던 사람은 이춘식 씨 단 한 명뿐이었다. 나중에 대법원의 판결 지연은 당시 한국 정부의 의향을 수용한 대법원 간부의 공작에 의한 것이었다는 사실이 폭로됐다.

2018년의 대법원 판결 – 일본제철 징용공 사건, 미쓰비시 히로시마 징용공 사건, 미쓰비시 나고야 근로정신대 사건

<u>2012년 판결과 같은 취지의 다수 의견</u>

2018년 10월 30일, 마침내 일본제철 징용공 사건의 대법원 판결이

선고됐는데, 대법관들은 11 대 2로 신일철주금의 상고를 기각하고 원고 승소 판결을 확정했다. 판결 이유는 "식민지배와 직결된 불법 행위에 의한 손해배상청구권은 청구권협정의 대상에 포함돼 있지 않다"는 것으로, 2012년의 대법원 환송 판결과 같다. 결론에 찬성한 11명의 대법관 중 7명이 이 이유를 지지했다.

개별 의견과 반대 의견

결론에 찬성한 대법관 중 1명은 절차 문제에 대해 의견을 말했고, 나머지 3명의 대법관은 다수 의견과 다른 이유에서 같은 결론에 도달했다는 개별 의견을 진술했다. 이는 강제 동원된 피해자의 손해배상청구권도 한일 청구권협정의 적용 대상에 포함되지만, 청구권협정에서는 대한민국의 외교적 보호권만을 포기했을 뿐 원고들의 개인 청구권은 소멸하지 않았으므로 한국에서 피고를 상대로 소송을 통해 권리를 행사할 수도 있다는 내용이었다. 2012년 환송 판결에서 '예비적 이유'로 병기됐던 것과 같다.

결론에 반대한 2명의 대법관은 반대 의견에서 그 이유를 밝혔다. 한일 청구권협정이나 합의의사록의 '완전하고도 최종적인 해결'이나 '어떠한 주장도 할 수 없는 것으로 한다'는 문구를 주요 이유로 들면서, 피해자들의 청구권이 한일 청구권협정으로 소멸한 것은 아니지만 소송을 통해 행사할 수는 없게 됐다는 의견이었는데, 이는 2007년 일본 최고재판소의 판결(→Q3,【자료3】)과 같은 취지다.

더 분명해진 대법원의 견해

이 판결은 언론에서 크게 보도됐지만 법률적으로는 2012년의 환송 판결과 마찬가지여서 특히 새로운 것은 아니었다. 새로운 것이 있다면, 2012년 판결에서는 '예비적 이유'로 병기돼 있던 내용이 2018년 판결에서는 결론에는 찬성하지만 이유는 다른 개별 의견으로 '격하' 됐다는 것이다. 다만 이로써 대법원의 해석은 "식민지배와 직결된 불법 행위에 의한 손해배상청구권은 청구권협정의 대상에 포함되지 않는다"는 점을 더욱 분명히 했다.

잇따른 승소와 강제집행, 그리고 새로운 소송의 제기

이어서 그해 11월 29일에 이 판결과 같은 취지로 미쓰비시 히로시마 징용공 사건과 미쓰비시 나고야 근로정신대 사건의 대법원 판결이 내려졌다. 이로써 이들 원고도 고등법원에서의 승소 판결이 확정됐다. 2012년과 2018년의 대법원 판결 전문은 책의 뒷부분에 게재하였다【자료1, 2】.

이렇게 해서 신일철주금(현 일본제철)과 미쓰비시중공업에 배상을 명한 판결은 확정됐다. 일본제철 징용공 사건의 이춘식 씨는 한국에서의 제소 이래 14년, 4회째 재판에서, 미쓰비시 나고야 근로정신대 사건의 양금덕 씨는 관부 재판 제소 이래 무려 24년 8개월, 9회째 재판에서 얻어낸 승소 확정 판결이었다.

그러나 일본 정부는 원고들에게 위로나 사죄를 하지 않고 피고 기업에 압력을 가해 판결에 따른 지불을 거부하게 만들었다. 이에 원고들은 두 회사의 한국 내 자산을 차압하는 절차에 착수했다. 후지코시

사건의 고등법원 판결에도 가집행 선언이 붙어 있었기 때문에 마찬가
지로 이 사건의 원고도 차압 절차에 들어간 것이다.

또 서울과 광주에서는 수십 명의 피해자들이 새로운 소송을 제기
해 일본코크스공업(구 미쓰이광산), 미쓰비시 머티리얼(구 미쓰비시광업),
스미세키住石 홀딩스(구 스미토모 석탄광업), JX금속(구 일본광업), 니시마
쓰건설도 새로 피고가 됐다. 그러나 현재 가장 젊은 피해자도 90세 남
짓이라 이 모든 절차는 결국 시간과의 싸움이 되고 있다.

아오키 유카

칼럼 2.
한국의 대법관은 어떻게 선임되는가

일본의 최고재판소 장관은 내각의 지명을 토대로 천황이 임명하고, 장관 이외의 최고재판소 재판관들은 내각이 임명한다. 일본 최고재판소에 해당하는 한국의 대법원은 대법원장을 포함해서 대법관 14명으로 구성돼 있다. 대법원장은 대통령이 국회의 동의를 얻어 임명한다. 대법관들은 대법원장이 추천하고 국회의 동의를 얻어 대통령이 임명한다.

한국에는 공직선거를 거치지 않는 임명직 공직자들의 경우 대통령 임명 전 국회에서 검증을 위한 인사청문회가 열린다. 이 제도는 고위 공직자의 부정부패가 문제가 되어 시작되었으며, 국민 의사가 반영될 여지가 없던 대통령 임명 절차에서 국회의 검증 과정을 통해 국민 참여 기회를 만들겠다는 취지를 담고 있다. 대법원장, 대법관도 이 제도의 대상이다.

국회에 임명 동의서 안이 제출되면, 국회가 인사청문 특별위원회를 구성한다. 임명 동의서 안에는 공직 후보자의 학력·경력 사항, 병역 사항, 재산 신고 사항, 최근 3년간의 소득세 재산세 및 종합토지세 납부 실적 사항, 범죄 경력 사항 등의 증거서류를 첨부해야 한다. 이들 자료에 더해 위원회는 후보자의 신상 관련 자료를 독자적으로 수집해서 제출하거나 실태조사를 할 수 있다.

제출서류 심사가 끝난 뒤에는 인사청문회가 열린다. 후보자가 인사청문회에 출석해 질의응답에 응하고 위원회는 후보의 답변 및 의견을 청취한다. 후보자의 전문성, 업무 수행 능력, 재산 형성 과정, 학력과 경력, 인격이나 주위 평판 등을 중심으로 질의가 이뤄진다. 청문회는 이틀에 걸쳐 장시간 열리며 부동산 투기 등 사생활 문제에서부터 사형제도를 어떻게 생각하는지 등 사법 문제에 대한 견해까지 다양한 문제가 도마에 오른다. 이 광경이 텔레비전으로 생중계되고 인터넷으로도 시청할 수 있다. 대법관의 경우에는 아직까지 그런 적이 없었지만 헌법재판소 재판관이나 기타 공직 후보자가 청문회의 추궁을 견디지 못하고 취임을 포기하는 경우도 드물지 않다. 그런 경우를 한국의 언론은 '낙마'라고 부른다. 이처럼 한국에서는 대법원장, 대법관을 임명하는 과정에서 국회 차원의 검증이 공개적으로 이뤄진다.

한편 일본에서는 최고재판소 장관 및 최고재판소 재판관의 지명이나 임명 과정에서 국회가 관여하는 절차는 없다. 일본의 최고재판소 재판관은 내각에서 임명된 뒤 처음 치러지는 중의원 총선거 때 국민심사에 부쳐진다. 현재 국민심사는 파면해야 한다고 판단한 재판관에게 '×'를 기재해 제출하게 하고, 아무 표시도 하지 않은 백지 표는 신임 표로 삼는 방식을 택하고 있다. 하지만 백지 표를 던진 사람이 현안을 잘 몰라서 백지를 던지는 것인지, 신임해서 백지를 던지는 것인지 알 수 없다는 지적이 있다. 불신임 투표율은 높은 경우에도 9.6퍼센트 정도(2014년 12월 국민심사 기준)다. 지금까지 국민심사로 불신임당한 최고재판소 재판관은 없다. 또 국민이 재판관의 적격성을 판단하기 위해 참고할 자료가 불충분하다는 지적도 있다.

이렇게 보면, 일본에 비해 한국의 대법원장·대법관의 적격성 판단 자료는 투명성이 있고, 그 임명 과정에서 또한 국회와 국민에 의한 확인이 이뤄지고 있다고 할 수 있다.

이번 일본제철 징용공 사건에 대한 2018년 대법원 판결에 관여한 대법원장·대법관이 각각 어느 대통령에 의해 임명됐는지와 어떤 의견을 제시했는지 정리하면 표3과 같다. 이 판결을 두고 문재인 대통령의 의향이 강하게 반영된 것이 아닌가 하는 말들도 있는데, 문 대통령이 임명한 대법관 중에도 엄연히 반대 의견을 밝힌 이가 있다. 또 이번 대법원 판결은 엄밀히 말하면 2012년의 대법원 환송 판결의 취지를 따른 것인데, 이때 대통령은 이명박이었다. 그러므로 대통령의 의향이 대법원 판결에 그대로 반영되고 있다는 일부의 시각은 적절치 못한 것으로 보인다.

직명	이름	의견	임명자
대법원장	김명수	다수	문재인
대법관	김소영	개별 2	이명박
대법관	조희대	다수	박근혜
대법관	권순일	반대	박근혜
대법관	박상옥	다수	박근혜
대법관	이기택	개별 1	박근혜
대법관	김재형	다수	박근혜
대법관	조재연	반대	문재인
대법관	박정화	다수	문재인
대법관	민유숙	다수	문재인
대법관	김선수	다수	문재인
대법관	이동원	개별 2	문재인
대법관	노정희	개별 2	문재인

표3. 2018년 일본제철 징용공 사건 판결에 관여한 대법관

아오키 유카

제2장

우리는 강제 징용 노동자였다

- 징용공 재판의 배경 사정

Q5 강제 동원의 규모와 배경

'강제 동원'은 언제, 어떤 규모로 이뤄졌으며, 그 배경은 무엇인가?

급속히 증가한 재일 조선인

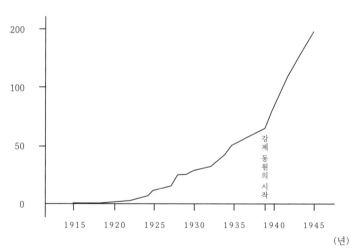

(만 명)

표4. 일본에 사는 조선인 인구

표4의 그래프는 전쟁 전에 일본에 살고 있던 조선인의 인구 변화를 나타낸 것이다. 당시 일본 본토는 '내지內地'라고 불렸는데, 이 책에서는 '일본'으로 표기한다. 일본 정부는 1910년부터 1952년까지 이들 재일 조선인이 일본 국적을 갖고 있었다는 견해를 보인다.[*]

이것을 보면 1930년대 후반부터 일본 거주 조선인 인구가 급격히 증가해, 1945년 무렵에는 200만 명 정도에 이르렀음을 알 수 있다. 이런 인구 증가는 '강제 동원'의 결과다. 그 시기 일본으로 동원된 조선인의 수는 70만 명 정도로 추산되고 있다. 일본만이 아니라 조선, 사할린, 남양제도, 중국 동북지방(만주), 중국 본토에도 많은 수의 조선인들이 강제적으로 동원됐다. 조선인 인구는 당시 2,000만 명 남짓으로, 그 가운데 일할 수 있는 젊은 남성들을 중심으로 강제 동원이 이루어졌고 이는 당사자뿐만 아니라 남은 가족들의 생활이나 조선의 지역사회에도 심대한 영향을 끼쳤다. 이런 동원이 강행된 것은, 일본이 조선을 식민지배하고 있었던 점, 그 식민지를 침략전쟁을 위해 이용했다는 데 원인이 있다.

일본의 조선 병합과 식민지배, 이에 저항한 독립운동

메이지 정부는 성립 당시부터 조선반도의 식민지화를 국가적 목표

---

[*] 1947년에 일본 정부는 외국인등록령을 공포하고 대만인과 조선인은 "이 칙령의 적용에 관해서는 당분간 외국인으로 간주한다"고 했다. 그래서 1948년에야 국가가 수립된 한반도 출신 재일동포들은 편의상 '조선적朝鮮籍'이라는, 기호로서의 가짜 국적을 부여 받았다. 나중에 샌프란시스코 평화조약 때의 법무부 민사국장 통달로 대만인과 한국인의 일본 국적은 정식으로 박탈됐다.

로 삼았다. 1875년의 운요호 사건*이후 조선에 대한 내정간섭을 계속하다 청일전쟁, 러일전쟁을 거치며 조선에서의 지배적 지위를 확립했다. 그리고 1905년, 일본군이 조선 왕궁을 포위한 가운데 이토 히로부미伊藤博文가 대한제국 정부 대신들에게 '을사보호조약'에 조인하도록 강요했다. 이 조약으로 조선은 외교권을 박탈당했고, 외교를 감독한다는 명목으로 일본에서 파견된 한국통감의 철저한 내정간섭으로 사실상 일본의 식민지가 되었다. 그리고 1910년 8월 22일, 일본은 당시 대한제국 정부에게 조선 전 국토의 통치권을 영구히 일본 천황에게 양도한다는 내용의 한일병합조약을 강요해 조선을 완전히 일본의 식민지로 만들었다.

일본은 천황 직속의 조선총독을 파견했고, 그 아래 총독부를 설치해 군대와 경찰을 일원화해서 '무단정치武斷政治'로 불리는 강권체제를 수립해 조선을 지배했다. 이 과정에서 '토지 조사사업', '임야 조사사업' 등을 실시해서 조선 농민의 토지를 수탈했다.

이런 식민지배에 반대해 1919년에는 조선 전역에서 200만 명이 넘는 조선인들이 "독립만세"를 외치며 3·1독립운동을 일으켰다. 그러나 일본은 비무장 조선인들을 무력으로 탄압했고 이 과정에서 약 7,000명의 조선인이 일본 군·경의 손에 살해당했다. 3·1운동의 고양에 두려움을 느낀 조선총독부는 '문화통치'를 표방하면서 조선어 신문 발행을 일부 승인하는 등의 회유책을 썼다. 그러나 1920년에 시작

된 산미증식계획으로 15년간 한반도 내의 쌀 생산량이 20퍼센트 늘었음에도 일본으로 반출되는 쌀은 4배로 늘어나는 등 식민지 수탈 실태에는 아무런 변화도 없었다.

도항 관리 제도

한일 병합으로 조선인들은 일본인이 되었다. 천황이 '내지인'과 조선인 모두에게 평등하게 자비를 베풀고 차별하지 않는다는 일시동인一視同仁의 원칙이 수립됐다. 조선에서 일본으로 자유롭게 도항할 수 있게 되는 셈이다. 그러나 이 평등은 일본 정부의 원칙에 지나지 않았고, 일본으로 건너온 조선인은 치안을 교란할 위험이 있는 존재로 여겨졌다. 또한 일본 정부뿐만이 아니라 노동자, 민중 사이에서도 조선인 노동자에 대한 강한 멸시가 존재했고, 그런 이유로 일본에 조선인들이 대폭 늘어나는 것을 경계했다.

하지만 또 한편으론 호황 때에는 탄광이나 토목 현장처럼 일본인 노동자들이 일하고 싶어 하지 않는 직장에서 값싼 노동력을 확보할 필요가 있었다. 토지 조사사업 등으로 피폐해진 조선의 농촌에는 일본으로 이주 또는 돈벌이를 하러 나가려는 사람들이 늘 존재했다. 그래서 일본 정부는 경기 및 치안 상황을 봐가면서 조선인들의 일본 도항을 제한하거나 풀었다. 제1차 세계대전에 따른 호황을 배경으로 일본에 도항하는 조선인의 수가 증가했다. 그 뒤로 도항 자유화와 제한을 몇 차례 반복한 뒤 일본은 1920년대 중반에 조선인의 일본 도항을 제한하는 정책을 취했고, 법률상 근거도 없이 조선인들에게 오늘날의 비자에 해당하는 도항 증명서의 취득과 소지를 사실상 의무화했다.

이를 어기고 어선 등으로 도항하면 '밀항'으로 간주했다.

이런 경위를 거쳐 강제 동원(1939~1945년)이 이뤄지기 이전인 1930년대 중반 시점에서 일본 내 조선인 인구는 50만 명을 돌파했다. 그들은 강제적으로 동원된 것은 아니지만 일본 쪽의 저임금 노동력 수요를 채우기 위한 '수단'으로 취급돼, 진정한 자기결정권은 박탈당했다고 할 수 있다.

침략전쟁의 병참기지화와 황민화 정책

한편 일본은 1931년 만주사변, 1937년 중일전쟁을 일으키며 중국에 대한 본격적인 침략을 시작했다. 일본은 조선을 중국 침략의 '병참기지'로 삼고 식량 및 공업 자원의 약탈을 강화하는 동시에 조선인들을 전쟁 수행을 위한 인적 자원으로 이용했다.

조선인을 전쟁에 동원하기 위해 일본은 조선인들로부터 민족성을 빼앗고 일본에 예속시켜 천황에게 충의를 다하도록, 이른바 황민화 정책을 추진했다. 천황에게 충성을 맹세하는 '황국신민의 서사'를 일이 있을 때마다 외게 하고, 조선 각지에 근로봉사 형태로 신사神社를 건립해 참배를 강요했으며, 창씨개명을 실시해서 성과 이름을 일본식으로 바꾸게 했다.

강제 동원의 시작

전쟁이 격화되면서 일본인 성인 남자들이 전쟁에 동원됐고, 탄광을 비롯한 노동 현장에서 일할 사람들이 부족해지면서, 조선인 노동자를 일본으로 동원할 필요가 점점 커졌다. 조선인 강제 동원이 시작된 것이다. 조선인 강제 동원은 표5처럼 크게 노무동원과 군사동원 두 가지로 분류될 수 있다. 전자에는 '모집', '관 알선', '징용' 형태의 남자 노무동원과 조선여자근로정신대가, 후자에는 군인(지원병·징병)·군속, 일본군 '위안부'가 포함되었다.

한국 대법원 판결의 원고들은 노무동원 피해자들이기 때문에, Q6 에서는 이에 대해 설명할 예정이다.

표5. 조선인 강제 동원의 분류

Q6　다양한 형태의 강제 동원

모집, 관 알선, 징용, 여자근로정신대는 어떤 제도이며 어떻게 실시되었나?

'모집'에 의한 동원

중일전쟁이 상황이 악화되면서 노동력이 부족하게 되자 일본 정부는 1939년 7월 4일에 '노무동원 실시계획 강령'을 내각회의에서 결정했다. 이를 토대로 세부 규칙을 정한 뒤 그해 9월부터 모집 방식으로 일본으로의 조선인 전시노무동원을 시작했다. 하지만 그 시점까지는 일본 정부는 조선인의 일본 도항을 원칙적으로 제한하고, 일본인으로 노동력을 충족시킬 수 없을 경우에 한해서만 예외적으로 조선인을 노동력으로 동원한다는 방침을 세우고 있었다.

모집 방식에서는 먼저 노동력이 필요한 회사가 일본의 부현府縣 지사를 통해 후생성의 모집 허가를 받고, 조선총독부로부터 모집 지역을 할당받는다. 그다음 회사의 '모집원'이 할당된 조선의 '도道'가 지정해 준 면面으로 가서 그 지역 직원이나 경찰관과 협력해서 노동자를 모집한다. 모집된 노동자들은 고용주 또는 그 대리인의 인솔 아래

집단으로 일본으로 이동하며, 일본 취업지에 도착한 뒤에는 일본 정부가 재일 조선인을 관리할 목적으로 만든 협화회協和會나 경찰서, 직업소개소에 보고하고 이들 기관의 지시에 따라 일하게 되었다.

이처럼 '모집'이라고 해도 일본 정부, 조선총독부, 경찰이 깊이 관여했다. 조선의 경찰은 3·1독립운동 뒤 매우 강화됐으며, 한 면당 주재소 하나라는 방침이 세워졌다. 면에서 가장 권위 있는 이는 면장이 아니라 경찰관이었다. 따라서 경찰관이 조선인들을 모집하면 이를 거부하는 것은 실질적으로 불가능했다. 즉 실질적으로 '모집'이라는 이름의 강제 동원이었다.

본격적인 동원이 시작된 '관 알선'

1941년 12월 8일 일본이 미국과 영국에 선전포고를 함으로써 태평양전쟁이 시작됐다. 이에 따라 1942년 2월 13일, 일본 정부는 '조선인 노무자 활용에 관한 방책'을 내각회의에서 결정했다. 일본인 남성의 출정으로 노동력 부족 현상이 현저해지자 조선인의 일본 도항을 원칙적으로 제한하는 방침은 폐기됐고, 본격적인 조선인 동원이 시작됐다. 그리고 조선총독부가 1942년 2월 20일에 책정한 '노무동원 실시계획에 따른 조선인 노무자 내지 이입 알선 요강'에 따라 그때부터 알선에 의한 동원이 실행됐다.

관 알선은 일본 정부가 조선의 마을마다 동원 인수를 할당하고, 지방 행정당국과 조선총독부 외곽단체인 조선노무협회, 경찰, 기업에서 파견된 노무보도원勞務補導員들이 협력해서 다짜고짜 징발하는 형태였다. '모집' 이상으로 행정당국의 관여가 명확해지면서 기업에게는 모집된 조선인 노동자들을 채용하느냐 마느냐의 자유가 없었다. 관 알선 징용 피해자들과 조선총독부의 쌍방 증언을 통해 이른바 '강제' 의 실태가 드러나는데, 먼저 피해자 쪽의 증언을 보자.

내가 징용된 날에 나를 연행한 것은 완도 경찰의 일본인 순사였다. 근처 에 있던 아이가 "지금 순사가 사람을 잡으러 오고 있어요"라고 말해주 었기 때문에, 나는 집을 나와 집 가까이에 숨어 있었지만 발각되고 말았 다. 내가 숨었던 것은 그 무렵 일본 순사가 징용 때문에 사람을 잡으러 오는 일이 흔히 있었기 때문이다.

순사는 돌연 아무 연락도 없이 왔고, 나는 붙잡혀서 나일론 끈으로 손이 묶인 채 이장의 사무소로 끌려갔다. 그 순사가 이장과 이야기를 하고 있 었으므로 나는 매우 불안해졌고, 그 사이에 이장 사무소 바로 근처의 강 옆 풀숲으로 도망쳤다. 나는 도망쳤지만 같은 순사에게 붙잡혔고, 손바 닥으로 뺨을 5~6차례 맞았다.

- '광주 1,000인 소송' 원고 본인 조서에서

1943년, 원고가 21세 때의 일을 1997년에 증언한 것이다. 원고는 '징용'이라 부르고 있지만 이처럼 관 알선 형태의 강제 동원이었다.

다음은 일본에서 진행된 조선총독부 쪽 좌담회에서 나온 발언인 데, 스스로 '반강제적인' 방식임을 인정하고 있다. 1943년 11월 9일, 동양경제신보사 주최 좌담회에서 조선총독부 후생국 노무과 다하라 미노루田原実가 한 발언이 《대륙 동양경제》 1943년 12월 1일 호에 게 재되었다.

관 알선 방식인데, 조선의 직업소개소는 각 도에 1개 정도밖에 없고 조직도 진용도 지극히 빈약하기 때문에 일반 행정기관인 부府, 군郡, 도島를 제1선 기관으로 해서 노무자 정리를 하고 있는데, 이 정리가 대단히 거북스런 것이어서 어쩔 수 없이 반강제적으로 하고 있다. 그 때문에 수송 도중에 도망치거나 애써 산(광산)에 데려가더라도 도주하거나 논란을 일으키는 등, 이런 사례가 대단히 많아져서 난처하다. 그러나 그렇다고 해서 지금 당장 징용을 하지 않을 수도 없는 사정이므로 반강제적인 공출은 앞으로도 계속 강화해나가지 않으면 안 된다고 생각한다.
– 토노무라 마사루外村大,《조선인 강제 연행》(이와나미신서, 2012)에서 재인용.

형벌로 강제하는 '징용'

제3단계는 '징용'이다. 1944년 8월 8일에 '반도인 노무자의 이입에 관한 건'이 내각회의에서 결정됐고, 다음 달부터 국민징용령에 의한 징용이 본격적으로 실시됐다. 대상자를 호출해서 관공서로 출두케 해서 살핀 다음 적격자에게 징용영장을 교부하는 것이다. 징용에 응하지 않을 경우, 국가총동원법으로 1년 이하의 징역 또는 1,000엔 이하의 벌금으로 처벌되었다. 그런 의미에서 징용은 '법적인 강제'였다.

이처럼 모집, 관 알선, 징용은 모두 전시 강제 동원을 위한 제도다. 모집과 관 알선은 사실상 거부할 수 없는 물리적 강제력이 많이 발동됐다. 동원 과정에서 속이거나, 위협하고, 납치하는 등 본인 의사에 반해 강제적으로 노동 현장에 조선인을 동원·연행하는 일이 빈번하게 발생했다. 징용은 거부하면 형벌을 부과하는 '법적 강제'였다. 한편 징용에 의한 동원 과정에서도 물리적 강제가 발동됐다. 모집→ 관 알선 → 징용 순으로 일본 정부가 동원에 공식적으로 관여하는 정도가 늘어났다. 노동력의 공급이 점점 고갈되는 한편으로 동원의 수요는 확대됐기 때문에 행정적인 체제를 갖춰 노동력을 확보할 필요가 있었던 것이다.

한편, 피해자나 그 가족에게는 '모집'이나 '관 알선'도 강제적인 성격이 강했기 때문에, 세 제도 사이의 차이는 분명하지 않았으며, 자신이나 가족이 모집이나 관 알선으로 동원됐는지, 징용으로 동원됐는지 여부조차 이해하지 못하는 경우가 많았다. 전후 한국 사회에서도 세 제도 가운데 어느 하나에 의해 일본으로 간 것을 일괄적으로 "징용당했다"고 얘기하기 일쑤였다.

'전 징용공 문제'인가, '조선 출신 노동자 문제'인가

일본 언론도 한국 대법원 판결에 대해 '전 징용공에 대한 판결'이라고 보도하는데, 피해의 공통성을 감안할 때 징용뿐만 아니라 모집, 관 알선 피해자까지 포함해 '전 징용공 문제'라고 부르는 건 합리적이다. 하지만 일본 언론의 '전 징용공에 대한 판결'이라는 표현이 이와 같은 점들을 제대로 이해하고 나온 것인지는 의문의 여지가 있다. 그런데 일본 정부는 이런 표현이 부적절하다며 '한반도 출신 노동자 문제'로 부르고 있다. 아베 신조 총리는 2018년 11월 중의원 예산위원회에서 "당시의 국가총동원법 국민징용령에서는 모집과 관 알선과 징용이 있었지만, 실제로 이번 재판의 원고 4명은 모두 모집에 응한 경우이므로, 한반도 출신 노동자 문제, 이렇게 얘기하고 있다"라고 말했다.

그러나 모집과 관 알선은 국민징용령과는 다른 제도다. 원고들 중 2명은 '모집'도 '관 알선'도 아니고 신문의 구인광고에 개별적으로 응했는데, 그 광고 자체가 사기였을 뿐만 아니라 그 후 일본의 공장으로 징용(이른바 현원現員 징용)돼 노동을 강요당했다.

아베 총리는 대법원 판결은 물론이고 당시의 제도에 대해서도 제대로 이해하지 못한 채 답변하고 있는 셈이다. 무엇보다 문제인 것은 모집이나 관 알선은 강제적이지 않았다고 전제하면서 일본 정부가 의도적으로 강제성을 회석하려는 것이다. 앞서 얘기했듯이 형벌에 의한 '법적 강제'는 징용에만 적용되지만, '모집'이나 '관 알선'도 경찰에 의한 '물리적 강제'가 많이 구사된 만큼 분명 강제 동원을 위한 제도였다.

일본인이 일하고 싶지 않은 직장에서 혹사당한 조선인 노동자

조선인들은 광산이나 토목 현장 등 일본인들이 일하고 싶어 하지 않는 위험한 중노동 현장에 많이 동원됐다. 물론 일본인을 대상으로 한 노무동원도 이뤄졌지만 이런 험한 현장이 아니라 통근이 가능한 공장에 배속되는 게 보통이었다.

당시 동원된 조선인들은 '이입 노동자'로 불렸는데, 그 노동환경과 생활상은 실로 비참했다. 문어방(현장 노동자를 수용한 작은 방)에서 지냈으며, 퇴직의 자유가 없었고, 도망가려다 실패한 경우에는 체벌이나 생명의 위험을 각오해야 했다. 급여는 강제 저금됐고, 퇴직 때까지 노동자들에게 전해지지 않았다. 결국 일본의 패전으로 해방된 뒤에도 급여를 받지 못한 사람이 많았다.

Q1, Q2에서 소개한 일본제철 징용공 사건, 미쓰비시 히로시마 징

용공 사건 등의 원고들은 이런 제도에 의해 강제 동원되었다.

여자근로정신대 강제 동원

여자근로정신대는 국민학교 5~6학년생 내지 졸업 후 1~2년 된 소녀들을 조직해 일본의 공장에서 일을 시킨 제도를 말한다. 당시 피해자들의 연령은 12세에서 16세로 매우 어렸고, 학교 교사가 "일본에 가면 돈도 벌고 여학교에도 다닐 수 있다"는 등의 감언으로 지원을 권하는 등 학교 조직이 동원에 깊이 관여했다. 이들이 동원된 곳은 모두 군수공장인데, 전후에 피해자들이 재판에 나서 배상을 요구한 사례로는 미쓰비시중공업, 나고야 도토쿠道德 공장, 후지코시 도야마富山 공장, 도쿄 아사이토麻糸 방적의 누마즈沼津 공장이 많이 알려져 있다.

"여학교에 다닐 수 있다"는 등의 약속은 지켜지지 않았고, 피해자들은 급료도 제대로 지급받지 못한 채 군대식 공동생활을 강요당했으며, 외출도 제한됐다. 식사량은 늘 부족했고, 출정한 성인 남자 공원들 대신 위험한 중노동에 종사하도록 강요당했다. 어리고 아직 키가 작은 소녀들이 발 받침대를 딛고 기계를 조작하다 보니 사고가 많이 일어났다.

이즈음, 이미 일본 본토 공습이 시작되고 있었는데, 동 세대 일본인 어린이들은 공습을 피해 지방으로 흩어져 피신했지만 근로정신대 소녀들은 공습 표적인 군수공장에서 공포에 떨며 일해야 했다. 미쓰비시중공업 나고야 도토쿠 공장에서는 도난카이 지진으로 공장이나 기숙사가 무너져 희생자를 내는 불운까지 겹쳤다.

앞서 잠깐 언급했듯이 한국에서는 일본군 '위안부'를 '정신대'라 부르고 있었기 때문에 근로정신대와 혼동되는 경우가 있었다. 일본군 '위안부'는 주로 10대 후반에서 20대의 여성을 강제로 전쟁터로 연행해 군인들의 성노예와 같은 처지에 놓이게 만들었고, 여자근로정신대는 주로 10대 전반 소녀들을 일본의 군수공장에서 강제로 노동시킨, 전혀 별개의 제도다.

Q1, Q2에서 소개한 미쓰비시 나고야 근로정신대 사건, 후지코시 근로정신대 사건 원고들은 바로 이 여자근로정신대로 강제 동원된 사람들이다.

은용기

칼럼 3.
'토지'에 대한 차별과 '사람'에 대한 차별

헌법상의 외국

1889년에 발포된 '대일본제국 헌법'은 천황 아래의 삼권분립, 법률로 제약할 수 있는 인권보장 등 한정적이긴 했지만 일단 권력분립과 인권을 보장한 '입헌주의적 헌법'이었다. 대만이나 조선을 식민지화하기 전에 제정된 헌법에는 식민지에 대한 규정이 없었으므로 이 헌법이 식민지에도 적용될 수 있는지 여부는 해석에 따라 달라졌다. 이에 관해서는 여러 가지 견해가 있었지만, 결국 권력분립이나 인권조항은 식민지에는 적용되지 않았다.

조선에도 일본의 현의회縣議会와 비슷한 도회 등 지방의회가 설치됐지만 권한은 불충분했고, 의원 다수가 일본인이었다. 조선 전체를 아우르는 의회도 설치되지 않았다. 조선에 거주하는 사람들은 도쿄의 제국의회 중의원을 뽑는 선거에서 참정권을 행사할 수 없었다. 하지만 이는 조선이라는 '토지'에 주목한 차별이었기 때문에 일본인도 조선에 살면 참정권을 행사할 수 없었고, 조선인도 일본에 살면 참정권을 행사할 수 있었다. 한편 삼권을 초월한 존재인 조선총독은 '제령制令', 즉 법을 제정할 권한을 갖고 있었다. 이처럼 조선은 일본 본토와 다른 법역, 즉 '이법역異法域'에 해당됐다. 예전에 독일의 헌법학자들은 독일의 식민지를 두고 '헌법상의 외국'이라는 표현을 사용했는데, 이렇게 보면 식민지 시대의 조선도 '헌법상의 외국'으로 볼 수 있을 것이다.

호적에 의한 차별정책

일본인과 조선인은 같은 '일본 신민'이었으나 조선인에게는 호적법이 적용되지 않았고, '조선호적령'이라는 '내지인'들의 호적과는 다른 개념이 적용되고 있었다. 혼인이나 양자 결연의 경우를 제외하면 조선 호적에서 일본 호적으로 이동異動할 수는 없었다. 이는 '사람'에 주목한 차별의 기초가 된다. 일본 정부는 '일시동인一視同仁'을 외쳤지만, 한쪽에서는 창씨개명이나 일본어 교육 강요 등 황민화 정책을 추진해 조선인을 강제로 일본인으로 동화시켜 나가면서도 다른 한편으로는 호적처럼 일본인과 조선인을 구별하는 제도를 주도면밀하게 진행해 나갔다.

전후 샌프란시스코 평화조약(1952년)에 즈음해서 나온 법무부 민사국장 통달은 '호적법의 적용을 받지 않는 자'의 기준으로, 본인의 의사나 어디에 살고 있는지 여부와 상관없이 조선인과 대만인의 일본 국적을 일률적으로 박탈했다. 그리고 이 일본 국적 박탈은 "재일 조선인은 일본 국적이 없는 외국인이다. 따라서 일본에 살 권리도 없으며, 인권을 제한해도 된다"는 논리와 하나로 묶여 작동했다. 일본 국적이 없다는 것을 구실로 재일 조선인과 대만인을 일본에서 추방할 수 있는 대상으로 삼은 것이며, 동시에 참정권이나 공무원이 될 권리도 박탈·제한한 것이다. 또 1952년 이후에는 일본 국적이 없다는 이유로 공영주택, 국민건강보험, 국민연금 등 생활상의 권리까지 빼앗는 정책을 폈다.

은용기

제3장

정치적으로 타협된
인권

- 한일 청구권협정의 내용과 해석

Q7 협정의 내용
한일 청구권협정이란 무엇인가?

한일 청구권협정이란

샌프란시스코 강화회의 직후인 1951년 10월부터 개시돼, 중단됐던 시기까지 포함해서 14년에 걸쳐 이뤄진 한국과 일본의 국교 정상화 교섭(이른바 '한일회담')의 결과, 1965년 6월 22일 한일기본조약과 함께 체결된 협정 중 하나가 '대한민국과 일본국 간의 재산 및 청구권에 관한 문제의 해결과 경제협력에 관한 협정', 이른바 '한일 청구권협정'이다.

한일 청구권협정에서는 일본이 한국에게 무상 3억 달러·유상 2억 달러, 합계 5억 달러의 경제지원을 할 것(협정 1조), 양국 및 국민 사이의 청구권에 관한 문제가 완전하고 또 최종적으로 해결됐다는 것(협정 2조) 등이 규정돼 있다【자료 6】.

한일 청구권협정 체결까지의 한일회담 경위

한반도의 해방과 샌프란시스코 강화회의

1945년 8월 15일, 일본의 패전으로 한반도는 일본의 식민지배에서 해방됐으며, 1948년 8월 15일에 반도 남부에는 대한민국이 수립됐다. 한국 정부는 1949년 9월, 총액 310억 엔(종전 직후의 환율 1달러당 15엔으로 환산하면 약 21억 달러 상당. 요시자와 후미토시, 《전후 일한관계》, 크레인, 2015년, 31p.) 규모의 대일 배상 청구를 주안으로 한 교섭을 벌이기 위한 '대일 배상요구 조서'를 완성해 일본에 진승국으로서의 배상 및 식민지배 청산을 요구할 예정이었다.

그러나 1951년 9월에 열린 샌프란시스코 강화회의에 한국은 전승국으로 참가할 수 없었으므로, 일본에게 전승국 자격으로 배상을 요구하기 어려워졌고, 결국 한국의 대일 청구 문제는 샌프란시스코 평화조약 제4조 a항 규정에 따라 한국과 일본의 특별 약정(외교 교섭)으로 결정짓게 됐다. 이 샌프란시스코 강화회의에서의 처리 결과에 따라 한국과 일본의 국교 정상화 교섭, 이른바 한일회담이 시작됐다.

1차 회담

한일회담은 한국전쟁이 교착 상태에 빠져 있던 1951년 10월에 예비회담이 시작되었고, 1952년 2월 15일에 제1차 회담이 열렸다.

청구권 문제는 1차 회담 때부터 최대의 쟁점이 됐는데, 청구권위원회의 첫 회합에서 한국 정부는 '한일 간 재산 및 청구권협정 요강', 이른바 '대일 청구 8항목'을 제시했다. 반면 일본 정부는 이 회담에서 청구권의 상호 포기를 주요 목표로 삼고 있었다. 일본 정부는 한국 내에

남아 있던 일본 재산(이하 '재한 일본 재산')[1]의 반환을 요구하는 것이 국제법상 무리한 논리라는 것을 알고 있으면서도 한국에게 이를 반환하라고 요구함으로써 대일 청구권과의 상쇄 또는 상호 포기를 끌어내려고 한 것이다.

당연히 한국은 일본이 샌프란시스코 평화조약 4조 b항에서 재한 일본 재산에 관한 처리를 승인한 이상, 이에 대한 반환을 요구할 수 없으며, 한일회담의 교섭 대상은 한국의 대일 청구권뿐이라고 강하게 반론했다. 그러나 일본은 이 주장을 철회하지 않았고, 결국 1차 회담은 재한 일본 재산의 귀추를 둘러싼 법적 논의로 대립한 끝에 1952년 4월에 결렬되고 말았다.

구보타 발언

1953년 4월부터 2차 회담이 시작됐지만, 한국전쟁의 휴전 협정 체결 전망이 보이던 터라 이를 지켜보기 위해 7월에 서둘러 휴회했으며, 1953년 7월 27일의 휴전 협정으로 한국전쟁이 일단 종결된 뒤 그해 10월 3차 회담이 열렸다.

본격적인 논의가 이루어질 거라는 기대 속에 열린 3차 회담에서 일본 쪽 수석대표 구보타 간이치로久保田貫一郎는 "일본은 36년간 민둥산을 녹색 산으로 바꿨고, 철도를 깔았고, 논을 늘려 많은 이익을 한국인에게 주었다", "사견이지만, 나의 외교사 연구에 따르면 일본이 진출하지 않았다면 한국은 중국이나 러시아에 점령당해 더욱 비참한 상태에 놓였을 것이다"라고 하는 등 일본의 식민지배를 합법화하고, 오히려 한국은 일본에 병합된 것에 감사해야 한다는 취지의 발언을 했다. 이 구보타 발언에 한국 측이 격노한 것은 당연한 결과였다. 이 구보타 발언을 계기로 다시 한일 간에 일본의 식민지배 책임에 관한 거센 논쟁이 벌어지면서 결국 3차 회담은 2주일 만에 결렬됐고 4차 회담이 재개될 때까지 4년이라는 시간이 걸렸다.

여기에서 주목해야 할 점은 구보타의 발언은 결코 특수한 것이 아니라 당시 일본 정부의 견해를 대변한 것에 지나지 않는다는 사실이다. 일본 정부는 식민지배에 대한 반성의 뜻이 눈곱만큼도 없었다는 것을 알 수 있는 부분이다(이상열, 〈한일 국교 정상화 교섭 과정에서의 한국 정부의 대일 정책 결정에 관한 한 고찰〉, 고려대 아세아연구소 《한일 관계 자료집(제1집)》 외).

4차 회담의 재개와 5차 회담

3차 회담 중단 뒤 한일 관계는 최악의 상태로 이어졌는데, 일본에서는 기시 노부스케岸信介 내각이 발족해 한일회담 재개를 위한 방향 전환을 모색했다. 1957년 12월 31일에는 구보타 발언을 정식으로 취소하는 내용을 담은 한일 공동선언[2]이 발표됐고, 마침내 1958년 4월 4차 회담이 재개되었다. 그로부터 얼마 뒤에 일어난 4·19혁명으로 4차 회담도 중지되었고, 그해 8월 장면 내각이 수립되면서 10월에 5차 회담이 개최됐다. 한일회담 타결을 서두르는 장면 정권과 기시 내각을 이어받은 이케다 하야토池田勇人 내각 간 공식·비공식 회의를 포함한 청구권위원회가 32회나 열렸으며, 청구권 문제에 대해서도 실질적인 토의가 이뤄졌다.

6차 회담에서 한일조약 체결까지

1961년 5월 16일, 박정희 소장이 쿠데타로 정권을 장악하면서 5차 회담도 중단됐다. 새로 발족한 박정희 정권은 경제 부흥을 위해 미일 등 외국과의 관계 개선을 서둘렀으며 한일회담에 대해서도 적극적인 자세를 보였다.

1961년 10월부터 제6차 회담이 개최되었고, 그다음 해인 1962년 11월에는 김종필 한국 중앙정보부장과 오히라 마사요시大平正芳 외상이 경제협력 방식에 관해 "무상원조 3억 달러, 유상 경제협력 2억 달러, 민간 차관 1억 달러 이상"이라 쓴 메모를 교환했다. 청구권 문제를 경제협력 방식의 큰 틀에서 매듭 짓는 이른바 '오히라·김 합의'에 도달한 것이다.

한일회담의 큰 장애물이었던 청구권 문제가 큰 틀에서 해결되면서 한일조약 체결을 향한 구체적인 협의가 1964년 11월부터 제7차 회담으로 이어졌다. 그리고 마침내 1965년 6월 22일 양국의 국교 정상화를 위한 한일기본조약이 체결됐고, 한일 청구권협정도 체결됐다.

정치적 타결로 정리된 한일회담

이처럼 한일조약 체결에 이르는 14년에 걸친 경위를 되돌아보면, 한일회담은 한국의 정치체제 변천, 한국전쟁과 구보타 발언 등 여러 외적 요인에 의해 지속적으로 농락당한 회담이었다고 할 수 있다. 그중에서도 청구권 문제를 둘러싼 한일 간의 대립은 격심했다. 일본 정부가 과거 식민지배 책임을 인정하지 않고 대한對韓 청구권의 존재를 주장함으로써 이를 대일 청구권과 상쇄해 청구권 상호 포기를 겨냥한

데서부터 한국의 강한 반발을 불렀고, 논의는 계속 평행선을 달렸다.

그러나 박정희 군사독재 정권이 수립된 후 한국 정부는 전쟁으로 초토화된 나라의 경제 부흥을 도모하고자 최대한 빨리 일본에게서 배상금을 받아낸다는, 실리 우선 정책으로 전환했다. 이에 따라 한일회담은 급속히 진전됐고, 그 결과 한일 청구권 문제도 정치적인 타협으로 마무리를 짓게 됐다.

애매한 해결을 거둔 한일 청구권협정의 결과

일본 정부는 "한일 청구권협정을 통해 일본이 한국에 대해 경제협력을 하는 것으로, 한일 간의 청구권을 실질적으로는 상호 포기하고 '완전하고 또 최종적으로 해결'해 당초 목표를 이루었다"고 자국민에게 설명했다. 일본 정부는 "무상 3억 달러는 한국에 대한 배상은 아니다"라고 설명했다. 반대로 한국 정부는 "무상 3억 달러의 경제원조는 실질적인 배상이다"라고 선전하면서 자국 국민의 이해를 얻으려 했다.

한일 청구권 문제는 이처럼 한일 양국의 정치적인 역학에 의해 타결에 이르렀다. 그러나 한일 청구권협정의 의의에 대한 양국의 서로 다른 설명에서 보듯 한일회담에서 한국은 일본의 식민지배 책임에 관한 반성의 말을 듣지 못했고, 식민지배·전쟁으로 인한 손해와 피해 청산에 관한 근본적인 문제 해결을 뒤로 미룸으로써 장래에 풀어야 할 과제를 남긴 꼴이 됐다.

장계만

Q8 협정 체결 과정

청구권협정에서는 징용공 문제에 대해 어떤 논의가 이뤄졌는가?

대일 청구 8항목

청구권 문제와 관련해 한국 정부는 한일회담 시작 부분에 '한일 간 재산 및 청구권협정 요강', 이른바 '대일 청구 8항목'을 제시했다. 그 주요 내용은 다음과 같다.

① 조선은행을 통해 반출된 지금地金 및 지은地銀의 반환 청구

② 1945년 8월 9일 현재 일본 정부가 조선총독부에 지고 있는 채권의 변제 청구

③ 1945년 8월 9일 이후 한국에서 대체 또는 송금된 금품의 반환 청구

④ 1945년 8월 9일 현재 한국에 본사, 본점 또는 주요 사무소가 있는 법인의 재일 재산의 반환 청구

⑤ 한국 법인 또는 한국 자연인의 일본국 또는 일본 국민에 대한 일본 국채, 공채, 일본은행권, 피징용 한국인의 미수금, 보상금 및 기타

청구권의 변제 청구

⑥ 한국인(자연인, 법인)의 일본 정부 또는 일본인에 대한 개별적 권리 행사에 관한 항목

⑦ 전기前記한 여러 재산 또는 청구권으로 발생한 과실들의 반환 청구

⑧ 전기한 반환 및 결제의 개시 및 종료 시기에 관한 항목

이 대일 청구 8항목에는 '피징용 한국인의 미수금, 보상금' 문제가 제5항에 포함돼 있고, 징용공에 대한 미지급 임금이나 보상금도 논의 대상이 됐다.

징용공의 개인 청구권에 대한 한일 간 논의

회담 초부터 일본 정부는 징용공의 개인 청구권에 대해선 국교 정상화 뒤 일본 법률에 따라 개별적으로 해결한다는 방침을 갖고 한국 정부와 교섭했다. 이에 반해 한국 정부는 일본 정부 대신 한국에서 일괄 해결하겠다는 일괄 보상 협정 방식을 희망함으로써, 해결 방침에 대한 한일의 대립이 이어졌다.

그러나 일본 정부의 방침은 적극적으로 개인 청구권을 보상하겠다는 의도로 제안된 것이 아니었다. 미지급 임금처럼 법률관계나 사실관계가 명백한 것은 보상에 응하지만, 전쟁에 의한 피징용자 피해 보상금 등에 대해서는 처음부터 응할 수 없다는 자세로 교섭했다. 일괄 보상 협정 방식으로 해결할 경우 지불해야 할 보상금 총액을 깎기 위한 방편이었다.

동시에 일본 정부는 한국이 일괄 보상 협정 방식으로 개인 청구권 문제 해결을 요구한다면 한국 측이 증거에 토대를 둔 구체적인 입증을 하지 않는 한 그 요구에 응할 수 없다고도 주장했다. 한국 정부도 법률관계 및 사실관계를 밝히기 위해 일본 정부에 피징용자 피해 관련 자료를 제공하라고 요구했다. 그런데 당시 일본 정부는 한일 국교 정상화 교섭 준비를 위해 각 기업에 징용공 미지급 임금을 공탁하도록 명하고, 이미 1953년 노동성 주도 아래 피징용 한국인의 미수금 관련 기업명(사업자), 미수금의 종별, 피징용자 인수人數, 금액 등의 정보를 정밀조사·집계(노동성 노동기준국 급여과, '귀국 조선인 노무자에 대한 미지급 임금 등에 관한 조사집계', 1953년)했음에도 이들 자료를 한국 쪽에 숨기는 등 불성실한 대응을 계속했다.

청구권 문제에 관한 한일 교섭이 정체 상태에 빠진 가운데 박정희가 군사 쿠데타로 정권을 장악했다. 그 뒤의 제6차 회담에서 한국 정부는 일본이 내준 자금을 경제 부흥 자금으로 쓰기 위해 반드시 일괄 보상 협정 방식을 실현시켜야 했다. 그로 인해 청구권 8항목의 제1항부터 5항까지의 내용에 들어 있는 개인 청구권은 국가가 처리하겠지만, 그 이외의 개인 청구권은 한일 교섭 타결 뒤에도 청구할 수 있도록 하자고 방침을 변경했다.

그러나 일본 정부는 한일 교섭 타결 뒤에 개인 청구권 제기의 여지를 남길 경우 추후 식민지배나 전쟁 피해자들의 보상 청구 등이 제기될 가능성을 우려했다. 이에 그때까지의 "개인 청구권에 대해서는 국교 정상화 뒤 일본의 법률에 따라 개별적으로 해결하겠다는 방침"을 바꿔 모든 청구권을 한일 교섭에서 처리해야 한다고 주장했다. 그러나 이번에는 한국 측이 일본의 주장을 받아들이지 않았고, 다시 논의는 평행선을 달리게 됐다.

결국 몇 년에 걸친 긴 교섭 결과 한일 양국 정부는 실무 단계의 논의로는 한계가 있다는 것을 인정하지 않을 수 없었고, 정치적 단계의 해결을 꾀하자는 데 의견의 일치를 보았다. 결과적으로는 모든 청구권을 한일 교섭에서 처리한다는 일본 쪽의 주장이 관철됐다.

무상 3억 달러 지원으로 징용공 미지불 임금을 보상했는가

한일 청구권협정과 동시에 한일 간에서 교환된 '합의 의사록' 2의 (g)에서는 "완전하고 또 최종적으로 해결된 것으로 하는 양국 및 그 국민의 재산, 권리 및 이익, 양국 및 그 국민의 청구권에 관한 문제에는 한일회담에서 한국이 제출한 '대일 청구 8항목'의 범위에 속하는 모든 청구권이 포함돼 있으며, 따라서 이 대일 청구권에 관해서는 어떠한 주장도 할 수 없게 된다는 것이 확인됐다"고 규정돼 있다. 8항목 중 제5항목인 징용된 한국인의 미수금, 보상금도 한일 청구권협정으로 해결된 청구권 문제에 포함됐다. 다만 2018년 한국 대법원 판결에서는 "식민지배와 직결된 불법 행위에 의한 손해배상청구권은 청구권협정의 대상에 포함돼 있지 않다"고 판단했다(→ Q4).

한편 무상 3억 달러 경제원조는 그것이 개인 청구권를 포함한 대일 청구권의 대가, 즉 법적인 배상금인지, 배상과는 관계없는 단순 경제협력을 위한 원조인지가 문제가 되었다. 당시 일본 정부에서 경제협력자금은 청구권의 대가(법적인 배상금)와는 별개의 것이라고 해석한 것과는 달리, 한국 정부는 청구권 문제의 해결 수단으로 경제협력이 실시된 이상, 무상 3억 달러의 경제원조는 실질적인 배상이라고 주장해 양국 정부가 각자 자신에게 유리하게 해석했다(→Q7).

어쨌든 일본 정부의 견해에 따른다면 물론이고, 한국 정부의 견해로도 무상 3억 달러의 경제원조가 피징용 한국인의 미수금 및 보상금, 즉 민사상의 개인 청구권을 모두 해결하는 배상금은 아니라는 게 분명하다.

장계만

Q9 경제협력 지원

청구권협정에는 일본 정부는 한국 정부에게 무상 3억 달러, 유상 2억 달러의 경제협력 지원을 한다고 규정돼 있는데, 이 5억 달러는 어떤 형태로 한국 정부에 제공되었나?

한국의 인프라를 정비하고, 일본의 경제에도 커다란 이익을 안겨준 경제협력

경제협력 지원에 토대를 둔 일본의 역무 제공 등으로 한국에서 경부고속도로, 포항 종합제철소, 소양강댐 건설 사업을 비롯한 대규모 인프라 사업이 실시됐으며, 그것이 한국의 고도 경제성장에 크게 공헌한 것은 사실이다. 한편 무상 3억 달러의 경제협력 지원은 일본 기업을 통해 한국으로 공장 등의 생산자본이나 기술을 수출하는 형태로 이뤄졌기 때문에 일본 경제도 대규모 인프라 사업을 수주하는 혜택을 누린 것은 물론이고, 이후에도 한국 내 경제활동을 위한 발판을 마련하는 이점이 충분히 있었다. 이로써 양국이 경제적 관계를 강화한 것은 굳이 설명할 필요도 없을 것이다.

"일본의 자금 지원 덕에 한국이 경제 부흥을 달성할 수 있었다"는 의견이 있다. 그러나 당시 한국은 베트남전쟁에 참전함으로써 미국으로부터도 경제원조를 받아, 1965년에서 1972년까지 10억 2,200만 달러 규모의 특수를 누렸다고 한다. 일본의 경제협력 지원만으로 한국이 경제 부흥을 한 것이 아니라는 점은 이 금액만 보더라도 알 수 있으리라 생각한다.

민간인 보상에는 충분히 사용되지 않았다

한일 청구권협정 체결 뒤 한국 정부는 모든 국민이 이익을 균등하게 얻게 될 것이라는 등의 기본방침에 의거해 '청구권 자금의 운용 및 관리에 관한 법률'을 1966년 2월에 제정했다. 이 법률 2조 4항에서 "청구권 자금이라 함은 무상자금·차관(유상)자금 및 원화 자금을 말한다"고 정의한 뒤, 4조에서는 ① 무상자금은 농업·임업 및 수산업의 진흥·원자재 및 용역의 도입, 기타 이에 준하는 것으로서 경제발전에 이바지하는 사업을 위해 사용한다, ② 차관(유상)자금은 중소기업·광업과 기간산업 및 사회간접자본을 확충하는 사업을 위하여 사용한다, 라고 사용 기준을 규정했다. 그리고 5조에서 민간인의 대일 청구권 보상에 대해서는 "대한민국 국민이 갖고 있는 1945년 8월 15일 이전까지의 일본국에 대한 민간 청구권은 이 법에서 정하는 청구권 자금 중에서 보상"해야 하며, 보상에 관한 구체적인 사항은 별도 법률로 정하기로 했다.

이처럼 한국의 경제 부흥을 위해 일본에서 제공된 경제협력 지원금이 사용됐고, 위에 소개된 법률에서는 이 지원금으로 민간인의 대일 청구권 보상을 할 것이라는 취지의 규정이 존재했다. 그러나 다음에 설명하는 바와 같이 이 자금이 그대로 징용공 보상에 충분히 사용되진 않았다. 이것은 경제 개발을 위해 징용공을 비롯한 식민지배와 전쟁의 피해자들을 희생시킨, 당시 박정희 정부의 실정임은 분명하지만 일본 정부가 한일회담에 따른 청구권협정 체결의 결말이 이러하리라는 것을 상정하고 정치적 타결을 이루었다는 점에 유의해야 할 것이다.

협정 체결 뒤 한국 정부는 징용공과 그 가족에게 보상했는가

한국은 한일 청구권협정 체결 뒤 6년이 지난 1971년에 '대일 민간 청구권 신고에 관한 법률'을 제정했고, 1974년에는 '대일 민간 청구권 보상에 관한 법률'을 제정해 피징용 사망자 1인당 30만 원을 지급하기로 결정했다. 이에 총계 25억 6,560만 원(당시 환율로 약 37억 2,650만 엔)이 유족에게 지급됐다. 다만 생존자는 대상에서 제외한 탓에 혜택을 받지 못한 피해자가 많았다.

그 뒤 한국 정부는 2004년 3월, 강제 동원 피해 진상을 밝히는 것을 목적으로 '일제 강점하 강제 동원 피해 진상 규명 등에 관한 특별법'을 제정해 강제 동원에 관한 조사를 실시했다. 2005년 8월에는 한국의 민관공동위원회가 한일 청구권협정 문제와 관련해, 일본으로부터 받은 무상자금 중 상당액을 강제 동원 피해자 구제에 사용해야 할 도의적 책임이 한국 정부에 있었다는 점 등을 지적했다. 2007년에는 '태평양전쟁 전후 국외 강제 동원 희생자 등 지원에 관한 법률'이 제정돼 사망자에게 1인당 2,000만 원, 부상자에게는 장애의 정도에 따라 2,000만 원 이하 범위에서 위로금을 지불했고, 생존자에게 연간 80만 원의 의료 지원금을 지급하는 등의 지원을 했다(→Q11).

장계만

Q10 일본 쪽 해석의 변천

청구권협정에는 "양 체약국 및 그 국민"의 "재산, 권리 및 청구권에 관한 문제가" "완전히 그리고 최종적으로 해결됐음을 확인한다"고 돼 있다. 그렇다면 징용공의 미지급 임금 및 위자료 문제도 해결된 것이 아닌가? 일본 정부 및 법원은 어떤 해석을 해왔는가?

'포기'란 외교보호권의 포기만을 의미해

확실히 1965년의 한일 청구권협정에는 "완전히 그리고 최종적으로 해결"했다고 쓰여 있다. 그러나 "'완전히 그리고 최종적으로 해결'했다는 게 개인의 권리가 소멸했다는 의미는 아니다"라고 역설해 온 것은 오히려 일본 정부다. 이래놓고 때때로 자신에게 유리하게 해석을 크게 바꾼 것도 일본 정부다.

한일 청구권협정의 체결 14년 전, 일본은 미국 등 연합국 48개국과 샌프란시스코 평화조약(1951년)을 체결했다【자료 13】. 이 조약에는 국민과 국가의 청구권을 '포기한다'는 조항이 있다. 이를 바탕으로 히로시마 원폭 피폭자가 일본 정부를 상대로 재판을 제기했다. 국제인도법에 반하는 불법 원폭 투하로 피해를 당한 피폭자는 그 책임이 있는 미국 및 트루먼 대통령에게 손해배상을 청구할 권리가 있는데, 이 권리를 국가(일본)가 샌프란시스코 평화조약으로 소멸시켰으므로 국가

(일본 정부)에게 배상 대신 보상을 요구한 것이다. 유명한 '원폭 재판'의 시작이었다.

예컨대 집 앞에 있는 국도의 확장공사를 위해 퇴거하라는 요구를 받는다면 여기에 잠자코 응할 사람은 없다. 적어도 토지와 건물 가격에 상당하는 돈을 지불하라고 국가에 요구할 것이다. 이것이 '보상'이다. 헌법상 당연히 인정되는 권리다. 원폭 피폭자의 손해배상청구권은 토지나 건물과는 성격이 매우 다르긴 하지만 기본적으로 같은 '재산권'의 문제다. 국가가 외국과의 약정에 의해 이를 소멸시킨다면 당연히 보상해줘야 한다.

그러나 원폭 재판에서 일본 정부는 피해자들에 대한 보상을 거부했다. 샌프란시스코 평화조약으로 포기한 것은 국가의 외교보호권일 뿐, 피해자 개인이 국가를 통하지 않고 직접 미국 정부에 청구할 권리, 즉 개인 청구권은 소멸하지 않았고 따라서 피해자가 미국 정부에 직접 배상을 청구하면 되므로 국가가 피해자에게 개별적으로 보상할 필요가 없다는 논리였다.

외교보호권이란, 국민이 외국으로부터 부당한 대우를 받았지만 그 나라에서 재판을 통해 구제받을 수 없는 경우, 마지막 수단으로 피해자의 국가가 대신 외국에 '배상'을 요구하는 권리를 말한다. 일본 정부는 외교보호권은 국가의 권리이므로 조약으로 포기할 수 있지만, 개인이 정부를 통하지 않고 직접 배상을 요구할 권리는 국가의 권리가 아니므로 국가가 조약으로 어떤 약속을 했든 없어지는 것이 아니라고 주장했다.

요컨대, 원폭 피폭자는 미국의 제도를 통해 미국에게 배상을 청구할 수 있으므로 일본이 보상할 필요가 없다는 의미다. 그리고 일본은 외교보호권을 포기했기 때문에 설령 개인이 제기한 미국에서의 재판이 잘못되더라도 일본 정부가 이를 이유로 미국에 항의하거나 배상을 요구하지 않겠다는 뜻이기도 하다.

1956년의 일소공동선언에도 이와 같은 '포기' 조항이 있다. 전후 시베리아에 억류된 피해자들이 일본 정부에 배상을 요구하며 제소했는데, 일본 정부는 원폭 재판과 같은 주장을 하며 보상을 거부했다.

이처럼 조약에 따른 권리의 '포기'는 개인의 권리 소멸을 의미하는 것이 아니라고 주장했던 것은 일본 정부였다.

개인의 청구권은 결코 소멸되지 않았다

한일 청구권협정을 체결한 당시의 해설서에 따르면, 일본 정부는 "완전히 그리고 최종적으로 해결"했다는 것은 양국이 외교보호권을 포기한다는 의미지 개인의 권리를 소멸시키는 것은 아니라고 해석했다[다니다 마사미 외 편, 《일한조약과 국내법의 해설(《시의 법령》 별책)》 대장성 인쇄국, 1966년]. 패전으로 많은 일본인 및 일본 기업이 한반도에 재산을 남겨 둔 채 일본으로 도망쳐 왔지만 한일 청구권협정으로 그 재산권이 소멸했다면, 일본 정부는 자국민들로부터 보상 요구를 받게 된다. 바로 이 지점에서 한일 청구권협정으로 포기한 것은 외교보호권일 뿐이므로 재산을 남겨 두고 온 자국민에게 보상할 필요가 없다는 해석이 나온 것이다.

만약 재산을 한국에 두고 온 일본인에게 "완전히 그리고 최종적으로 해결"했다는 것이 자국 정부의 외교보호권의 포기만을 의미하는 것이라면, 같은 논리로 강제 동원으로 피해를 당한 한국인에 대한 청구권 문제를 "완전히 그리고 최종적으로 해결"했다는 것도 한국 정부의 외교보호권만 포기했다는 걸 의미하게 된다. 한국인 피해자들이 일본 법원에 소송을 제기하기 시작한 1990년대 전반, 이 문제가 국회에서 논의되자 1991년 8월 27일 야나이 슌지柳井俊二 외무성 조약국장은 참의원 예산위원회에서 다음과 같이 답변했다.

일한 청구권협정으로 양국 간의 청구권 문제는 최종적으로 그리고 완전히 해결됐습니다. 그것이 의미하는 바는 (…) 이것은 일한 양국이 국가로서 지니고 있는 외교보호권을 상호 포기했다는 것입니다. 따라서 이른바 개인의 청구권 자체를 국내법적인 의미에서 소멸시켰다는 것은 아닙니다【자료 18】.

그 후에도 이와 같은 일본 정부의 답변은 되풀이됐고, 강제 징용 피해자들은 일본에서 소송을 제기할 수 있었으며, 실제로 청구 인정 여부는 법원이 판단할 것이라는 답변도 있었다.

또 외무성이 발행하는《외무성 조사월보》에도 "'국가가 국민의 청구권을 포기한다'는 문언의 의미는 (…) 개인 청구권 자체를 포기하는 것은 아니며 (…) 국가로서 갖고 있는 외교보호권을 포기하는 것이라는 해석도, 일본 정부가 이제까지 일관되게 취해온 바이다"라고 명기돼 있다(《외무성 조사월보》, 1994년 1호【자료 19】).

이러한 해석에 따라 1990년 이후 한국인 피해자들이 제기한 수십 건의 전후 보상 소송 가운데 일본 정부가 한일 청국권협정으로 해결이 끝났으므로 소송이 불가하다고 주장한 것은 1999년까지 한 건도 없었다.

일본 정부의 손바닥 뒤집기

그런데 2000년 무렵부터 주로 중국인 강제 연행 피해자들이 제기한 소송에서 원고의 청구를 인정하거나, 기업이나 국가에게 불리한 판결이 차례차례 등장했다. 그러자 일본 정부는 돌연 해석을 변경해서 한국인 피해자들을 포함한 모든 전후 보상 재판에서 조약(샌프란시스코 평화조약, 한일 청구권협정, 일화평화조약)으로 해결이 끝났다고 주장했다. 아마도 "조약으로 해결이 끝났다"는 결론만을 정치적으로 먼저 결정했을 것이다. 처음에는 "해결이 끝났다"는 법률적인 설명이 소송마다 달랐지만, 이윽고 개인의 권리는 소멸하지 않았지만 재판을 통해 청구할 수는 없다는 주장으로 정리돼 갔다.

일본 정부는 원폭 피폭자 등 일본인들로부터 보상을 요구받을 때에는 "조약으로 포기한 것은 외교보호권일 뿐 피해자들은 상대국의 국내 절차(재판)에 따라 청구할 수 있다. 따라서 일본 국가에는 보상 책임이 없다"고 주장했다. 그러나 외국인 피해자들로부터 배상 청구를 받을 때에는 "조약으로 일본 국내 절차(재판)에 따라 청구할 수 없게 됐다"고 주장을 바꾼 것이다. 이것이야말로 인권을 침해당한 피해자들을 배반하는 '손바닥 뒤집기'가 아니겠는가.

이러한 '손바닥 뒤집기'를 인정한 최고재판소

그 뒤로도 많은 지방재판소와 고등재판소는 국가의 이 새로운 주

장을 인정하지 않았다. 하지만 2007년 4월 27일의 니시마쓰건설 강제
노동 사건 최고재판소 판결은 중국인 피해자들 사건과 관련해 국가의
새로운 주장을 판결의 근거로 받아들였다【자료 3】.

먼저 최고재판소는 개인의 청구권을 재판으로 해결할 수 있게 하
면 관계국과 국민에게 생각지도 않은 큰 부담을 지워 혼란이 일어날
지도 모르므로, 개인이 재판으로 청구할 수 없게 하는 것이 '샌프란시
스코 평화조약의 틀'이라고 했다. 그리고 중일공동성명【자료 20】도
이 틀 안에 있기 때문에 중국 국민 개인도 재판으로 청구할 수 없다는
논리를 폈다.

그러나 샌프란시스코 조약문 어디에도 "개인의 청구권은 재판을
통해 청구할 수 없는 것으로 한다"고 적혀 있지 않다. 또한 원폭 재판
에서 국가가 주장한 것을 보면 애초에 일본 정부도 결코 그렇게 해석
하지 않았음이 분명한다. 그리고 설령 샌프란시스코 평화조약이 그
런 의미였다고 하더라도 그것을 이 조약에 참가하지 못한 한국과 중
국 피해자에게 적용하는 것은 큰 무리가 있다. 중일공동성명에 쓰여
있는 "포기한다"는 말의 주어는 어디까지나 '중화인민공화국 정부'이
며, 중국 국민의 권리를 포기한다는 말은 한마디도 쓰여 있지 않다.

게다가 일본은 세계인권선언 10조【자료 14】, 국제인권규약(자유권
규약) 14조【자료 15】에 따라 재판을 받을 권리를 보장하는 국제법상의
의무를 지고 있다. 권리가 있다 하더라도 재판으로 청구할 수 없다는
최고재판소의 판단은 이 의무를 정면으로 위반하는 것이다.

이처럼 문제가 많은 최고재판소 판결이지만 결과적으로 그 뒤로
중국인 피해자들은 모든 소송에서 패소했다. 그리고 이런 논리는 한국

에도 똑같이 적용돼 소송을 제기한 한국인들도 패소했다.

다만 이 최고재판소 판결은 '샌프란시스코 평화조약의 틀'의 효과가 재판을 통해 청구할 수 없게 됐다는 의미일 뿐, 개인의 청구권 자체는 소멸하지 않았으므로 당사자들끼리 해결을 꾀하는 것은 괜찮다고 덧붙였다. 이를 실마리로 당사자인 중국인 피해자들은 피고 니시마쓰 건설과 화해를 성립시켰다.

피해자 개인의 청구권이 소멸하지 않았다는 것을 인정하면서도 한국을 비난하는 일본 정부

일본 정부는 헌법상 최고재판소의 판단에 따를 의무가 있다. 최고재판소의 판결이 확정되면 그것이 곧 일본 정부의 견해다. 실제로 최고재판소 판결 뒤 한국인 피해자들이 제기한 소송에서 국가는 피해자들의 청구권 자체가 소멸한 것은 아니지만 재판을 통해서 청구할 수는 없게 됐다고 주장했다.

그리하여 "완전히 그리고 최종적으로 해결"됐다는 표현을 두고 일본 정부의 견해가 어떻게 바뀌어 왔는지, 다음과 같이 정리할 수 있다.

① 2000년까지
한일 청구권협정으로 외교보호권을 포기했으나, 개인의 청구권은 소멸하지 않았다.

② 2000년 이후
한일 청구권협정으로 외교보호권을 포기했으나, 개인의 청구권은 소멸

하지 않았다. 재판을 통해 청구할 수는 없게 됐으나, 당사자끼리 해결하는 것은 괜찮다.

이처럼 일본 정부의 해석은 그때그때 상황에 맞춰 바뀌어왔지만 개인의 청구권이 소멸하지 않았다는 설명은 처음부터 지금까지 바뀐 적이 없다. 그러면서도 한국 대통령이 연설에서 청구권을 언급하거나, 한국 법원이 피해자들의 청구를 인정했을 때 "해결이 끝난 문제를 다시 꺼냈다"고 비난하는 것은 이치에 맞지 않는 일이다.

야마모토 세이타

Q11 한국 쪽 해석의 변천

한국 정부는 청구권협정에서 양국의 청구권에 관한 문제가 '완전히 그리고 최종적으로' 해결됐다는 구절을 어떻게 해석하는가? 노무현 정부 때 한일 청구권협정에는 징용공 문제도 포함돼 있으며, 배상 문제는 한국 정부가 책임져야 한다는 견해를 공표하지 않았나?

개인 청구권이 소멸한다고 생각했던 한국 정부

일본 정부의 해석이 변해왔던 것과 마찬가지로 한국 정부의 해석도 변천했다. 이를 연대순으로 살펴보자. 1965년에 한일 청구권협정을 체결했을 당시 박정희 정부는 "완전히 그리고 최종적으로 해결"했다는 것을 개인 청구권이 소멸했다는 의미로 해석한 듯하다. 예를 들면, 청구권협정을 체결한 뒤에 한국 정부가 발행한《대한민국과 일본국 사이의 조약 및 협정 해설》이라는 책에는 "피징용자의 미수금 및 보상금 (…) 등이 모두 완전히 그리고 최종적으로 소멸하게 된다"고 적혀 있다. 또 징용됐다가 사망한 희생자 유족들에게 사망자 1인당 약 30만 원을 지급하는 법률을 제정했는데, 이때 개인의 권리와 외교보호권을 구별해 논의한 적이 없었다.

그렇다면 당시에만 해도 가해국인 일본 정부는 피해자들의 권리가 소멸하지 않았다고 해석했는데 정작 피해국인 한국 정부는 소멸했다고 해석했으니 이처럼 양국 해석은 어긋나 있었던 셈이다. 그러나 일본 정부는 '개인의 권리는 소멸하지 않았다'는 법률적 해석을 가능한 한 공표하지 않은 채 "청구권협정으로 해결이 끝났다"는 정치적 발언만 되풀이해왔고, 당시 군사정권하의 한국에서는 피해자들이 개인적으로 목소리를 낼 수 없는 상황이었기 때문에, 그 '어긋남'이 문제로 부각되지 않았다.

외교보호권만 포기했다는 쪽으로 전환

1990년대가 되자 한국은 민주화가 이뤄지고, 해외여행도 자유로워졌다. 이에 피해자들이 일본으로 찾아가 소송을 제기하게 됐다. 그러자 그 '어긋남'이 한국에서 문제가 됐고, 국회의원들이 이 문제를 거론하기 시작했다. 그리고 김영삼 정부였던 1995년 9월 20일, 당시 외무부장관은 "한일 청구권협정으로 정부 차원의 금전적 보상 문제는 일단락됐지만, 정부는 개인의 청구권이 살아 있다는 것을 인정하고 있으며, 피해자들이 제기한 소송에 대해서는 국제 여론을 환기하는 노력을 펼치는 등 가능한 한 지원을 하고자 한다"고 답변했다. 김대중 정부였던 2000년 10월 9일에도 이와 같은 내용의 외무부장관 답변이 있었다. 즉, 이즈음부터 한국 정부는 기존의 해석을 바꿔 일본 정부와 마찬가지로 한일 청구권협정으로 포기된 것은 외교보호권이며, 개인의 권리는 소멸하지 않았다는 입장을 취하게 된 것이다.

2005년 민관공동위원회의 견해

2002년 일본군 '위안부' 및 강제 동원 피해자, 원폭 피폭자 등 약 100

명이 한국 정부를 상대로 한일회담 관련 문서를 공개하라는 소송을 제기했다. 청구권협정의 효력이나 적용 범위를 밝히기 위해서는 어떤 과정을 거쳐 교섭을 벌였는지를 먼저 확인하지 않으면 안 된다는 게 그 이유였다. 그리고 원고들은 2004년 2월에 1심에서 승소했다(→ 칼럼 1).

이에 대해 당시 한국 정부(노무현 정부)는 일단 항소했지만, 곧 항소를 취하하고 기록을 공개했으며, 후속 조치를 협의하고자 당시 총리를 공동대표로 해서 민간과 정부 위원들로 구성된 민관공동위원회를 설치했다. 이 위원회는 2005년 8월 26일에 "한일 청구권협정은 기본적으로 일본의 식민지배 배상을 청구하기 위한 것이 아니었고, 샌프란시스코 평화조약 4조에 근거하여 한일 양국 간의 재정적·민사적 채권·채무 관계를 해결하기 위한 것", "일본군 위안부 문제 등 일본 정부·군·국가권력이 관여한 반인도적 불법 행위에 대해서는 청구권협정에 의하여 해결됐다고 볼 수 없으며, 일본 정부의 법적 책임이 남아 있다", "사할린 동포, 원폭 피폭자 문제도 한일 청구권협정 대상에 포함되지 않는다"는 견해를 공표했다【자료 10】.

여기에는 강제 동원 문제가 한일 청구권협정 대상에 포함되는지의 여부는 명기되지 않았다. 다만 이 견해를 보면 무상 3억 달러의 경제협력 자금 속에는 "강제 동원 문제를 해결하기 위한 성격의 자금"이 포괄적으로 감안돼 있으며, 한국 정부는 "수령한 무상자금 중에서 상당 금액을 강제 동원 피해자들의 구제에 사용해야 할 도의적 책임이 있다"고 기재돼 있다. 이는 교섭 과정에서 의제가 된 강제 동원 문제는 한일 청구권협정의 적용 대상이라는 의미일 것으로 여겨진다. 다만 한일 청구권협정으로 포기한 것은 외교보호권이라는 김영삼, 김대중 정부의 해석은 바뀌지 않았으므로 "한일 청구권협정의 대상"이 된다 하더라도 이는 외교보호권을 포기했다는 것을 의미하는 데 지나지 않는다.

그 결과 강제 동원 피해자들에게 위로금을 지급하기 위한 몇 가지 법률이 제정됐다. 이러한 법률에는 공통적으로 "인도적 견지에서"라거나 "국민 화합을 위해서"라는 입법 목적이 명기돼 있어 일본의 책임을 대신 지는 것이 아니라는 점을 밝히고 있다. 예컨대 일본에서 원자폭탄 피폭자의 치료 및 생활을 지원하기 위한 법률이 만들어졌다고 해서 미국의 책임이 소멸하는 것은 아니다. 마찬가지로 한국 정부가 전쟁과 식민지배 피해자들을 인도적으로 지원하는 제도를 만들었다고 해서 피해자들에 대한 일본의 책임이 소멸하는 것은 아니다. 따라서 "노무현 정권은 징용공 문제에 대해 한국 정부가 책임을 대신 지겠다고 약속했다"는 일본 정부나 언론의 언설은 한국 정부의 취지를 곡해한 것이다.

2012년의 대법원 환송 판결

Q4에서 자세히 설명했듯이, 2012년의 대법원은 원고가 패소한 원판결을 파기하고 사건을 하급 법원으로 되돌려 보냈다【자료 2】. 이 판결에서 재판부는 ① 일본의 국가권력이 관여한 반인도적 불법 행위나 식민지배와 직결된 불법 행위로 인한 손해배상청구권이 청구권협정의 대상이었다고 생각할 수 없으며, ② 설사 원고들의 청구권이 청구권협정의 적용 대상에 포함된다고 할지라도 이는 외교보호권을 포기한 것일 뿐, 개인의 청구권은 소멸하지 않았다고 보았다.

대법원이 ②와 같은 '예비적 이유'도 제시했기 때문에, 한국 정부는 두 가지 입장 중 하나를 고를 수 있게 되었다. 즉, 강제 동원 문제가 청구권협정의 대상인가 아닌가(외교보호권을 포기했는가 하지 않았는가)에 대한 선택의 여지가 주어졌다.

2017년 문재인 대통령의 징용공 관련 발언

2012년의 대법원 환송 판결 뒤, 이명박·박근혜 정부는 강제 동원 피해자들을 언급하지 않음으로써 ①과 ② 어느 쪽 입장에 서 있는지를 분명하게 밝히지 않았다. 그러나 2017년에 취임한 문재인 대통령은 취임 100일 기자회견에서 기자들의 질문에 대답하면서 다음과 같이 발언했다.

강제 징용자 문제도 양국 간의 합의가 개개인의 권리를 침해할 수는 없습니다. 양국 합의에도 불구하고 강제 징용자 개인이 미쓰비시를 비롯한 회사를 상대로 가지는 민사적인 권리들은 그대로 남아 있다는 게 한국의 헌법재판소나 대법원의 판례입니다. 정부는 그런 입장에서 과거사 문제에 임하고 있습니다.

문 대통령의 이 발언은 대법원 환송 판결의 예비적 이유, 즉 ② 강제 동원 피해는 한일 청구권협정의 대상이긴 하지만 그 효과는 외교보호권의 포기에 지나지 않는다는 입장에 서 있음을 표명한 것이다.

이미 살펴봤듯이(→Q10), 이것은 2000년 무렵까지 일본 정부가 가졌던 견해와 같음에도, 일본 정부와 언론은 문 대통령의 발언을 두고

"한일 청구권협정으로 해결이 끝난 문제를 다시 끄집어낸 것"이라며 격렬하게 비난했다.

2018년 대법원 판결

이제 2018년의 일본제철 징용공 사건 대법원 판결을 보자【자료 1】. 다수 의견은 2012년의 대법원 환송 판결을 따라 강제 동원 위자료청구권은 청구권협정의 대상이 아니라고 판단했다(→Q4). 한국 정부는 대법원의 확정 판결에 제도상으로 구속을 받게 되며, 이에 한국 정부의 견해도 바뀌게 된다.

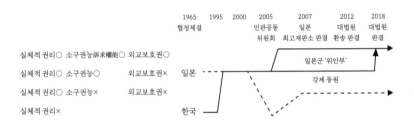

<table>
<tr><td>실체적 권리○ 소구권능訴求權能○ 외교보호권○</td></tr>
<tr><td>실체적 권리○ 소구권능○ 외교보호권×</td></tr>
<tr><td>실체적 권리○ 소구권능× 외교보호권×</td></tr>
<tr><td>실체적 권리×</td></tr>
</table>

표6. 한일 양국의 해석 변화 추이

이제까지 설명한 양국의 해석 변화를 도표로 만들면 위와 같다. 일본 정부는 2000년 무렵부터 피해자는 재판을 통해서 권리를 행사할 수 없게 됐다(위 도표에 적힌 '소구권능×')는 해석을 덧붙였다. 한국 정부는 당초에는 청구권협정으로 개인의 권리가 소멸한다는 견해('실체적 권리×')였지만, 일본 정부의 해석에 맞춰 외교보호권만이 포기된 것이라는 견해로 바뀌었고, 나아가 강제 동원에 대한 위자료청구권은 청구권협정의 대상이 아니라는 대법원 판결에 따라 다시 견해를 수정했다. 이는 피해자에게 무관심했던 입장에서, 서서히 피해자의 목소리에 반응해 그들을 보호하는 입장으로 바뀌어 온 것이라고 말할 수 있다.

야마모토 세이타

Q12 2018년 대법원 판결의 위치

대법원 판결은 종래 한국 정부 입장과 모순되지 않나?

'모순'은 대법원 판결의 결론을 좌우하지 않는다

대법원 판결의 다수 의견, 개별 의견, 반대 의견에 피고가 주장했을
것으로 생각되는 개인 청구권 소멸설을 보태면, 한일 청구권협정에
대해 논리적으로 생각할 수 있는 모든 해석이 갖춰지게 된다. 그것을
도표로 나타내면 다음과 같다.

	A설	B설	C설	D설
지지자	- 피고	- 최고재판소 (일본 정부) - 대법원 반대 의견	- 대법원 개별 의견 - 2000년까지의 일본 정부 - 종래의 한국 정부	- 대법원 다수 의견 - 현재의 한국 정부
실체적 권리	×	○	○	○
소송에 의한 권리 행사	×	×	○	○
외교보호권	×	×	×	○
결론	기각	기각	인용 가능	인용 가능

표7. 청구권협정을 둘러싼 해석

이제까지의 한국 정부가 지녔던 견해는 C설, 대법원 판결(다수 의견)은 D설이기 때문에 외교보호권을 포기했는지의 여부를 두고 두 가지 견해는 모순된다.

대법원은 전 징용공들의 위자료청구권과 같은 "일본의 국가권력이 관여한 반인도적 불법 행위나 식민지배와 직결된 불법 행위에 의한 손해배상(위자료) 청구권"은 청구권협정의 적용 대상에 포함되지 않는다고 했다. 그러나 2005년의 민관공동위원회 견해나 2017년의 문재인 대통령 연설에서 제시된 한국 정부 입장은 전 징용공의 손해배상 청구권도 한일 청구권협정의 대상이지만, 외교보호권이 소멸된 것일 뿐, 개인의 청구권은 살아 있다는 쪽이었다.

다만 이러한 모순이 원고들의 청구를 인정한 판결의 결론을 좌우하는 것은 아니다. 개인 청구권은 소멸하지 않았다는 종래의 한국 정부 입장에서도 원고들의 청구를 인정할 수 있기 때문이다. 실제로 대법관 3명의 개별 의견은 다수 의견의 해석에는 동의하지 않았지만 종래의 한국 정부와 같은 입장(C설)을 취하면서 원고들의 청구를 인정한 다수 의견의 결론에 찬성하고 있다.

한국 정부를 향한 비판의 오류

일본의 정치가나 언론 중에는 "한국 정부는 정부 견해와 모순되는 대법원 판결에 어떻게든 대처해야 한다"는 견해를 지닌 이가 적지 않다. 하지만 이런 의견은 이중으로 잘못된 것이다.

첫째, 이 주장은 한국 정부의 입장을 곡해하고 있다. 앞서 말했듯이 한국 정부 입장에서도 징용공의 청구를 인정하는 것은 충분히 가능하다. 그런데도 "한국 정부는 징용공 문제를 청구권협정으로 해결했다고 인식해왔다"느니 "한국 정부는 징용공에 대한 배상을 대신해주기로 약속했다"는 식으로 곡해하면서, 원고의 청구를 인정한 대법원의 결론에 "대처"하라고 요구하고 있다.

둘째, 타국의 민주제도를 완전히 무시하고 있다. 한국도 일본과 마찬가지로 삼권분립의 통치제도를 채용하고 있다. 이 제도하에서는 위헌법률심판권이나 국내에 적용되는 조약의 최종적인 해석권이 사법부에 있고, 행정부는 사법부의 확정 판결에 따라야만 한다. 예컨대 장차 일본 최고재판소가 안보법*이 위헌이라는 판결을 확정한다고 가정할 때, 이에 미국 대통령이 격노해서 일본 정부에게 "대처"하라고 요구하더라도 일본 정부는 위헌 판결을 취소할 수 없다.

또한 정부는 최고재판소가 위헌이라고 판단한 법률의 폐지나 개정을 국회에 제안할 의무를 진다. 이런 것은 초등학교 때 삼권분립을 학습한 사람이라면 누구라도 알고 있는 사실이다. 그러므로 옆 나라 일본의 정치인이나 언론이 "한국 정부(대통령)는 대법원 판결에 대처하라"고 주장하는 건 실로 놀라운 일이다. 자국의 민주제도가 존중받길 원한다면 타국의 제도도 마찬가지로 존중해야 한다.

야마모토 세이타

---

* 일본의 집단 자위권 행사를 허용하고 자위대의 해외 활동 범위를 확대한 법. 2015년에 제정 및 개정된 안보법은 일본의 재무장을 추진하던 아베 정권과 일본의 전력을 중국 견제에 활용하려는 미국 측의 이해가 맞물려 탄생했다. 하지만 이 법은 일본의 전쟁 금지를 규정한 헌법 제 9조(일명 평화헌법)와 충돌해 위헌 논란이 끊이지 않고 있다.

Q13 청구권협정이 정한 분쟁 해결 방법

한일 청구권협정에 대한 양국 정부 및 법원의 해석이 일치하지 않을 경우, 최종적으로 어떤 절차에 따라 해석해야 하는가? 또 일본 정부가 한국을 국제사법재판소(ICJ)에 제소하는 것을 검토하고 있다고 표명했는데, 과연 가능한 일인가? 만일 중재나 재판이 실시될 경우, 어떤 결정이 내려질까?

청구권협정 3조에 따른 절차

한일 청구권협정에서는 협정의 해석 및 실시와 관련해 분쟁이 일어났을 경우, 외교상의 경로를 통해 해결하기로 하고(3조 1항), 그에 따라 해결하지 못한 분쟁은 중재위원회에 부탁하도록 돼 있다(3조 2항, 3항). 한일 양국 정부는 중재위원회의 결정에 승복해야 한다(3조 4항).

중재위원회는 3인의 중재위원으로 구성된다. 구성 방법에 관한 까다로운 규정이 있긴 하지만, 대략 다음과 같은 3가지 경우가 상정돼 있다.

① 한일 양국이 각기 중재위원을 임명하고, 그 2명의 위원이 협의해 제3의 중재위원을 지명(예를 들면 일본 정부가 A위원, 한국 정부가 B위원을 임명. A위원과 B위원이 협의해서 독일의 국제법학자 X씨를 제3 중재위원에 지명).

② 한일 양국이 각기 중재위원을 임명하고, 두 사람의 위원이 협의해 제3국을 지정한 다음, 제3국이 제3의 중재위원을 지명(예컨대 일본

정부가 A위원, 한국 정부가 B위원을 임명. A위원과 B위원이 협의해서 제3국으로 노르웨이를 지정. 노르웨이 정부가 브라질의 국제법학자 Y씨를 지명).

③ 한일 두 나라 중 어느 한쪽이 중재위원을 임명하지 않거나, 두 사람의 중재위원이 ①, ②에 합의할 수 없을 경우에는 양국이 각기 제3국을 지명하고, 그 두 나라가 각기 중재위원을 지명한 다음, 다시 이 두 나라가 협의를 통해 제3국을 결정하며, 그 제3국의 정부가 제3의 중재위원을 지명한다(예컨대 일본 정부가 독일, 한국 정부가 이탈리아를 지정. 독일이 X씨, 이탈리아가 Y씨를 지명한 다음 독일, 이탈리아 두 나라가 협의해 프랑스를 제3국으로 결정. 프랑스 정부가 인도의 국제법학자 Z씨를 지명).

이처럼 잘 고안된 제도이지만, 한일 양국이 중재위원의 임명 또는 제3국의 지정 등에 협력하지 않으면 제 기능을 하지 못한다.

과거에 한일 양국 정부가 청구권협정 문제로 협의한 적은 없는데, 사실 이는 일본 정부의 비협조로 협의가 실현되지 못한 것이다. 2005년에 한국의 민관공동위원회가 일본군 '위안부', 원폭 피폭자, 사할린 잔류 한국인 문제는 한일 청구권협정의 적용 대상이 아니라는 견해를 공표했는데, 이에 일본은 협의를 요청하는 등의 행동을 취하지 않았다. 그러자 2011년에 한국 헌법재판소는 일본군 '위안부' 문제와 원폭 피해자 문제에 대해 협정상의 분쟁이 있음에도 불구하고 한국 정부가 한일 청구권협정 3조 절차를 취하지 않고 방치하고 있는 것은 위헌이라는 결정을 내렸다. 일본에서는 그다지 보도되지 않았지만, 헌법재판소의 결정에 따라 한국 정부는 청구권협정 3조 1항에 의거해 이 두 문제에 대한 외교적 협의 절차를 시작하자고 2011년 9월과 11월에 일본 정부에 요청했다. 또 2013년 6월 사할린 잔류 한국인 문제에 대해서도 외교적 협의 절차를 시작하자고 요청했다. 그러나 일본 정부는 모두 "협정상의 분쟁은 존재하지 않는다"며 거부했고, 협의는 실현되지 못했다.

그런데 이번에는 반대의 입장이 됐다. 일본 정부는 2019년 1월 9일에 청구권협정 3조 1항에 의거한 협의를 한국 정부에 요청했다. 거기에 한국 정부가 응하지 않자 5월 20일에 청구권협정 3조 2항에 의거한 중재 부탁을 한국 측에 통고했다. 한국 정부는 6월 19일, 소송 당사자인 일본 기업을 포함한 한일 양국 기업이 출자해서 재원을 만들고 피해자들에게 위자료 상당액을 지불하자는 제안을 일본이 받아들인다면 청구권협정 3조 1항의 외교협의를 수용하겠다는 입장을 표명했다. 일본 정부는 이를 거부했고, 협정 3조 3항에 따라 중재위원을 지명할 제3국을 선정하자고 요구한 것으로 언론에 보도됐다.

국제사법재판소에 회부하는 문제

언론 보도를 보면, 한국이 중재위원회 설치에 응하지 않을 경우 일본 정부는 한국 정부를 국제사법재판소에 제소하는 것도 검토하고 있다고 한다. 과연 가능한 일인가?

국제사법재판소 규정 36조 1항에 따르면 국제사법재판소의 관할권은, 당사국이 재판소에 회부하는 데 동의한 사건과 유엔 헌장 및 기타 조약에서 재판소에 회부하기로 정한 사건(특히 분쟁 문제)에 미치는 것으로 돼 있다.

그러나 한일 청구권협정에는 조약상의 분쟁을 국제사법재판소에 회부한다는 규정은 없다. 또한 국제사법재판소 규정 36조 2항을 보면, 언제나 국제사법재판소의 관할을 수락한다는 의무적 관할 수락

선언을 한 나라들끼리의 모든 분쟁은 각국의 개별 동의가 없더라도
관할이 인정되지만 한국 정부는 이 규정을 수락한다는 선언을 한 적
이 없다. 이 때문에 한국의 동의가 없는 한 국제사법재판소의 소송은
실현될 수 없다.

만일 절차가 개시됐을 경우는?

만일 앞서 언급한 사항을 전제로 중재위원회가 설치됐을 경우, 또는
국제사법재판소의 절차에 따라 분쟁을 해결하자는 데 한국 정부가 동
의할 경우, 한일 청구권협정의 해석에 대해 어떤 결정이 내려질 것인가
(국제사법재판소 판결이 나오기까지는 적어도 수년의 시간이 걸리는 것이 보통이다).

이 점에 대해서는 중재위원회나 국제사법재판소에 어떤 '분쟁'의
해석을 회부했는지가 중요하다. "강제 동원 피해자들의 일본 기업을
대상으로 한 위자료청구권(강제 동원 위자료청구권)"이 한일 청구권협정
으로 소멸하지 않았다는 것은 양국 법원과 정부 모두가 인정하고 있
기 때문에(→Q10~12), 쟁점이 될 가능성은 낮다고 생각한다.

개인의 청구권이 존재한다는 것을 전제로, 한일 청구권협정으로
피해자들이 소송을 통해 권리 행사를 할 수 있는가의 여부에 대해선
양국 법원의 판단이 엇갈린다. 논리적으로는 (a) 한국 대법원의 다수
의견처럼 "강제 동원 위자료청구권"은 한일 청구권협정의 대상이 아
니라는 입장, (b) 한국 대법원의 개별 의견처럼 "강제 동원 위자료청
구권"도 청구권협정의 대상에 포함되지만 해당 청구권협정으로 소멸
된 것은 외교보호권일 뿐이고 개인이 소송을 통해 권리 행사를 하는
것은 무방하다는 입장, (c) 일본의 최고재판소 판결 및 정부 주장처럼

한일 청구권협정으로 개인이 "강제 동원 위자료청구권"을 소송을 통해 행사하는 것은 불가능해졌다는 등의 다양한 해석의 경우를 생각할 수 있다. 만약 이 부분이 쟁점이 될 경우 중대한 인권 침해 행위에 대한 개인의 구제 필요성이나 재판을 받을 권리, 그리고 국가 간 합의의 안정성 등의 요소를 어떻게 생각하느냐에 따라 판단이 갈릴 것이라고 생각한다. 또한 순수한 법적 판단이 아니라 정치적 판단이 개입할 가능성도 부정할 수 없다.

국제사법재판소가 아직까지 일괄처리협정에 대해 판단한 적은 없다

또한 일본에서는 강제 노동 피해자들의 일본 기업을 대상으로 한 위자료청구권이 한일 청구권협정에 따라 한국의 법원에서도 행사가 불가능하다는 주장이 있다. 근거로 들고 나오는 것이 국제사법재판소가 2012년 2월 3일에 선고한 독일 대 이탈리아 주권 면제 사건에 대한 판결이다. 그러나 이 판결은 "무력분쟁 시에 일어난 군대의 행위에는 주권 면제(A국을 B국의 법원에 제소했을 경우에 A국은 일정한 범위 내에서 재판에 따르는 것을 면제받을 수 있다는 원칙)를 적용하는 관습 국제법이 존재한다"는 한 가지 사실에 대해 판단한 것일 뿐, 전후 배상 문제 등을 국가 간 조약을 통해 일괄적으로 해결한다는 이른바 '일괄처리협정'의 효력에 대해 판단한 것은 아니다. 따라서 그 판결만으로 국제사법재판소가 강제 동원 위자료청구권을 한국 법원에서 행사할 수 없다고 판단할 것이라 추론하는 데에는 무리가 있다고 할 수 있다.

김창호

Q14 해외 참고사례

독일에서는 전시 강제 동원 피해자들에게 어떤 보상을 해왔을까?

'연기'된 보상

독일에서는 "나치즘에 대한 정치적 반대를 이유로 또는 인종, 종교 혹은 세계관을 이유로" 박해당한 피해자들에게 전후 '연방 보상법'이나 2국 간 협정에 의거해 일정한 보상을 해왔다. 한편 독일은 구 연합국들과 1953년에 런던채무협정을 체결했는데, 그 5조 2항은 "독일과 전쟁 상태에 있었던 나라 또는 전쟁 중 독일에 점령당한 나라 및 이들 나라가 제2차 세계대전으로 갖게 된 독일 및 독일 국민에 대한 청구권 (…)의 검토는 배상 문제의 최종 약정 때까지 보류한다"고 명기돼 있다. 독일 정부는 이 조문을 두고 장래의 평화조약 체결(냉전 체제하에서 사실상 불가능한 일이었다) 때까지 전쟁으로 야기된 배상 청구를 연기하는 것이라고 해석해왔다.

나치 독일 시대에는 강제수용소나 독일 점령 지역 공장에서 강제 노동에 동원된 피해자가 800만~1,400만 명이나 됐던 것으로 알려져 있다(피해자 대다수는 소련이나 동유럽 국가에 살고 있었다). 독일 정부는 강제 노동 문제는 '나치의 불법'에 의한 것이 아니라 전쟁으로 야기된 배상 문제이며, 런던채무협정 5조 2항에 의거해 해결이 유예돼 있다고 해석하고, 강제 노동 피해자들에 대한 보상을 거의 하지 않았다. 또 1990년의 이른바 2+4 조약*에 따라 금전 지불이 일정 부분 이뤄졌지만 거기서도 강제 노동 피해자들에 대한 보상은 직접적인 대상이 아니었다.

기업을 대상으로 한 소송과 기금의 창설

1990년대 후반부터 강제 노동 피해자들은 미국에서 폭스바겐, BMW 등의 독일 기업들을 대상으로 다수의 집단소송을 제기하고, 불매운동 등의 캠페인을 전개했다. 그러자 독일 정부와 기업 및 피해자들 사이에 강제 노동 피해자들에 대한 보상을 목적으로 하는 기금을 설립하자는 합의가 이뤄졌다. 2000년에는 '기억·책임·미래 기금의 창설에 관한 법률'이 독일 의회에서 가결됐다. 독일 정부 및 독일 기업이 각각 50억 마르크를 갹출해 기금을 조성했고, 2001년부터 2007년에 걸쳐 각국의 파트너 조직을 통해 보상금 배분이 이뤄졌다. 이로써 약 166만 명에게 1인당 5,000~1만 5,000마르크까지 보상이 실시됐다. 법률상으로는 이 사업이 인도적인 견지에서 실시된 것이고, 법적 책임에 토대를 둔 것은 아니라는 취지가 명기돼 있다. 또한 독일 기업의 법적 안정성을 확보하기 위해 미독 양국 정부는 협정을 체결해 미국 법정에

---

* 1990년 9월 12일 모스크바에서 영국, 프랑스, 미국, 소련 4개국과 동·서 독일 사이에 체결된 조약으로, '독일 관련 최종 해결에 관한 조약'이라고도 한다. 이로써 독일은 주권을 완전히 되찾았다.

서 독일 기업을 대상으로 한 집단소송이 제기될 경우에 미국 정부가 "이런 소송은 미국의 외교적 이익에 반하며, 기각하는 것이 바람직하다"는 성명을 내기로 한다는 데 합의했다.

이 기금을 통한 보상금 지불은 2007년에 완료됐지만, 메르켈 총리는 지불 종료 기념식에서 "지불은 종료됐으나 기금의 임무는 끝나지 않았다. 중요한 것은 나치즘의 범죄에 독일이 끊임없이 책임을 자각함과 동시에 오늘날 전 세계적인 전체주의 동향에 맞서는 일이다"라고 말했다. 기억·책임·미래 기금은 현재 강제 노동 피해자들의 기억을 기록으로 남기기 위한 역사 연구와 국제적인 차원의 인권 보장 프로젝트 조성 사업 등을 벌이고 있다.

김창호

Q15 판결의 집행

한국 대법원 판결로 일본제철과 미쓰비시중공업의 패소가 확정됐는데, 일본 기업들이 지불에 응하지 않을 경우 어떻게 집행될까? 또한 일본이나 한국 이외 나라에서도 판결이 집행될 수 있을까?

한국에서의 집행

2018년 대법원 판결은 일본 기업에게 위자료 지불을 요구한 것이고, 원칙대로 한다면 일본제철이나 미쓰비시중공업은 확정 판결에 따라 자발적으로 신속히 배상금을 지불해야 한다. 그러나 일본제철 등은 현재*까지 이를 지불하지 않고 있다. 그런 이유로 현재 확정 판결을 토대로 한 강제집행이 추진되고 있다.

구체적으로는 한국 내에 있는 일본제철과 미쓰비시중공업의 자산(부동산, 동산, 채권 등)을 차압한 뒤 매각해서 그 대금 중에서 판결이 인정한 금액을 회수하게 될 것이다. 지금 일본제철 사건의 원고들은 일본제철이 보유하는 주식을 차압한 뒤 매각 절차를 밟고 있다. 또 미쓰

---

* 원서가 출간된 2019년 9월 기준. 물론 그 뒤에도 이들 기업은 피해자에게 배상금을 지불하지 않고 있다.

비시중공업 사건 원고도 미쓰비시가 보유한 상표권 등의 지적 재산권을 차압한 뒤 매각 절차를 시작했다.

일본에서 강제집행을 할 경우의 요건

만일 현재 한국에서 진행하고 있는 강제집행 절차에 따라 법원이 인정한 배상금 모두를 회수할 수 없는 경우에는, 원고들은 한국 이외의 나라에 있는 일본제철, 미쓰비시중공업의 자산에 대한 강제집행을 실시할 수도 있다.

그럴 경우에는 이들은 차압 대상 기업의 자산이 있는 외국의 법원에 한국의 확정 판결 효력 승인과 이에 따른 집행을 인정받기 위한 신청을 해야 한다. 이처럼 어느 나라(A국)의 확정 판결에 따라 다른 나라(B국)에 존재하는 피고의 자산을 강제집행하기 위해서는 B국 법원에 제소할 필요가 있다. 그 이유는 A·B가 각각 독립된 주권국가이고, 재판도 그 주권 행사로 집행되는 것이므로 A국 판결의 효력이 B국에도 그대로 적용될 수는 없기 때문이다.

예컨대, 이번 판결에 따라 일본에서 일본제철 등의 자산을 강제집행 할 경우에는 한국의 판결이 일본에서도 승인받아야 한다. 그러기 위해서는 ① 외국 법원의 확정 판결일 것, ② 판결한 외국 법원이 국제적인 민사 분쟁 재판을 할 수 있을 것(국제 재판 관할권을 가질 것), ③ 패소한 피고에게 송달할 것, ④ 판결 내용 및 소송 절차가 일본에서의 공적 질서 또는 선량한 풍속에 반하지 않을 것, ⑤ 상호 보증이 있는 것 등이 인정돼야 한다. 이런 것들을 아울러 '승인 요건'이라고 한다.

이런 요건을 모두 충족할 경우, 일본에서 한국 대법원 판결의 효력을 인정받게 되는데(외국 판결의 자동 승인), 그것만으로는 아직 집행이 이뤄질 수 없다. 강제집행을 실행하기 위해서는 나아가 일본 법원에 소송을 제기해서 집행 판결을 얻어낼 필요가 있다. 이상이 한국의 판결을 일본에서 집행할 경우의 절차다. 마찬가지로 일본 이외의 국가에서도 그 나라 대법원의 집행 판결을 받을 필요가 있다. 그 후에야 실질적으로 강제집행을 할 수 있다.

한국 대법원 판결을 일본 및 다른 국가에서 집행하는 일은 승인될 수 있는가?

그렇다면 과연 일본에서 한국 대법원 판결은 승인될 수 있을 것인가? 여기에서는 승인 요건 ④를 인정하느냐의 여부가 문제가 된다. 한국 대법원에서 승소한 원고 일부는 그에 앞서 일본에서 재판을 받아 패소 확정 판결을 받았다. 이처럼 동일한 당사자, 동일한 사실에 대해 일본의 기존 판결과 모순·저촉되는 외국의 판결을 승인하는 것은 일본의 재판법과 공공질서에 반하지 않느냐는 문제가 제기될 수 있다 (오사카 지방재판소 1979년 12월 22일 판결, 간사이 철공소 집행 판결 참조).

한편, 일본 이외의 외국에서는 이에 관한 재판이 열린 적이 없으므로 동일 당사자, 동일 사건에 대해 판결이 모순·저촉되는 문제는 생기지 않는다. 따라서 일본 이외 국가에서 ④가 쟁점이 되지는 않을 것이다. 그러므로 일본 이외의 국가에서 정한 집행 요건을 충족하거나 승인 판결을 받는다면 그 나라에서는 강제집행을 실시할 수 있을 것이다.

가와카미 시로

Q16 강제 동원 문제에 대한 앞으로의 대응

강제 동원 피해자들이 일본 기업에 손해배상을 청구하는 소송이 복수로 제기돼 있으며, 앞으로 이런 소송이 늘어날 것으로 예상된다. 그렇다면 한일 양국 정부는 이 문제에 어떻게 대처하는 것이 좋을까?

한국 대법원 판결의 의의

1965년의 한일 청구권협정 체결 당시 한일 양국 정부는 식민지배의 불법성에 대한 합의에 이르지 못했다. 또한 식민지배 당시 인권 침해를 당한 피해자 개인의 권리문제도 애매하게 정리해놓은 채 경제협력자금을 주고받기 위해 정치적으로 결탁했다. 그 뒤에도 징용공을 비롯한 강제 동원 피해자들은 직접적 가해자인 일본 정부와 기업은 물론 이들과 애매하게 정치적 매듭을 지은 한국 정부로부터도 충분한 구제를 받지 못한 채 방치됐다.

이처럼 강제 동원 문제는 70년 이상의 오랜 세월에 걸쳐 방치되어 왔다. 그런데 한국 대법원의 판결로 강제 동원 피해자들의 피해가 불법 행위에 해당하며, 법적으로 구제받아야 한다는 점을 명확하게 인정받았다.

2018년 일본제철 사건에 대한 대법원 판결은 원고인 징용공 피해자들의 법적 구제를 명했다. 대법원의 판단처럼 일본제철 사건 원고들이 인권 침해를 당한 것이라면, 그들 외에도 소송을 제기하지는 않았지만 같은 피해를 당한 다른 강제 동원 피해자들도 마찬가지로 구제받을 필요가 있다. 이처럼 한국 대법원의 판결은 우리들에게 강제 동원 피해자 전체의 문제를 해결해야 한다는 화두를 제기하고 있다고 볼 수 있다.

일본제철과 미쓰비시중공업은 먼저 원고들에게 확정 판결대로 신속하게 배상금을 지불해야 하며, 그에 머물지 않고 이들과 같은 피해를 당한 다른 강제 동원 피해자 전체를 구제하기 위한 대응 작업을 시작해야 한다.

징용공 문제에 대한 한일 양국 정부의 책임

그렇다면 한일 양국 정부는 어떻게 대응해야 할까. 강제 동원 문제는 일본이 중국 침략전쟁을 수행하기 위해 기획된 노무동원계획(나중의 국민동원계획)에 따라 한반도에서 동원돼, 탄광이나 군수공장에서 임금도 받지 못한 채 가혹한 노동을 해야 했던 피해자들을 어떻게 구제할 것인지가 핵심이다.

일본 정부는 전쟁을 수행하기 위해 한반도에서 조선인의 강제 동원 및 노역을 기획하고 실시한 책임이 있다. 또 한일 청구권협정으로 강제 동원 문제를 애매하게 정치적으로 매듭지었고, 그 뒤에도 방치해 온 책임이 있다. 마찬가지로 한국 정부도 이 문제를 애매하게 정치적으로 매듭지었으며, 그 뒤로 피해자들에 대한 불충분한 보상 조치 후 그들을 방치해온 책임이 있다.

한국 대법원 판결은 70년이 넘는 세월 전에 저질러진 강제 동원 피해자들에 대한 인권 침해가 지금에 이르기까지 방치되어 왔다는 사실을 밝혀냈다는 데 그 의의가 있다. 또한 원고 및 그와 같은 피해를 당한 강제 동원 피해자 모두를 구제할 필요성을 제시했다. 양국 정부는 비록 이번 소송의 당사자는 아니지만 이 판결이 양국 정부의 책임도 추궁하고 있다는 점을 자각해야 하지 않을까. 한일 양국 정부는 이번 판결에 따라 신속하게 원고 및 강제 동원 피해자 전체를 정치적으로 구제하기 위한 대응 작업을 일본 기업과 협력해 시작해야 한다.

일본 정부는 이 판결을 두고 오로지 한국 정부를 비난하고만 있다. 그러나 조직적으로 동원과 강제 노동 계획을 입안하고 실행한 주체가 일본 정부인 만큼 일차적으로 책임을 져야 하는 건 일본 정부다. 이런 사실을 완전히 무시한 채 한국 정부를 비난하는 태도는 자신의 책임 소재를 은폐하는 태도라고 하지 않을 수 없다. 한국 정부도 한일회담에서 애매한 형태로 정치적 결론을 맺고 그 후에 피해자들을 방치하는 등 책임이 없는 것은 아니므로 마찬가지로 일본 정부 및 기업과 협력해 피해자들을 구제하는 작업을 시작해야 한다.

한일 양국은 강제 동원 문제 해결에 적극적으로 나서야 한다

하지만 한일 양국 정부는 여전히 피해자 구제 작업을 하지 않은 채 방치하고 있다. 양국 정부가 계속 이런 자세를 취한다면 피해자들에게 남겨진 수단은 재판을 통한 법적 구제밖에 없다. 그러나 개별 소송을 거듭하는 것은 사실 입증 등 소송 수행의 부담을 강제 동원 피해자들에게 지우는 것과 다름없다. 게다가 결론이 나올 때까지 시간도 많이 걸린다. 일본에서 이 사건에 관한 재판이 처음 열린 후로 2018년 한국 대법원 판결이 나오기까지 무려 20년 이상의 세월이 걸렸다. 앞으로는 이렇게 시간이 많이 걸리지 않을지도 모르겠지만, 소송에서 원고 개개인이 지는 부담이 무겁다는 사실과 역시 상당한 시간을 필요로 한다는 점은 마찬가지다. 강제 동원 피해자들은 점점 고령이 되어가는데, 그 해결을 미룬다면 이들은 최종 해결도 보지 못한 채 세상을 떠날 수밖에 없다. 물론 재판 자체는 유족들이 이어받을 수 있지만, 본래 구제받아야 할 사람은 피해자 본인이다. 피해자 사망 뒤에도 유족 소송이 계속되는 사태는 피해자 구제뿐만 아니라 장래의 한일 관계에도 바람직하지 못하다.

이런 사정을 생각한다면 한일 양국 정부는 피해자들이 개별 소송을 거듭하는 것에 맡기기만 할 게 아니라 정치적으로, 전체적인 해결을 실현하기 위한 작업을 시작해야 한다.

일본 정부 대응의 문제점

이처럼 본래는 한일 양국 정부가 문제 해결을 위해 책임을 다해야 하지만 만일 현시점에서 그것이 어렵다면 일본 정부는 굳이 원고들과 일본 기업의 자주적인 해결을 방해하는 언동은 삼가야 할 것이다. 그러나 요즘 일본 정부의 태도는 원고와 일본 기업이 자주적으로 해결하는 것이 어려울 것이라는 사회적 분위기를 조성하고 있다.

아베 신조 총리는 일본제철 사건의 대법원 판결이 나온 2018년 10월 30일의 중의원 본회의에서, 강제 동원 피해자들의 개인 배상청구권은 한일 청구권협정으로 "완전히 그리고 최종적으로 해결됐다"고 주장했다. 또한 이 판결이 "국제법에 비춰 있을 수 없는 판단"이며, "의연하게 대응해가겠다"고 답변했다. 그 뒤에도 일본 정부는 "한일 청구권협정은 한국의 사법부도 구속한다"는 이유로 한국 대법원 판결을 비난했다. 마치 한국 사법부가 한일 양국 간 합의인 한일 청구권협정의 구속력을 부정하고 있다는 듯한 인상을 시민들에게 주고 있다.

하지만 한국 사법부는 결코 한일 양국 간 합의인 한일 청구권협정이 양국을 구속한다는 점을 부정하지 않는다. 어디까지나 한일 청구권협정 2조가 한일 양국을 구속한다는 점을 전제로 삼고, 그 조항에 따라 강제 동원 피해자들 개인의 배상청구권이 소멸했는지 여부에 대해서만 해석했을 뿐이다.

일본 정부는 한일 청구권협정 2조로 개인 배상청구권도 "완전히 그리고 최종적으로 해결"됐다는 견해를 취하고 있지만 한국 대법원은 이 '청구권'에 개인 배상청구권은 포함돼 있지 않다고 본 것이다. 즉, 일본 정부와 한국 대법원은 양국이 구속당하고 있는 조항의 문언에 대한 해석을 다르게 하고 있다.

물론 일본 정부가 한일 청구권협정 2조에 관해 자신의 해석을 주장할 수 없는 것은 아니다. 그러나 한국 대법원의 해석도 국제법상으로 충분히 성립될 수 있는 것임에도 불구하고 이를 두고 "국제법에 비춰 있을 수 없는 판단"이라 강하게 비난함으로써 한국 대법원 판결이 매우 특이한 사례라는 인상을 주는 것은 일본 정부 스스로 시민들을 오도하고 있다는 비판을 받을 여지가 다분하다.

더구나 일본 정부가 일본제철이나 미쓰비시중공업을 상대로 이와 같은 주장을 하고 있다는 보도가 나오고 있다. 만일 일본 정부가 이들 기업에게 유형 또는 무형의 압력을 가했고, 그 때문에 기업들이 지불을 거부하는 것이라면 일본 정부는 그런 대응 태도를 바로잡아야 한다. 본래 일본 정부는 확정 판결에 따라 일본제철 등의 기업이 배상금을 원고에게 지불하는 것을 방해할 수 있는 입장이 아니다. 단지 정부의 견해와는 다르다는 이유로 사인私人 간의 소송에 관여해 확정 판결에 따른 배상금 지불을 방해하는 것은 법치주의에 비춰볼 때 용납될 수 없다.

강제 동원 문제의 본질은 인권, 피해자 중심으로 접근해 해결해야

강제 동원 문제의 해결을 시도할 때 유의해야 할 것은, 이 문제의 본질이 '어떻게 피해자를 구제할 것인가'를 고민하는 인권의 문제라는 점이다. 문제 해결을 위해서는 피해자들의 의향을 충분히 존중할 필요가 있다. 또 이 문제는 사회적 문제이기도 하다. 강제 동원 문제를 해결함으로써 그 사회의 인권 보장 수준이 높아지는 효과를 기대할 수 있으므로 이는 사회적 관심의 대상이기도 하다. 그러므로 사회적으로 허용할 수 있는 수준의 해결이 요구된다. 국가 간에 어떤 합의를 하더라도 그것이 피해자들 의향을 따르지 않고, 사회적으로 요구되는 수준에 도달하지 못한다면, 진정한 해결이라 할 수 없다.

그 때문에 강제 동원 문제의 해결 과정에서는 피해자나 그 대리인인 변호사가 참가하는 등 피해자 쪽의 의향이 반영될 수 있는 환경을 보장해야 하며, 이 점을 문제 해결을 위한 가장 기본적인 요소로 삼아야 할 것이다.

가와카미 시로

Q17 기금을 통한 해결

개별 소송으로 대응하는 게 아니라 일본 기업들이 공동으로 기금을 설립하자는 제안도 있다. 구체적으로 어떤 내용을 담고 있으며, 실현되기 위해서 해야 할 일은 무엇인가? 또한 기금이 설립되더라도 이를 납득하지 못하는 피해자들이 개별적으로 소송을 제기하는 것은 가능한가?

왜 기금을 통한 해결이 필요한가

2018년, 한국 대법원은 일본제철 및 미쓰비시중공업을 대상으로 한 강제 징용 피해자들의 손해배상 청구 소송에서 일본제철의 전신인 신일철주금을 비롯한 피고들의 상고를 기각했다. 그에 따라 원고들의 청구를 용인한 고등법원 판결이 확정됐다.

피해자들은 한국 대법원 판결을 계기로 원고의 구제뿐만 아니라 그들과 마찬가지로 피해를 당한 강제 동원 피해자 전체가 구제받기를 기대했지만 유감스럽게도 아직도 이는 실현되지 못하고 있다.

그러나 강제 동원 피해자들은 대부분 90대로 고령화되고 있고, 문제 해결을 위해 남아 있는 시간은 그리 많지 않다. 이 때문에 현재 개별 소송을 통한 구제가 아니라 일본 기업들이 자금을 갹출해 기금을 설립하고, 강제 동원 피해자 전체를 구제하자는 구상이 검토되고 있다. 또 기금 외에도 재단을 창설해서 해결해야 한다는 견해도 있다. 따라서 이후부터는 '기금'은 '재단'을 포함하는 개념으로 사용하려 한다.

기금을 통한 해결 구상

강제 동원 피해자 전체를 정치적으로 구제하기 위한 구상으로, 한일 양국 정부와 기업들이 갹출한 자금으로 기금을 창설해서 피해자들에게 보상하자는 구상(A안), 거기에서 일본 정부를 제외한 구상(B안), 그리고 한국 정부도 제외한 구상(C안) 등이 검토되고 있다.

강제 동원·강제 노동에 대해 1차적인 가해 책임을 지는 것은 당연히 일본 정부 및 일본 기업이다. 그러나 피해자들이 아직까지도 충분한 구제를 받지 못하고 있는 데에는 한국 정부의 책임도 일정 부분 있다는 견해가 있다. 즉, 강제 동원 피해자들의 구제를 위한 일의적이고 명확한 규정을 만들어놓지 않은 채 한일 청구권협정을 체결하고, 그 뒤 일정한 구제 조치를 취하긴 했지만 정작 피해자들이 요구하는 수준의 구제는 게을리한 책임이 있다는 것이다.

나아가 이 협정 1조의 경제협력자금에 토대를 둔 인프라 공사를 수주한 한국 기업들도 일정 책임이 있다는 견해가 있다. 피해자들이 구제받지 못한 상황에서 기업들이 이익을 취한 것은 불공평·불공정하므로 책임을 물어야 한다는 논리다. 이에 관해서는 일본에서 받은 경제협력자금 5억 달러를 토대로 정부가 만든 공기업 16개가 민영화돼 국가가 벌어들인 돈이 18조 원에 달한다는 보도도 있다.

이처럼 책임의 대상이나 성질에는 차이가 있지만, 강제 동원 문제에 관해서는 한일 양국의 정부와 기업들이 각기 어떻게든 책임이 있지 않냐는 주장을 펴고 있는 것이 A안이다. 이에 비해 기본적인 구상은 A안과 동일하지만 지금 완강하게 한국을 비판하고 있는 일본 정부가 자신들의 가해 책임을 인정하는 것을 기대할 순 없다고 보고 일본 정부를 제외한 것이 B안이다. 그리고 작금의 강제 동원 문제 해결을 위한 소극적인 자세에 비춰 보건대 한국 정부도 기금에 참가할 것으로 기대할 수 없다고 보고 마찬가지로 제외한 것이 C안이다.

다시 말하지만 강제 연행·강제 노동에 대해 1차적 책임을 져야 하는 것은 일본 정부와 일본 기업이다. 따라서 원칙대로 한다면 가해 책임을 인정하는 주체에 일본 기업뿐만 아니라 일본 정부도 포함돼야 한다. 그러나 현재의 정세를 관망하면서 실현 가능한 여러 변형된 의견이 검토되고 있다.

설령 C안으로 기금을 조성한다고 해도 그것으로 일본 정부의 책임이 면책되는 것은 아니다. 그러므로 이 문제의 최종적인 해결을 위해서는 일본 정부가 국가 차원에서 조직적으로 강제 동원에 관여한 사실과 그에 기인한 책임을 인정하고 사죄한 뒤, 기금을 통한 강제 동원 문제 해결 과정에 참가할 필요가 있다고 볼 수 있다.

무엇이 실현돼야 '해결됐다'고 말할 수 있을까

그러면 무엇이 실현돼야 정말 이 문제가 해결됐다고 할 수 있을까.

첫째, 일본 정부와 기업이 강제 동원 피해자들을 대상으로 한 가해 행위와 피해자들의 피해 사실, 그리고 그에 대한 자신들의 책임을 인정하고 사죄하는 것이다. 둘째로 강제 동원 피해자 개인에게 배상 내지 보상을 해야 하고, 셋째로 재발 방지를 위해 강제 동원 문제의 역사적 사실과 그 교훈을 다음 세대에게 계승할 필요가 있다.

이 가운데 가장 기본적인 것은 첫째 요소다. 그것이 문제 해결의 출발점이다. 그 뒤에야 비로소 자금을 갹출해 기금을 설립하고 이를 바탕으로 ① 강제 동원 피해자들에 대한 보상금 지급 사업, ② 위령·추도 사업, ③ 역사의 기억을 계승하기 위한 사업 등을 벌이는 것을 생각할 수 있다. 독일이 나치 독일에 의한 강제 연행·강제 노동 피해자들을 구제하기 위해 창설한 '기억·책임·미래' 기금이나 중국인 강제 연행 사건과 관련해 니시마쓰건설이 기금을 창설해서 문제를 해결한 사례가 참고가 될 것이다(→ 칼럼 4).

검토해야 할 문제는 무엇인가

이를 위해서 검토해야 할 문제는 많다. 기금에 의한 해결의 실현을 위해 일본 기업이 인정해야 할 '가해와 피해 사실'은 구체적으로 무엇인가, '책임'의 성격은 무엇인가(법적 책임·도의적 책임·역사적 책임 등), '사죄'의 구체적인 문언은 어떠해야 하는가, '보상'의 성격은 무엇인가(배상인가 상징적 보상인가), '보상금'의 액수는 어느 정도인가, '역사를 계승하는' 사업은 구체적으로 어떤 것인가(기념비 건립, 정기적인 위령제, 역사교과서 기재 등), 어떤 범위의 대상자를 구제할 것인가(군인·군속을 포함할 것인가 등), 피해자를 어떤 식으로 인정할 것인가, 기업의 법적 안정성을 어떻게 꾀할 것인가(기금으로 보상금을 받은 피해자에게 청구권을 포기하도록 하는 것) 등 여러 과제들을 검토할 필요가 있다.

이들 가운데 '역사적 책임'은 과거의 중대한 인권 침해 사실을 성실하게 대면하면서 두 번 다시 같은 잘못을 범하지 않는 사회를 구축해 간다는, 과거의 역사적 사실에 입각한 미래지향적인 의미가 포함돼 있다. 기업들도 피해자와 대립하는 게 아니라 과거의 역사적 사실을 성실하게 직시하면서 강제 동원 문제의 해결이라는 역사적 사업을 위해 피해자와 협력해 나아가는 자세가 필요하지 않을까.

또 '상징적 보상'이라는 개념은 엄밀한 의미의 배상금이 아니라 어디까지나 일본 기업이 책임을 다하겠다는 의지의 상징으로 지불되는 것을 의미한다. 이와 관련해 개인에게 지불되는 보상금의 구체적인 금액이 문제가 된다. 이제까지의 소송에서 인정받은 배상금 액수가 1억 원(약1,000만 엔)인 것을 볼 때, 1인당 지급될 보조금 액수는 1,000만 엔 정도여야 한다는 견해가 있다. 그러나 원고들은 한일 양국에서 오랜 세월 동안 소송을 벌여왔기 때문에 그것을 감안하면 1,000만 엔은 결코 높은 금액이 아니며, 이제까지의 경비 등을 생각하면 오히려 적다고 볼 수 있다.

한편 기금에서 받을 보조금은 소송 절차를 거치지 않고 받는 것이어서 비교적 부담이 적으므로, 승소 판결이 정한 금액보다 적더라도 반드시 불합리하다고까지 말할 수는 없다. 따라서 1,000만 엔에서 감액한다면 어느 정도 금액이 타당할지가 문제가 된다. 다만 원래 보상금은 엄밀한 의미의 배상금이 아니며, 어디까지나 일본 기업이 스스로의 책임을 다하겠다는 의지를 상징하는 수단으로 지불되는 것이라고 볼 때, 그와 비슷한 다른 사례를 참고해서 그에 상응하는 금액을 정해야 한다는 견해도 있다.

분명 어려운 문제이지만 강제 동원 문제 해결이 피해 갈 수 없는 과제인 이상, 어떻게든 극복해야 한다. 또한 중국인 강제 연행 사건을 해결한 니시마쓰 기금 사례를 보면 해결은 가능해 보인다.

기금을 통한 해결은 기업에게도 유익하다

기금을 통한 해결을 희망하는 피해자들은 보상금을 받는 대신 기업에 대한 개인 배상청구권을 포기하게 된다. 국가와 개인은 다른 법인격을 갖고 있는 이상, 원칙적으로 국가 간 합의로 개인의 배상청구권을 소멸시킬 수는 없다. 개인의 배상청구권을 소멸시키기 위해서는 당사자가 직접 포기하는 수밖에 없는데, 기금 조성으로 이를 실현할 수 있다. 이에 따라 일본 기업은 법적 안정성을 확보할 수 있다.

한편 피해자 개인은 소송을 선택할 수도 있다. 그러나 피해자가 고령화되는 점, 증거가 부족한 경우도 있는 점, 소송에는 많은 비용이 드는 점 등을 고려하면 소송을 선택할 피해자는 많지 않을 것으로 보인다. 따라서 기금을 통한 해결이야말로 문자 그대로 최종적인 해결을 볼 수 있는 길이다. 그리고 강제 동원 같은 중대한 인권 문제를 책임지고 해결함으로써 높은 도의성·윤리성을 갖추고 법령이나 윤리를 준수한다는 국제사회의 평가를 얻을 수도 있으니 기업에게도 유익하다고 할 수 있다.

일본의 최고재판소 판결 논리에 따르면, 청구권협정 2조는 일본 기업이 강제 동원 문제 해결을 위해 자발적으로 기금을 모으는 데 법적 장애가 되지 않으므로(→Q10), 이를 금지하는 이유는 아무것도 없다. 일본 기업이 결단만 하면 강제 동원 문제를 해결할 수 있다. 피해자들은 일본 기업과 대립하기를 바라지 않는다. 오히려 강제 동원 문제의 해결이라는 역사적 사업을 그들과 협력해 함께 풀어나갈 것을 요구하고 있으며, 기금을 통한 해결은 이를 위한 유력한 구상이라고 할 수 있지 않을까?

가와카미 시로

칼럼 4.
독일 '기억 · 책임 · 미래' 기금과 일본 '니시마쓰 기금'

독일에서는 나치 독일의 강제 연행 사건을 해결하기 위해 강제 연행 · 강제 노동을 자행한 폭스바겐 등의 기업과 독일 정부가 국가적 차원의 배상이 아닌 인도적 보상 목적으로 자발적으로 자금을 갹출했다. 그 결과 2000년에 '기억 · 책임 · 미래' 기금이 설립됐다. 이 기금은 단지 보상만이 아니라 과거를 직시하면서 박해의 기억과 책임을 미래로 이어간다는 목적으로 설립됐으며, 2007년에 강제 노동 피해자에게 보상 지불을 완료했다.

2007년 기금의 최종 결산보고서에 따르면, 기금 총지출은 55억 7900만 유로인데, 그중에서 45억 2,900만 유로가 강제 노동자에 대한 개인 보상으로 쓰였다. 그 대상은 약 100개 국가 166만 명에 달한다(→ Q14).

일본의 경우, 중국인 강제 연행 사건에 관해 니시마쓰건설이 기금을 창설해 문제를 해결한 실례가 있다. 니시마쓰건설은 중국인 피해자들과 체결한 기금 방식의 해결에 관한 합의서에서 "사실을 인정"하고 "그 역사적 책임을 인식"하며 "심심한 사죄의 뜻을 표명"하고, 기금을 창설해 "후세의 교육에 이바지하기 위해" 기념비를 건립한다는 등의 사항을 결정했다.

그리하여 매년 기금 사업의 일환으로 중국에서 피해자와 그 유족을 초빙해 기업 관계자가 참석한 가운데 기념비 앞에서 위령제를 열고 있다. 그렇게 함으로써 피해자와 기업 간의 상호 이해가 깊어지고 신뢰가 조성돼 피해자 측이 기업의 사죄를 받아들이는 관계가 형성되고 있다. 이것이야말로 진정한 해결이라고 할 수 있지 않을까.

이 외에도 과거의 반인도적 행위에 대한 대응으로는 제2차 세계대전 중 일본인을 억류한 것에 대한 미국 대통령의 사죄와 보상(1990년), 유대인 박해에 대한 프랑스 대통령의 사죄(1995년), 오스트레일리아 선주민에 대한 정부의 공식 사죄(2008년) 등이 있다.

가와카미 시로

제4장

완전하지도, 끝나지도 않은 문제

- 징용공 재판의 총정리

한국 대법원 판결과 한일 양국의 한일 청구권 해석 변천

머리말

일본군 '위안부' 피해자들과 한국 거주 피폭자들에 대해 한국 정부가 한일 청구권협정 3조에 따른 분쟁 해결 절차를 취하지 않은 것은 위헌이라고 판단한 2011년의 헌법재판소 결정, 강제 동원 피해자들이 일본 기업을 대상으로 한 위자료 청구를 기각한 고등법원 판결을 파기해 환송한 2012년 대법원 판결, 그리고 기업의 재상고를 기각하고 징용공에 대한 손해배상을 명하는 판결을 확정한 2018년 10월과 11월의 대법원 판결 등 몇 년 사이에 한국 사법기관에서 식민지·전쟁 피해자들 문제에 대한 적극적인 판단이 이어졌다. 이에 일본 정부와 대다수 언론들이 크게 반발하면서 한국을 향한 비난이 날로 과열되고 있다. 2018년의 대법원 판결을 두고 아베 총리는 "국제법에 비춰 있을 수 없는 판단"이라고 했고, 고노 외상은 "양국 관계의 법적 기반을 그 뿌리부터 뒤엎는 것"이라 했으며, 스가 관방장관은 "조약은 사법기관도 구속한다"고 비난했다. 대부분의 언론과 식자들도 이를 따라가면서 한국이 국가 간의 합의를 무시하는 "판 뒤엎기"를 했다고 비난했다. 일부 정치가들은 '보복조치'도 언급했다. 이를 본 많은 일본 시민들은 일본과 한국이 50여 년간 다져온 약속을 한국이 일방적으로 파기했다고 생각하면서 분개하고 있다.

분명, 1965년에 체결된 한일 청구권협정 2조 1항은 다음과 같이 규정하고 있다.

양 체약국은 양 체약국 및 그 국민(법인을 포함)의 재산, 권리 및 이익과 양 체약국 및 그 국민 간의 청구권에 관한 문제가 1951년 9월 8일에 샌프란시스코시에서 서명된 일본국과의 평화조약 제4조 (a)에 규정된 것을 포함하여 완전히 그리고 최종적으로 해결된 것이 된다는 것을 확인한다.

그러나 "'완전히 그리고 최종적으로 해결'했다고 적혀 있기 때문에 정말 완전히 그리고 최종적으로 해결됐다"고 정리해버리면 될 정도로 이 문제는 단순하지 않다. 왜냐하면 다름 아닌 일본 정부 자신이 "'완전히 그리고 최종적으로 해결'했다는 것이 개인의 권리 소멸을 의미하지는 않는다"고 역설해 온 역사가 있고, "국가 간의 합의를 무시"하는 해석의 대전환을 감행한 것도 바로 일본 정부이기 때문이다.

1) 일본 정부의 해석 변천

원폭재판·시베리아 억류* 소송 때의 일본 측 주장

한일 청구권협정처럼 국가 간의 합의로 국가와 국민의 권리를 포기하는 조항을 청구권 포기 조항이라고 한다. 한일 청구권협정보다 앞선 1951년 샌프란시스코 평화조약에는 다음과 같은 청구권 포기 조항이 있다.

14조 (b) 이 조약에 별도의 규정이 있는 경우를 제외하고, 연합국은 연합국의 모든 배상청구권, 전쟁 수행 중에 일본국 및 그 국민이 취한 행동으로 발생한 연합국 및 그 국민의 청구권 그리고 점령에 따른 직접적인 군사비에 관한 연합국의 청구권을 포기한다.

19조 (a) 일본국은 전쟁으로 발생했거나 또는 전쟁 상태로 말미암아 취해진 조치들로 발생한 연합국 및 그 국민에 대한 일본국 및 그 국민의 모든 청구권을 포기하며, 또한 이 조약의 효력 발생 전에 일본국 영역에서 연합국 군대 또는 당국의 존재, 직무 수행 또는 행동으로 발생한 모든 청구권을 포기한다.

또 일소공동선언(1956년) 제6항에도 다음과 같은 내용이 있다.

---

* 제2차 세계대전 뒤 무장을 해제하고 소련에 투항한 일본군 포로들은 주로 시베리아로 강제 이송돼 장기간 억류된 채 노예적 노동을 강요당했다. 억류된 일본군 포로 중에는 일본군에 강제 동원된 조선인들도 적지 않았다.

일본국 및 소비에트 사회주의공화국연방은 1945년 8월 9일 이래의 전쟁 결과로 발생한 각 국가, 그 단체 및 국민의, 각각 다른 국가, 그 단체 및 국민에 대한 모든 청구권을 상호 포기한다.

이런 조항들이 국가가 조약으로 국민의 재산권을 소멸시키는 취지라면 일본 헌법 29조 3항에 의해 보상 문제가 발생한다. 실제로 히로시마 원폭 피폭자들은 샌프란시스코 평화조약 19조 (a)에 의해 피해자가 갖는 미국 내지 트루먼 대통령에 대한 손해배상청구권을 일본 정부가 소멸시켰다는 이유로 미국 대신 일본에 보상을 청구했다. 또한 일소공동선언으로 시베리아 억류 피해자들이 지닌 소련 정부에 대한 손해배상청구권을 일본 정부가 소멸시켰다는 이유로 피해자들이 일본에 보상을 청구했다.

이와 같은 종류의 소송에서 피고 국가는 다음과 같이 주장했다.

원폭 재판

대일 평화조약 제19조 (a) 규정에 따라, 일본국은 그 국민 개인의 미국 및 트루먼에 대한 손해배상청구권을 포기한 것으로 볼 수 없다.

(1) 국가가 개인의 국제법상 배상청구권을 토대로 외국과 교섭하는 것은 국가의 권리이며, 이 권리가 외국과의 합의에 의해 포기될 수 있다는 것은 의심의 여지가 없지만, 개인이 그 본국 정부를 통하지 않고 그와는 독립적으로 직접 배상을 청구할 권리는 국가의 권리와는 다른 것이기 때문에 국가가 외국과의 조약으로 어떤 약속을 하든 그것이 개인의 청구권에 직접 영향을 끼치진 않는다.

(2) 따라서 대일 평화조약 제19조 (a)에서 말하는 '일본 국민의 권리'는 국민 자신의 청구권을 토대로 한 일본국의 배상청구권, 즉 이른바 외교 보호권만을 가리키는 것이라고 해석해야 한다. 설령 이것(개인의 청구권) 을 포함하는 취지로 해석된다 할지라도, 그것은 포기할 수 없는 것을 포 기했다고 기재한 것에 지나지 않으며, 국민 자신의 청구권은 그것으로 인해 소멸하진 않는다. 따라서 만일 원고 등에게 청구권이 있다면 대일 평화조약으로 포기된 것이 아니므로 원고들의 어떤 권리도 침해당한 것이 아니다.[3]

시베리아 억류 소송

일소공동선언 6항 2절에 따라 우리나라가 포기한 청구권은 우리 자신 이 갖고 있던 청구권 및 외교적 보호권이며, 일본 국민 개인이 갖고 있 는 청구권을 포기한 것이 아니다. 여기서 외교보호권이란, 자국민이 외 국의 영역에서 외국의 국제법 위반으로 입은 손해에 대해 국가가 상대 국의 책임을 추궁하는 국제법상의 권리다.[4]

요컨대 일본이 샌프란시스코 평화조약·일소공동선언의 청구권 포 기 조항에 따라 포기한 것은 국가의 외교보호권일 뿐이며 피해자 개인 의 미국, 소련에 대한 손해배상청구권은 소멸하지 않았으므로, 일본 국은 미국, 소련 대신 피해자들에게 보상할 의무가 없다고 주장했던 것이다.

한일 청구권협정 체결 당시 일본 정부의 해석

한일 청구권협정을 체결할 때 일본 정부는 "청구권협정 1조의 '경제협력의 증진'과 2조의 '권리문제의 해결' 사이에는 법률적으로 아무런 상호관계도 존재하지 않지만, 청구권협정 전체의 효과로 한국의 대일 청구권 문제는 해결됐다"고 설명했으며, 그 뒤로도 이 견해를 유지했다.[5] 즉, 경제협력자금은 한국 국민의 청구권에 대한 대가로 지불된 것이 아니며, 따라서 보상(배상) 책무가 일본 정부·국민에서 한국 정부로 이전된 것이 아니라는 점을 분명히 했던 것이다. 그리고 "청구권협정 전체의 효과로 한국의 대일 청구권 문제는 해결됐다"고 한 것은 아래에 서술할 사정으로 보건대 외교보호권의 상호 포기를 의미한다고 보는 게 타당하다.

정리하면 한일 청구권협정을 체결할 때 이 협정으로 포기된 것은 한국의 외교보호권이며, 개인의 권리를 소멸시킨 것은 아니라는 인식을 일본 정부가 갖고 있었다. 이는 한국인 피해자들의 청구 문제와 관련해서가 아니라 한반도에 자산을 남기고 온 일본인과 관련해 언급된 것이다. 한일회담 교섭 담당관이었던 외무사무관 다니다 마사미谷田正躬는 청구권협정으로 포기된 것은 외교보호권에 지나지 않으므로, 일본 정부가 한반도에 자산을 남겨두고 온 일본인에게 보상 책임을 지는 것은 아니라고 말했다.[6] 한반도에 자산을 남겨둔 일본인의 권리와 관련해 일본 정부가 포기한 것이 외교보호권일 뿐이라면, 마찬가지로 한국 정부가 포기한 것도 외교보호권이므로 개인의 권리는 존속된다고 해석하는 게 당연한 논리적 귀결이다. 일본 정부는 당시부터 실제로 이런 법적 해석을 채용하고 있었음에도 정치적으로는 "한일 청구권협정으로 완전히 해결이 끝났다"는 견해를 거듭 표명했다.

예컨대 1962년과 1963년에 관광 목적 등으로 일본에 일시적으로 입국한 한국 거주 피폭자에게 피폭자 건강수첩을 교부한 선례가 있음에도 한일 청구권협정 체결 뒤인 1968년에 일본에 간 한국 거주 피폭자들에게는 수첩을 교부하는 것을 거부했다.[7] 그러나 한일 청구권협정이 1957년의 원폭의료법에 따라 창설된 피폭자의 권리를 소멸시킨 것이 아니라는 점은 명백하다(동 협정 2조 2 (b)). 실제로 그 뒤 한국 거주 피폭자들이 제기한 다수의 소송 가운데 일본 측에서 한일 청구권협정으로 해결이 끝났다는 주장을 한 적은 한 번도 없으며, 이러한 수첩 교부 거부는 "한국의 문제는 모두 끝났다"는 일종의 정치적 시위에 지나지 않았음이 분명했다.

한일 청구권협정과 재산권 조치법

한일 청구권협정이 체결된 그해에 일본에서는 '대한민국 등의 재산권에 관한 조치법'(이하 '재산권 조치법')이 제정됐다. 이 법률 1항은 다음과 같이 규정하고 있다.

다음에 얘기하는 대한민국 또는 그 국민(법인을 포함한다. 이하 마찬가지)의 재산권에서, 재산 및 청구권에 관한 문제의 해결 및 경제협력에 관한 일본국과 대한민국 간의 협정 제2조 3의 재산, 권리 및 이익에 해당하는 것은 다음 항의 규정에 적용되는 것을 제외하고, 쇼와 40년(1965년) 6월 22일에 소멸한 것으로 한다. 다만 같은 날에, 제3자의 권리(제2조 3의 재산, 권리 및 이익에 해당하는 것을 제외한다)의 목적으로 돼 있던 것은, 그 권리의 행사에 필요한 한도 내에서 소멸하지 않는 것으로 한다.

1. 일본국 또는 그 국민에 대한 채권
2. 담보권에서, 일본국 또는 그 국민이 가진 물건(증권으로 구체화된 권리를 포함한다. 다음 항에서도 같음) 또는 채권을 목적으로 하는 것.

즉 이 법률은 한일 청구권협정으로 "완전히 그리고 최종적으로 해결"한 한국 국민의 "재산, 권리 및 이익 그리고 청구권" 중 '재산, 권리 및 이익'을 소멸시킨다는 말이다. 이 법안이 국회에 상정될 때 제출된 답변 자료[8]는 "대한민국 및 그 국민의 실체적 권리를 어떻게 처리하는지에 관해 국내법을 제정해서 동同 조(한일 청구권협정 제2조) 3에서 말하는 조치를 취할 필요가 있다"고 설명하고 있고, 이때 법에서 말하는 '소멸'이란 실체적 권리 자체의 소멸이라는 취지로 해석되며, 실무상으로도 그처럼 운용돼왔다.

예컨대 기업이 공탁한 징용공의 미불 임금에 대해 한일 청구권협정의 적용을 받는 한국인, 즉 한국에 거주하는 한국인이 반환 청구를 하면, 재산권 조치법에 따라 반환 청구권이 소멸했다며 거부하는 것이다.[9] 이 법은 일본에 존재하는 한국인의 '재산·권리 및 이익'을 일절 보상 없이 소멸시키는 것으로, 헌법상 중대한 문제가 있지만 최고재판소는 거듭 이 법이 합헌이라고 판시하고 있다.[10] 그 때문에 '재산·권리 및 이익'에 해당하는 청구일 경우 일본의 사법기관을 통한 구제는 사실상 불가능하다.

한편 이 법률의 존재는 한일 청구권협정에서 "완전히 그리고 최종

적으로 해결"했다는 구절이 개인의 실체적 권리가 소멸했다는 의미가
아니라는 것을 뒷받침한다. 만일 한일 청구권협정으로 개인의 실체적
권리가 소멸했다면, 재산권 조치법은 한일 청구권협정으로 소멸한 권
리를 중복 소멸시키는 셈이어서, 그 입법 취지를 이해할 수 없게 되어
버린다. 2012년, 2018년 한국 대법원 판결도 이 점을 지적하고 있다.

그리고 앞서 얘기한 것처럼 재산권 조치법은 한일 청구권협정에
서 말하는 "재산, 권리 및 이익 그리고 두 체약국 및 그 국민 간의 청구
권" 가운데 '재산, 권리 및 이익'만을 소멸시켰을 뿐 '청구권'은 해당
되지 않는다. 한일 청구권협정이 "완전히 그리고 최종적으로 해결"한
것이 개인의 실체적 권리 소멸을 의미하는 것이 아니며, '청구권'이 재
산권 조치법에 의한 소멸에서도 제외되었다면 '청구권'은 실체적 권
리로서 계속 살아 있는 셈이다. 이때 양자의 구별이 문제가 된다. 일본
정부는 '재산·권리 및 이익'이란 협정 당시에 이미 실체적인 권리로
확정돼 있던 것이고, '청구권'이란 확정 판결에 이르지 않은 손해배상
청구권처럼 당시엔 아직 확정되지 않았던 것이라고 해석하고 있다.

예컨대 1993년 5월 26일 중의원 예산위원회에서 단바 미노루 외무
성 조약국장은 다음과 같이 답변했다.

아시는 바와 같이 이 제2조 3항에 대해, 한쪽 체약국締約國이 재산, 권리
및 이익, 그리고 청구권에 대해 취한 조치에 대해서는, 다른 한쪽 체약국
은 어떤 주장도 하지 않는다는 식의 규정이 있고, 이에 따라 일본에서 법
률을 만들어서 존재하고 있는 실체적인 권리를 소멸시킨 셈입니다만,
이 법률이 대상으로 삼고 있는 것은 이미 실체적으로 존재하고 있는 재

산, 권리 및 이익뿐입니다.

예컨대 A와 B 사이에 분쟁이 있어서 A가 B에게 두들겨 맞았고, A가 B에게 배상하라고 합니다. 그런 동안은 A의 B에 대한 청구권이라고 생각됩니다. 그러나 나중에 법원에 가서, 법원의 판결로 '역시 B는 A에게 채무를 지고 있다'는 확정 판결이 내려졌을 때에야 비로소 그 청구권은 실체적인 권리가 되는, 그런 관계입니다.

이에 따르면, 당시 이미 금액이 확정돼 있던 미지급 임금이나 공탁금 반환 청구권 등은 '재산·권리 및 이익'으로서, 재산권 조치법에 의해 이것이 소멸했다 하더라도 대부분의 전후 보상 소송은 '청구권'에 속하는 위자료 등의 손해배상이나 미확정 미지급 임금을 청구하는 것이기 때문에, 이를 청구하는 데 한일 청구권협정이나 재산권 조치법이 장애가 되지 않는 것이다.[11]

이러한 단바 국장의 답변은 결코 그가 입을 잘못 놀린 것도, 한국인 전쟁 피해자의 권리 보호를 배려한 것도 아니다. 재일 한국인에 대한 적용 제외를 규정한 한일 청구권협정 제2조 2 (a)의 해석상, 일본 정부로서는 '청구권'을 넓은 의미로 해석할 필요가 있었던 것이다.

한일 청구권협정 제2조 2 (a)의 규정은 다음과 같다.

2) 본 조의 규정은 다음의 것(본 협정의 서명일까지 각기 체약국이 취한 특별조치의 대상이 된 것을 제외한다)에 영향을 미치는 것이 아니다.

(a) 일방체약국의 국민으로서 1947년 8월 15일부터 본 협정의 서명일까지 사이에 타방체약국에 거주한 일이 있는 사람의 재산, 권리 및 이익

이처럼 재일 한국인의 '재산·권리 및 이익'을 한일 청구권협정의 적용 대상에서 제외하고 있으나, '청구권'은 제외하고 있지 않다. 이 문언대로 이해하자면, 재일 한국인의 '재산·권리 및 이익'은 청구권협정의 대상이 아니기 때문에 한국 정부는 외교보호권을 포기하지 않았지만 '청구권'은 청구권협정의 대상이기 때문에 한국 정부가 외교보호권을 포기한 셈이 된다. 그렇게 '청구권'의 범위를 넓게 해석할수록 재일 한국인의 연금·원호법 적용 등 미해결 문제에서 한국 정부의 요구 (외교보호권의 행사)를 더 잘 회피할 수 있게 된다. 그 때문에 일본 정부로서는 '청구권'을 넓은 의미로 해석할 필요가 있는 것이다.

나중에 재일 한국인 전상자戰傷者 장애연금 청구 소송에서 이 점이 문제가 됐다. 군인·군속으로 동원된 한국인들은 일본 국민으로 전장에 가서 장애를 갖게 됐으나, 전후에 "호적법의 적용을 받지 않는 자[12]에 대해서는 당분간 이 법률을 적용하지 않는다"는 원호법 부칙의 호적 조항에 따라 장애연금 대상에서 제외됐다.

1990년대에 재일 한국인 전상자로부터 몇 건의 연금 청구 소송이 제기됐다. 원고들은 애초에 이 호적 조항이 나중에 외교 교섭으로 해결될 것을 예정해서 설정된 것이므로 한일 청구권협정에서 재일 한국인이 제외되고 외교 교섭에 의한 해결 가능성이 없어진 시점에서 '당분간'의 효력은 종료되고 호적 조항이 무효가 됐다고 주장했다. 이에 대해 피고 일본 정부는 "한일 청구권협정 제2조 2 (a)로 제외된 것은 재일 한국인 개인의 '재산·권리 및 이익'이지 '청구권'은 아니다. 원고 등의 연금 청구권은 원호법에 규정돼 있지 않기 때문에 법률적 근거가 없는 '청구권'이므로, 한일 청구권협정의 적용을 받으며, 한국 정부

가 외교보호권을 포기함으로써 해결됐다"고 주장했다.[13]

다만 한국 정부는 위 해석을 부정하고, 재일 한국인 전상자의 보상 청구권은 '재산·권리 및 이익'에 해당하며, 한일 청구권협정 대상이 아니라고 주장한다.[14]

이처럼 일본 정부로서는 일본 국민이 제기하는 보상 청구를 피하려면 "완전히 그리고 최종적으로 해결"이란 실체적 권리 소멸이 아니라 외교보호권 포기에 지나지 않는다고 해석할 필요가 있었다. 또한 재일 한국인 전쟁 피해자 보상 책임을 요구하는 한국 정부의 주장을 회피하기 위해서도 한일 청구권협정에서 제외되지 않은 재일 한국인의 '청구권'을 한국 정부와 대립해서라도 넓게 해석할 필요가 있었던 것이다.

일본 정부는 한일 청구권협정 체결 당시부터 이런 해석을 해왔다. 당시까지만 해도 한국인 피해자들이 일본 법정에서 소송을 제기하는 건 상상도 할 수 없는 시대였다. 그러므로 이러한 해석의 결과 한국인 피해자들의 폭넓은 권리가 한일 청구권협정으로도 소멸되지 않았다는 점이나, 재산권 조치법에 의한 소멸 대상이 아니라는 사실에 개의치 않았던 것이다. 그런데 막상 1990년대 들어 다수의 한국인 피해자가 일본으로 건너가 재산권 조치법으로 소멸하지 않은 '청구권'을 일본 법정에서 행사하려 함으로써 상황이 바뀌게 된다.

1990년대의 국회 답변

한국인 피해자들의 제소가 시작된 1990년대 전반, 마침내 한국인 피해자들의 배상청구권과 한일 청구권협정의 관계가 국회에서 다뤄지게 됐다. 1991년 3월 26일 참의원 내각위원회에서 시베리아 억류 문제에 대해 다카시마 유슈 외무대신 관방심의관의 다음과 같은 답변이 나왔다.

일소공동선언 제6항의 청구권 포기라는 것은 국가 자신의 청구권 및 국가가 자동적으로 갖고 있는 것이라 여겨지는 외교보호권의 포기입니다. 따라서 지적하신 것처럼 우리나라 국민 개인의 소련 또는 그 국민에 대한 청구권까지도 포기한 것은 아니라고 생각합니다. (…) 개인이 청구권을 행사한다면 그것은 어디까지나 소련 국내법상의 제도에 따른 청구권을 행사하는 것이 될 수밖에 없다고 생각합니다.

이는 사실상 "개인 청구권은 소멸하지 않았지만, 외교보호권을 포기한 이상 정부는 아무것도 할 수 없다, 소련에 배상을 청구하고 싶다면 소련에서 재판을 하라"는, 시베리아 억류 피해자들을 내치는 취지의 답변이었다. 그러나 그해 8월 27일의 참의원 예산위원회에서 일본 국내법 절차에 따라 소송을 제기한 한국인 피해자들에 대한 질문을 받자, 앞서 얘기한 일소공동선언에 관한 답변과 모순되는 주장을 할 수 없어 다음과 같이 답변한다. 외무성 야나이 슌지 조약국장의 말이다.

한일 청구권협정으로 양국 간의 청구권 문제를 최종적으로 그리고 완전히 해결했습니다. 그것이 의미하는 바는 한일 양국이 국가로서 지니고 있는 외교보호권을 상호 포기했다는 겁니다. 따라서 이른바 개인의 청구권 자체를 국내법적인 의미에서 소멸시킨 것은 아닙니다.

그 뒤로도 이와 유사한 취지의 답변이 되풀이됐고,[15] 다음과 같이 구체적인 개인 청구권의 존재 여부는 법원이 판단한다는 견해도 제시됐다.

우리나라는 이 협정상 외교보호권을 포기했습니다. 그리고 관계자 분들이 소송을 제기할 수 있는 지위까지도 부정한 것은 아니라는 점을 말씀드렸습니다. 그렇다면 소송에 포함된 위자료 등의 청구가 우리나라의 법률에 비춰 실체적인 근거가 있느냐 없느냐의 문제는 법원에서 판단해야 한다고 생각합니다. (1992년 3월 9일 야나이 조약국장)

소권(訴權, 소송을 제기할 권리)만 그렇다는 식으로 말씀드리는 것이 아닙니다. 소송을 제기한 경우 그런 소송들이 인정받을 수 있느냐 없느냐 하는 문제까지 당연히 법원이 판단하는 것이라고 생각합니다. (같은 날 구도 정부위원)

그리고《외무성 조사월보》1994년도 1호에도 다음과 같이 명기돼 있다.[16]

'국가가 국민의 청구권을 포기한다'는 문언의 의미는, 국내법상의 개인 청구권 자체를 포기하는 것이 아니라, 국제법상 국가가 자국민의 청구권에 대해 국가로서 지니고 있는 외교보호권을 포기하는 것이라는 해석도 일본 정부가 이제까지 일관되게 견지해온 바이다.

위와 같은 해석에 따라 1990년 이래 한국에 거주하는 한국인 피해자들이 제소한 수십 건의 전후 보상 소송에서 1999년까지 10년간 국가(일본)가 '청구권'에 대해 한일 청구권협정으로 해결이 끝났다고 항변한 예는 한 건도 없었으며, 한일 청구권협정이 쟁점이 된 적도 없었다. 단지 앞서 얘기했듯이 재일 한국인 전상자의 장애연금 청구 소송에서 청구권협정에 관한 주장을 하긴 했지만, 그것은 어디까지나 재일 한국인 전상자의 연금 청구권은 한일 청구권협정의 대상에서 제외된 것이 아니라는 취지의 주장이었지, 그것(청구권협정)으로 인해 원고의 청구권이 소멸 또는 행사 불능이 됐다는 항변이 아니었다. 그리고 일본 정부는 "한일 청구권협정 대상에서 제외되지 않았다"는 말의 의미가 "한국 정부가 외교보호권을 포기했다"는 의미라고 명언했다.[17]

일본 정부 해석의 대전환

그런데 시간이 지나면서 점점 시효나 국가 무답책 등의 쟁점에 대해 일본 기업이나 정부에 불리한 판단을 하는 법원이 늘어나기 시작했다. 또한 미국 캘리포니아주 법원이 한국 강제 동원 피해자들이 일본 기업을 대상으로 제기한 소송의 관할권을 인정하자, 2000년 10월 일본 정부가 이 소송에 대한 의견서[18]를 냈다. 이를 계기로 일본 정부는 기존의 해석을 변경해 한국인 피해자를 포함한 모든 전후 보상 소송에서 '샌프란시스코 평화조약, 한일 청구권협정, 일화평화조약 등에 의거해 이 문제는 해결이 끝났다'는 주장을 하게 됐다.

조약으로 해결이 끝났다는 결론이 우선 정치적으로 결정된 것이어서인지 몰라도 어떤 소송에서는 실체적 권리가 소멸했다고 주장하고, 또 어떤 소송에서는 외교보호권의 포기로 청구가 수용될 여지가 없어졌다고 주장하는 등 '해결이 끝났다'는 표현에 대한 법적 설명이 각 소송마다 미묘하게 달랐다.[19] 하지만 이윽고 개인의 실체적 권리는 소멸하지 않았지만 소송을 통해서는 그것을 행사할 수 없게 됐다는 주장 쪽으로 수렴됐다.

일본인 피해자들이 보상을 청구했던 국면에서는 "조약으로 포기한 것은 외교보호권에 지나지 않으며, 피해자들은 가해국의 국내 절차에 따라 청구할 수 있는 길이 남아 있기 때문에 일본국에는 보상 책임이 없다"고 주장해놓고 외국인 피해자들이 배상 청구를 하자 이번에는 "조약에 따라 일본 국내 절차로 청구하는 건 불가능하게 됐기 때문에 일본국에는 배상 책임이 없다"고 주장을 번복한 것이다. 일본 정부는 이를 두고 소송 중에, 청구권 포기 조항으로 해결이 끝났다는 새 주장은 종전의 주장과 모순되지 않는다고 설명했다. 에비하라海老原 조약국장도 국회(2001년 3월 22일 참의원 외교방위위원회)에서 같은 취지의 답변을 했다.

그러나 1990년부터 10년 동안 '청구권 포기'를 내세워 항변한 적이 없다는 사실, 앞서 얘기한 재일 한국인 전상자들의 장애연금 청구 소송에서 그들의 장애연금 청구권은 한일 청구권협정의 적용 대상이고 그 효과는 외교보호권의 포기라고 밝히면서도, 재판을 통한 청구가 불가능하게 되었다는 항변을 하지 않았던 사실 등으로 볼 때, 일본의 의견은 명백히 종래의 주장을 번복한 '손바닥 뒤집기'였다.

국가의 새 주장에 대한 하급 법원의 판단

일본 정부의 새로운 주장에 대한 법원의 판단은 크게 다음과 같이

나뉘지만, 다수는 새 주장을 부정하는 쪽이었다.

① 샌프란시스코 평화조약에 대하여

네덜란드인 포로였던 원고들이 나선 소송에서 2001년 10월 11일 도쿄 고등재판소 판결(《판례 타임즈》1072호 88p., 《판례시보》1769호 61p.)은 국가의 새 주장을 그대로 수용했다. 다만 이는 샌프란시스코 평화조약 체결 과정에서 네덜란드 대표와 일본 대표 간에 조약의 사권私權에 대한 효과에 대해 비공개 교섭을 했다는 것을 이유로 국가의 주장을 수용한 것이다. 따라서 이 판례는 해당 교섭의 존재 자체를 몰랐던 다른 체약국이나 조약에 참가하지 못했던 중국 또는 한국에 그대로 적용하는 근거가 될 순 없었다.

② 한일 청구권협정에 대하여

한국인 피해자들이 관여한 소송에서 일본 정부의 새로운 주장에 대한 하급심의 판단은 세 가지로 갈렸다. 히로시마 고등재판소 2001년 3월 29일 판결(관부 재판, 《판례 타임즈》1081호 91p., 《판례시보》1159호 42p.)은 1심의 일부 인용 판결을 취소했지만 국가의 새 주장을 완전히 부정하면서, 피해자 개인이 재산권 조치법으로 소멸한 것을 제외한 실체적 권리를 행사하는 것은 외교보호권의 존부와 상관없이 허용되며, 해당 청구권에 대한 법률적 근거의 유무는 재판을 담당한 해당 법원에서 개별적이고 구체적으로 판단해야 한다고 판시했다.

도쿄 고등재판소 2003년 7월 22일 판결(아시아태평양전쟁 한국인 희생자 소송, 《판례시보》1843호 32p.), 히로시마 고등재판소 2005년 1월 19일 판결

(미쓰비시 히로시마 전 징용공 피폭자 소송, 《판례 타임즈》 1217호 157p., 《판례시보》 1903호 23p.), 도쿄 지방재판소 2006년 5월 25일 판결(한국인 군인 군속 출신 자들의 야스쿠니 합사 중지 등의 소송, 《판례 타임즈》 1212호 189p.)은 국가의 주장을 변용해 한일 청구권협정의 '재산·권리 및 이익'의 범주를 확장했다. 이에 종래의 '청구권'으로서 재산권 조치법의 대상 외로 보고 있던 위자료청구권까지 '재산·권리 및 이익'으로 보면서 이것이 재산권 조치법으로 소멸했다고 보았다.[20] 이런 해석은 국가에 유리하긴 하지만 재일 한국인 문제로 한국 정부와 대립하면서 '청구권'을 광의로 해석해 온 일본 정부의 입장과 명백히 모순되는 관점이었으므로 일본 정부로서는 채용하기 곤란한 해석이었다.

2005년 2월 24일 나고야 지방재판소 판결(미쓰비시 나고야 조선여자근로정신대 소송, 《판례 타임즈》 1210호 186p., 《판례시보》 1931호 70p.)은 국가의 새 주장을 거의 그대로 수용해서 위자료청구권은 '청구권'에 해당하고 재산권 조치법에서는 소멸하지 않았다는 종래의 해석을 유지하면서도, 한일 청구권협정으로 '청구권'도 소송을 통해 행사하는 게 불가능해졌다고 보았다.

위의 소송들 중에 관부 재판은 2003년 3월 25일에 1심 원고 측 상고가 형식적 이유로 기각됐고, 최고재판소는 국가의 새 주장에 대해서는 일절 판단하지 않았다. 아시아태평양전쟁 한국인 희생자 소송도 최고재판소 2004년 11월 29일 판결에 의해 1심 원고 측 상고가 기각됐는데, 최고재판소는 재산권 조치법이 합헌이라고 판시했을 뿐 한일 청구권협정의 효과나 '재산·권리 및 이익'과 '청구권'의 '같고 다름(異同)'의 문제에 대해서는 판단하지 않았다.

기타 사건들이 고등재판소·최고재판소에 계류 중인 가운데 후술할 중국인 피해자들에 관한 2007년 4월 27일 최고재판소 판결이 나왔다. 이 사건으로 국가의 새 주장에 대한 최고재판소의 판단이 정해졌다.

③ 중일공동성명에 대하여

당시 중국인 피해자 다수의 사건이 계류 중이었다. 중국은 샌프란시스코 평화조약에 참가하지 못했는데, 1972년의 중일공동성명 제5조에는 "중화인민공화국 정부는 중일 양국 국민의 우호를 위해 일본국에 대한 전쟁 배상 청구를 포기할 것임을 선언한다"는 내용이 포함되어 있었다.

이때 '포기한다'의 주어는 '중화인민공화국 정부'이지 '중국 국민'이 아니며, 종전에는 이것이 샌프란시스코 평화조약이나 한일 청구권 협정의 경우와 같이 청구권 포기 조항이라는 취지로 이해되고 있지는 않았다.

그로 인해 일본 정부는 1952년에 대만의 중화민국 정부와 일화日華 평화조약을 체결하면서 중국인 피해자의 청구권은 포기됐다고 주장했다. 조약문 제11조에 "이 조약 및 이것을 보충하는 문서에 별도의 규정이 있는 경우를 제외하고, 일본국과 중화민국 간에 전쟁 상태의 존재로 발생한 문제는 샌프란시스코 조약의 해당 규정에 따라 해결하는 것으로 한다"라는 일반 조항이 있어서, 일화평화조약도 샌프란시스코 평화조약 14조 (b)의 청구권 포기 조항을 계승한다는 것이다. 그러나 설령 일화평화조약이 샌프란시스코 평화조약의 청구권 포기 조항을 계승했다 하더라도 일화평화조약에는 "현재 중화민국 정부(장제

스의 대만 정부) 지배하에 있거나, 또는 향후 지배하에 들어올 모든 영역에 적용된다"는 교환 공문이 있어서 이 문구가 중국 대륙에 계속 거주해 온 피해자들에게 적용될 여지는 없었다.

이에 대해 일본 정부는 "청구권의 포기는 전쟁 종결에 따른 것이고, 전쟁 종결은 국가가 수행하는 단 한 번뿐인 처분 행위이므로 교환 공문과 상관없이 국가로서의 중국에 속하는 모든 원고들에 적용된다"는 어렵고 모호한 이론을 짜내 샌프란시스코 평화조약과 중국인 원고들을 엮으려 했다.[21] 그러나 이 이론은 너무나 견강부회식이라 법원은 이를 받아들이지 않았고, 이를 부정하는 하급심 판결이 속출했다.[22] 그중 유일하게 도쿄 고등재판소 2005년 3월 18일 판결(중국인 일본군 '위안부' 2차 소송)이 국가의 주장에서 한걸음 나아가 일화평화조약으로 개인의 실체적 권리도 소멸했다고 판시했다.

2007년 4월 27일 최고재판소 판결

2007년 4월 27일, 최고재판소의 제1, 제2 소법정은 앞서 얘기한 중국인 일본군 '위안부' 사건과 니시마쓰건설 중국인 강제 연행·강제 노동 소송에 대해 동시에 거의 같은 판결을 내렸다. 두 사건 모두 중일공동성명으로 원고들의 청구권은 행사할 수 없게 됐다며 피해자들의 청구를 기각했다(2007년 4월 27일 최고재판소 판결,《판례 타임즈》1240호 121p.,《판례시보》1969호 28p.).

다만 최고재판소는 교환 공문이 존재하는 일화평화조약을 중국 대륙에 거주하는 원고들에게 적용하기에는 의문이 있다며, 일화평화조약으로 청구권이 포기됐다는 법률 구성은 인정하지 않고 독자적인

'샌프란시스코 평화조약의 틀'론을 전개했다.

"만약 개인의 청구권 문제를 사후적·개별적인 민사재판상의 권리 행사로 해결하는 방식에 의존할 경우 평화조약을 체결하는 양국과 그 국민들에게 예측 곤란한 과대한 부담을 지워 혼란을 야기할 우려가 있다. 이는 평화조약의 목적을 달성하는 데 방해가 되기 때문에 민사재판에서 개인의 청구권 권리 행사를 할 수 없도록 한다. 이것이 '샌프란시스코 평화조약의 틀'이며, 마찬가지로 중일공동성명도 이 틀 안에 있으므로 이 성명에서 중국은 중국 국민 개인의 청구권도 포기했다"는 것이 최고재판소의 판단이다.

그러나 샌프란시스코 평화조약에는 "개인의 청구권에 대해 민사재판상의 권리 행사는 할 수 없는 것으로 한다"는 문언이 존재하지 않는다. 최고재판소 판결은 이 '틀'을 입법자(체결자) 의사 해석으로 이끌고 있는데, 이 '틀'을 성립케 하고자 제시하는 유일한 사실적 근거는 전술한 네덜란드 대표와 일본 대표의 비공개 교섭 및 그 결착 경위다.

이 비공개 교섭 경위는 다음과 같다.

① 네덜란드 대표가 평화조약과 관련해 '이 조약으로 네덜란드 국민의 사권私權을 소멸시키는 것은 아니며, 네덜란드 국민은 일본국 또는 국민에게 소송으로 청구할 수 있다. 단지 네덜란드 정부가 이에 관여할 수 없게 되는 것뿐'임을 확인해달라고 요구했고,
② 이에 대해 일본 정부는 "이 조약으로 네덜란드 국민의 일본국 및 일본 국민에 대한 채권은 소멸하지 않지만, 일본 정부 또는 일본 국민에 대해 이를 추궁할 수 없게 된다"는 견해를 밝혔으며,

③ 미국의 덜레스 대표가 "구제를 받지 못하는 권리인가, 흔히 있는 일이다"라며 일본 정부 견해에 찬동했으나,

④ 네덜란드 정부는 일본 정부의 상기 견해에 동의하지 않았으며,

⑤ 교섭 끝에 네덜란드 대표가 회의장에서, 인도네시아에서 일본군에 억류당한 일반 문민文民에 대한 보상을 희망했고, 일본 대표는 ②의 견해를 얘기하는 동시에 네덜란드 대표가 요망한 문제를 인정하고 그 해결을 꾀하기로 했다.[23]

아마도 '틀'론은 상기 ②의 일본 대표 견해에서 발상을 얻은 것이겠지만, 이 일본-네덜란드 교섭의 결착은 이른바 '애매모호'한 정치적 처리라 할 수 있다. ②의 견해에 대해 네덜란드 대표와 합의한 것도 아니고, 하물며 비공개 교섭의 존재를 알지 못했던 기타 체약국과의 합의는 더더욱 아니다.

게다가 ②의 견해를 밝혔다는 일본 정부는 앞서 얘기했듯이 1960년경 원폭 재판에서는 국가가 외국과의 조약으로 어떤 약속을 하든 그것이 개인의 청구권에는 영향을 주지 않는다고 주장했으며, 1991년에는 시베리아 억류자들의 개인 청구권에 대해 소련에서 민사재판 청구가 가능하다는 것을 전제로 한 국회 답변을 했다. 나아가 1992년에는 한일 청구권협정과 얽힌 위자료 청구에 실체적인 근거가 있느냐 없느냐는 법원이 판단할 것이라고 답변했으며, 1990년대 재일 한국인 전상자들의 장애연금 청구 소송에서는 재일 한국인의 장애연금 청구권이 한일 청구권협정의 대상이라면서도 그것을 청구 기각의 이유로 주장하지 않았다. 또 한국인 피해자들이 원고로 나선 수많은 소

송에서 2000년까지는 한 번도 한일 청구권협정을 근거로 청구 기각을 요구한 적이 없었다. 이로 미루어 볼 때 일본 정부도 샌프란시스코 평화조약이 "개인의 청구권에 대해 민사재판상의 권리 행사를 할 수 없는 것으로 한다"는 취지라고 이해하지 않았던 것이 명백하며, 이 판결의 입법자(체결자) 의사 해석은 역사적 사실에 반하는 픽션에 지나지 않는 것이다.

이처럼 이 판결이 말하는 '틀'에 대해 체결국 간의 합의가 있었다고는 도무지 얘기할 수 없다. 설사 합의가 있었다고 하더라도 그것을 샌프란시스코 평화조약에 참가하지도 못한 중국이나 한국의 피해자에게 적용하는 것은 더더욱 설명하기 곤란한 일이다. 이 판결이 그 '틀'을 샌프란시스코 평화조약 체결국 이외의 나라에도 적용하는 이유를 설파하는 부분은 다음과 같다.

이 틀은 연합국 48개국 간에 체결됨으로써 일본국이 독립을 회복했다는 샌프란시스코 평화조약의 중요성에 비춰 보건대, 일본국이 샌프란시스코 평화조약 당사국 이외의 나라나 지역 간에 평화조약 등을 체결해 전후 처리를 하는 데 있어서도 그 틀이 돼야 하는 것이다.

즉 일본-네덜란드 비공개 교섭 때 일본 대표의 의견에서 비롯된 '틀'이 샌프란시스코 평화조약 체결국뿐만 아니라 비체약국에도 그 효과가 미치고, 나중에 체결한 2국 간 조약 내용을 구속하며, 수천만 명의 전쟁 피해자들로부터 민사소송을 통한 해결 권능을 빼앗는 법적 효과를 갖는 이유가 "샌프란시스코 평화조약은 중요하기 때문에"라는 것일 뿐이다. 이것은 도저히 '법률 구성'이라고 할 수 없으며, 이 판결은 법적 설명을 포기했다고 할 수밖에 없다. 최고재판소는 일본 정부가 주장이나 그것이 근거로 삼은 학설[24]에서 이야기했던, 일화평화조약을 매개로 한 견강부회식의 법률 구성을 교환 공문의 존재 등을 이유로 부정했음에도, 그것을 대신하는 법률 구성을 제시할 수 없었던 것이다.

그러나 원고들의 청구를 기각한다는 전제 위에서 최고재판소가 그 이유를 구상했다면, 이 판결의 문맥은 매우 이해하기 쉽다. 당시 원고들의 청구를 기각하는 이유로 들 수 있었던 것은 국가 무답책, 소멸시효·제척기간 除斥期間, 조약에 따른 청구권 포기였다.

이 중에서 국가는 불법 행위에 대해 배상 책임을 지지 않는다는 의미인 국가 무답책은 '대일본제국 헌법'의 해석 이론인데, 그것을 현행 헌법에서 계승하는 데에는 무리가 있고, 게다가 이를 근거로 기업에 대한 청구를 기각할 수는 없다. 소멸시효·제척기간을 기계적으로 적용하면서 신의성실의 원칙이나 권리 남용에 의한 적용 제한을 인정하지 않는다면 원고들의 청구를 쉽게 기각할 수는 있겠지만 이 경우 전후 보상 이외의 안건도 시효·제척기간으로 기각해야 하는 이상 법원의 재량권을 좁히는 결과가 된다. 그런 점에서 청구권 포기를 이유로 삼으면 전후 보상 이외의 안건에 영향을 주지도 않으면서 국가와 기업에 대한 청구 모두 기각할 수 있게 되는 것이다. 그러나 청구권 포기 조항에 대한 국가의 이전 해석(외교보호권 포기설)과 모순되는 점, 중일 공동성명을 문언상 중국 국민의 청구권을 포기한 것으로 읽을 수 없는 점 등의 문제가 있다.

이런 고심 끝에 모든 외국인 전쟁 피해자들의 청구를 기각하고, 가능한 한 국가의 이전 견해와 모순되지 않으며, 다른 사건 처리에 영향을 주지도 않는 방법을 찾아낸 것이 바로 이 판결의 논리이다.[25] 이 같은 논리를 만들기 위해서는 법적 설명을 포기하는 수밖에 없었던 것이다.

게다가 일본은 세계인권선언 10조, 국제인권규약(자유권 규약) 14조에 규정된 '재판을 받을 권리'를 보장하는 국제법상 의무를 지고 있다. 권리의 유무에 관계없이 '소송을 통해서 청구할 수 없다'는 최고재판소의 판단은 이 의무에 정면으로 위배된다.[26]

어쨌든 이 최고재판소 판결 이후 중국인 피해자가 원고로 나선 모든 소송은 중일공동성명을 이유로 기각됐다.[27] 문언상 '국민이' 포기했다고 기재돼 있지 않은 중일공동성명을 근거로 중국 국민이 청구권을 행사할 수 없게 됐다고 한 이상, 샌프란시스코 평화조약을 전제로 한다는 것을 명문으로 규정하고 '국민의'라는 문언이 들어 있는 한일 청구권협정에 의해 한국 국민이 청구권을 행사할 수 없게 됐다고 한 것은 당연한 논리적 귀결이었다. 그 때문에 재산권 조치법으로 소멸하지 않은 한국인 피해자들의 '청구권'도 한일 청구권협정으로 소송을 통한 행사가 불가능해졌다는 이유를 들어 청구를 기각한 것이다.[28] 이렇게 해서 일본 법정에서 외국인 전쟁 피해자들의 권리 회복을 실현하는 것은 불가능해져버렸다.

다만 이 최고재판소 판결은 국가의 기존 해석과의 모순을 가능한 한 경감하기 위해서인지 "여기서 얘기하는 청구권의 '포기'란 청구권을 실체적으로 소멸시키는 것까지를 의미하는 것은 아니며, 해당 청구권에 입각해 재판상 소구訴求할 권능을 잃게 만드는 데 그치는 것으로 해석하는 것이 상당하다. 따라서 개별적·구체적인 청구권의 경우 그 내용에 비춰 보건대 채무자 쪽에서 임의로 자발적인 대응을 하는 것은 방해받지 않는다"고 판시했다. "샌프란시스코 평화조약의 틀"의 효과는 개별적인 민사재판상의 권리 행사를 허용하지 않는 데 그칠 뿐 개인의 실체적인 청구권은 존속되고 있다는 것이다.[29] 위의 최고재판소 판결 당사자였던 전 원고들은 이 판결을 실마리로 삼아 니시마쓰건설과 화해를 성립시켰다.[30]

현재 일본 정부의 해석

앞서 서술한 최고재판소 판결 뒤에도 일본 정부는 "한일 청구권협정으로 해결이 끝났다"는 정치적 발언을 되풀이하고 있다. 행정부는 헌법상 당연히 최고재판소의 판단에 구속된다. 실제로 최고재판소 판결 뒤 이루어진 한국인 피해자 관련 소송에서도 일본 정부는 재판상의 권능을 상실했다는 최고재판소 판결의 논리를 원용하고 있다.

예컨대 후지코시 2차 소송 1심에서 일본 정부는 다음과 같이 주장했다.

원고들이 상기 각 청구권에 의거한 청구를 하더라도 일본국 및 그 국민은 이에 응할 법적 의무가 없다. 여기서 법적 의무가 없다는 것은 국내 법적으로 소멸했다는 의미가 아니라, 한국 국민이 '청구권'을 법적으로 구성해서 일본국 및 국민에게 청구하더라도 일본국 및 그 국민은 이에 응할 법적 의무가 없다는 의미다.[31]

따라서 되풀이되는 정치적 발언에도 불구하고 일본 정부도 법률 해석으로는 피해자들의 실체적 권리의 존재를 인정하고 있는 셈이다. 그렇다면 현재 일본 정부의 한일 청구권협정 해석은 다음과 같다.

가. '재산·권리·이익'은 재산권 조치법으로 소멸했다.
나. '청구권'의 경우 한국 정부는 외교보호권을 포기했으나, 개인의 실체적 권리는 소멸하지 않았다.
다. 청구권협정으로 재판상 청구할 권능이 상실됐다.

2) 한국 정부의 해석 변천
개인의 청구권이 소멸한 것으로 이해하고 있었던 한국 정부

한일 청구권협정을 교섭 중이던 1952년, 한국 측은 8항목의 대일 청구요강을 제출했는데, 거기에는 '피징용 한인 미수금'이 포함돼 있었다. 또 일본이 피해자들에게 직접 개인 보상을 하겠다고 제안한 반면 한국은 일본 정부로부터 보상금을 받아서 그것을 한국인 피해자에게 건네주는 방법을 주장했다고 한다.[32]

그리고 한일 청구권협정 합의의사록은 다음과 같이 규정하고 있다.

동同 조 1에서 말하는 '완전히 그리고 최종적으로 해결된 것으로 된다'는 양국 및 그 국민의 재산, 권리 및 이익과 양국 및 그 국민 간의 청구권에 관한 문제에는, 한일회담에서 한국 측으로부터 제출된 '한국의 대일 청구요강'(소위 8항목)의 범위에 속하는 모든 청구가 포함되어 있고, 따라서 동 대일 청구요강에 관하여는 어떠한 주장도 할 수 없게 됨을 확인했다.

그리고 1965년 7월 5일 한국 정부가 발행한《대한민국과 일본국 간의 조약 및 협정의 해설》에는 "피징용자의 미수금 및 보상금 등이 모두 완전히 그리고 최종적으로 소멸하게 된다"고 적혀 있다. 또 청구권협정 체결 다음해인 1966년에 한국에서 제정된 '청구권 자금의 운용 및 관리에 관한 법률' 5조 1항은 다음과 같이 규정했다.

대한민국 국민이 갖고 있는 1945년 8월 15일 이전까지의 일본국에 대한 민간 청구권은 이 법에서 정하는 청구권 자금 중에서 보상해야 한다.

그리고 1971년의 '대일 민간청구권 신고에 관한 법률'과 1974년의 '대일 민간청구권 보상에 관한 법률'에 따라 피징용 사망자의 유족에게 사망자 1인당 30만 원의 보상금이 지불됐다.[33]

이 시책의 실행 과정에서 특히 피해자의 실체적 권리와 외교보호권의 관계가 거론된 흔적은 찾을 수 없다. 1990년대까지 정부의 보상 범위에 대한 몇 건의 소송이 제기됐는데, 그중에서 청구권협정은 한국 정부의 외교보호권 포기를 의미하는 데 지나지 않기에, 일본에 대한 개인의 실체적 청구권이 존속한다는 취지의 주장을 한국 정부 측에서 한 사실은 발견되지 않는다.[34] 따라서 청구권협정으로 실체적 권리가 소멸되었다고 이해한 가운데 시책이 추진된 것으로 보인다.

따라서 이 시기까지는 가해국인 일본 정부는 피해자의 실체적 권리는 소멸하지 않았다고 해석하고, 피해국인 한국 정부는 소멸했다고 해석하고 있던 셈이어서 양국의 한일 청구권협정 해석은 '어긋나' 있었던 셈이다.

외교보호권만 포기했다는 설로의 전환

이 '어긋남'이 언제 해소됐는지는 분명하진 않지만, 김영삼 정부인 1995년 9월 20일 국회 통일외무위원회에서 공로명 외무부장관 답변은 다음과 같이 개인의 권리 소멸과 외교보호권 포기가 별개의 것이라는 점을 확인했다.

우리 정부는 1965년 한일협정으로 일본에 대한 정부 차원의 금전적 보상에 대해서는 우선 일단락 지었다고 보고 (…) 개인적인 청구권에 대해서는 정부가 그것을 인정하고 있고, 그것을 하지 말라고는 하지 않습니다. (…) 그래서 저희들은 피해자들의 대일 보상 청구 소송에 대해서는 국제사회의 여론을 환기하는 노력과 함께 가능한 지원을 제공하는 이런 자세로 임하고 있습니다.

또 보도에 따르면, 1997년 김대중 정부 발족 직후에 당시 외무부장관이 일본군 '위안부' 피해자들의 개인 배상을 요구하는 발언을 했으며, 2000년 10월 9일에는 이정빈 외교통상부장관이 답변서에서 다음과 같이 얘기했다.

한일 양국 정부는 피징병 징용자의 배상 등 양국 간 청구권에 관한 문제를 해결하기 위해 1965년 '대한민국과 일본국 간의 재산 및 청구권에 관한 문제의 해결과 경제협력에 관한 협정'을 체결하여 양국 정부 간에 청구권 문제를 일단락 지은 바 있습니다. 다만, 개인의 청구권이 1965년 청구권 협정으로 소멸되었느냐에 관해서는 여러가지 의견이 제기되고 있습니다만, 정부로서는 청구권협정이 개인의 청구권 소송 등의 재판을 제기할 권리에는 영향을 미치지 않는다는 입장입니다.[35]

따라서 적어도 이 시점부터 한국 정부는 일본 정부와 보조를 맞추어 한일 청구권협정으로 포기된 것은 외교보호권이라고 해석을 변경하게 된 것이다.

민관공동위원회의 견해

2002년 10월, 일본군 '위안부' 피해자, 강제 동원 피해자, 원폭 피폭자 등 100명의 피해자들이 한일 청구권협정의 효력을 확인하기 위해 한국 정부에 문서 공개 거부 처분 취소 소송을 제기했고, 2004년 2월 1심에서 승소했다.[36] 이에 대해 당시 한국 정부는 항소를 취하하고 기록을 공개했다. 나아가 이에 따른 후속 조치를 협의하는 민관공동위원회를 개최하고 2005년 8월 26일에 다음과 같은 견해를 제시했다.[37] 민관공동위원회의 공동대표는 당시 총리였고, 그 견해는 오늘에 이르기까지 한일 청구권협정에 대한 한국 정부의 공식 해석이다.

한일 청구권협정은 기본적으로 일본의 식민지배 배상을 청구하기 위한 것이 아니었고, 샌프란시스코 조약 제4조에 근거하여 한일 양국 간 재정적·민사적 채권·채무 관계를 해결하기 위한 것이었다.

일본군 위안부 문제 등 일본 정부·군·국가권력이 관여한 반인도적 불법 행위에 대해서는 청구권협정에 의하여 해결된 것으로 볼 수 없으며, 일본 정부의 법적 책임이 남아 있다. 사할린 동포, 원폭 피해자 문제도 한일 청구권협정의 대상이 아니다.

이는 사할린 잔류 한국인, 원자폭탄 피폭자 문제는 애초에 협의 대상이 아니었기 때문에 청구권협정으로 해결되는 대상이 아니었다고 보고, "일본군 위안부 문제 등 반인도적 불법 행위" 또한 행위의 성격상 당연히 청구권협정 대상에 포함되지 않으며, 이들 모두 외교보호권도 포기한 것이 아니라는 취지로 이해할 수 있다.[38]

여기에는 강제 동원 문제가 한일 청구권협정의 법적 효력 범위에 포함되는지 여부는 명기돼 있지 않다. 다만 무상 3억 달러의 경제협력 자금에는 '강제 동원 문제 해결 성격의 자금' 등이 포괄적으로 감안돼 있으며, 한국 정부는 "수령한 무상자금 중에서 상당 금액을 강제 동원 피해자들 구제에 사용해야 하는 도의적 책임이 있다"고 기재돼 있다. 이 문장이 의미하는 바가 명확한 것은 아니지만, 일반적으로는 한일 청구권협정 교섭 과정에서 의제가 됐던 강제 동원 문제는 한일 청구권협정의 범위 안에 있다는 취지로 보인다.

다만 한일 청구권협정으로 포기된 것은 외교보호권이라는 김영삼·김대중 정부의 해석은 변하지 않았으므로 여기서 말하는 '한일 청구권협정 범위 내'란 외교보호권을 포기했다는 의미에 그친다. 그리고 앞서 얘기한 '도의적 책임'을 수행하기 위해 '일제하 일본군 위안부에 대한 생활 안정 지원법'(1993년), '태평양전쟁 전후 국외 강제 동원 희생자 등 지원에 관한 법률'(2007년), '대일 항쟁기 강제 동원 피해 조사 및 국외 강제 동원 희생자 등 지원에 관한 특별법'(2011년), 광주시·전라남도·서울시·경기도 근로정신대 피해자 지원 조례(2013년, 경기도는 미 시행) 등 강제 동원 피해자에게 위로금이나 생활안정자금을 지급하기 위한 법률이나 조례가 제정됐다. 여기에는 공통적으로 "인도적 견지에서", "국민 화합을 위해" 등의 목적 조항이 포함돼 한일 청구권협정으로 일본 정부가 이전한 보상 책임을 수행하겠다는 취지가 아니라는 점이 분명히 드러나 있다.[39]

2012년의 대법원 판결

히로시마의 미쓰비시중공업, 오사카의 일본제철에 강제 동원된 전 징용공들은 일본 법원에서 국가와 기업을 대상으로 손해배상과 미불 임금을 청구하는 소송을 제기했고, 패소 확정 전후에 한국에서도 같은 취지의 소송을 제기했다. 이에 대해 한국의 하급심은 소멸시효, 전쟁 전의 구 미쓰비시·구 일본제철 채무가 재벌 해체 뒤 새 회사로 승계된 사실 부정, 일본 판결의 기판력 등을 이유로 청구를 기각했다.[40] 그러나 2012년 5월 24일 대법원 판결은 이 하급심 판단을 전부 뒤엎었고, 게다가 이 문제가 한일 청구권협정의 대상이 아니라는 판단을 제시하면서 사건을 원심(서울고등법원, 부산고등법원)으로 되돌려 보냈다.

한일 청구권협정의 적용 범위에 대한 판단을 제시한 대법원 판결의 이유는 다음과 같다.

청구권협정은 일본의 식민지배 배상을 청구하기 위한 협상이 아니라 샌프란시스코 조약 제4조에 근거하여 한일 양국 간의 재정적·민사적 채권·채무 관계를 정치적 합의에 의하여 해결하기 위한 것으로서, 청구권협정 제1조에 의해 일본 정부가 대한민국 정부에 지급한 경제협력자금은 제2조에 의한 권리문제의 해결과 법적 대가관계가 있다고 보이지 않는 점, 청구권협정의 협상 과정에서 일본 정부는 식민지배의 불법성을 인정하지 않은 채, 강제 동원 피해의 법적 배상을 원천적으로 부인하였고, 이에 따라 한일 양국의 정부는 일제의 한반도 지배의 성격에 관하여 합의에 이르지 못하였는데, 이러한 상황에서 일본의 국가권력이 관여한 반인도적 불법 행위나 식민지배와 직결된 불법 행위로 인한 손해배상청구권이 청구권협정의 적용 대상에 포함되었다고 보기는 어려운 점 등에 비추어 보면, 위 원고들의 손해배상청구권에 대하여는 청구권협정으로 개인 청구권이 소멸하지 아니하였음은 물론이고, 대한민국의 외교적 보호권도 포기되지 아니하였다고 봄이 상당하다.

대법원은 이런 판단을 민관공동위원회 견해를 해석하는 형태로 제시하고 있다. 즉 민관공동위원회 견해가 한일 청구권협정의 대상 외라고 한 "일본군 위안부 문제 등, 일본 정부·군·국가권력이 관여한 반인도적 불법 행위"란 "일본의 국가권력이 관여한 반인도적 불법 행위나 식민지배에 직결된 불법 행위"를 포함하며, 기업에 의한 "식민지배에 직결된 불법 행위"인 강제 동원 피해자의 청구권도 한일 청구권협정의 대상 외라는 것이다. 그러나 실질적으로는 민관공동위원회 견해를 확장해서 강제 동원 피해자들의 일본 기업에 대한 손해배상청구권도 청구권협정의 대상 외라고 보는 새로운 판단이다.

대법원이 이런 판단에 이르게 된 기초에는 한국 헌법 전문의 규정이 있는 것 같다. 즉 1987년에 제정된 현행 한국 헌법은 "유구한 역사와 전통에 빛나는 우리 대한민국은 3·1운동으로 건립된 대한민국임

시정부의 법통과 불의에 항거한 4·19 민주이념을 계승하고"라는 전
문으로 시작된다.[41] 예컨대 2011년 3월 31일 결정은 헌법 전문의 취지
와 효력을 다음과 같이 판시했다.

'유구한 역사와 전통에 빛나는 우리 대한민국은 3·1운동으로 건립된
대한민국임시정부의 법통을 계승'한다고 선언한 현행 헌법 전문의 의
미는 오늘날의 대한민국이 일제에 항거한 독립운동가들의 공헌과 희
생을 토대로 세워진 것이라는 점, 나아가 현행 헌법은 일본제국주의의
식민통치를 배격하고 우리 민족의 자주독립을 추구한 대한민국임시정
부의 정신을 헌법의 근간으로 삼고 있다는 것을 의미한다고 할 수 있다.

일본제국주의의 식민통치를 배격한 대한민국임시정부의 정신을
헌법의 근간으로 보고, 이를 해석 기준으로 삼는 이상 한국 대법원이
일본 식민지배의 적법성을 전제로 한 일본 판결의 기판력이나 식민지
배에 따른 피해를 고정화하는 소멸시효, 재벌 해체에 의한 새 회사로
의 보상·배상 채무 승계 부정, 식민지배의 불법성을 전제로 하지 않는
청구권협정이 식민지배에 직결된 불법 행위에도 적용된다는 견해를
받아들이기 어려운 것은 당연한 귀결이었다.
또 대법원 판결은 청구권협정 판단에 대한 '예비적 이유'를 제시했
다. 즉 설령 원고들의 청구권이 청구권협정의 적용 대상이더라도(강제
동원이 '반인도적 불법 행위' 등에 포함되지 않는다 하더라도), 그것은 한국의 외
교보호권이 포기된 것에 지나지 않으며, 개인 청구권은 소멸하지 않
았다는 것이다.

이처럼 강제 동원 피해자들의 손해배상청구권이 청구권협정의 대상 외라는 대법원 판결은, 청구권협정의 효과가 '개인 청구권 소멸이냐 외교보호권만의 포기냐'라는 종래의 논점과는 차원이 다른 판단이다. 여기에서 대법원은 종래의 논점에서는 외교보호권만의 포기라는 설을 취했으나, 이 사건의 경우에는 청구권협정의 대상 외라고 판단했다는 것을 보여준 셈이다. 그와 동시에 삼권분립 원칙에 대해 배려하면서 강제 동원 문제에 대한 외교보호권을 포기한 것이냐 아니냐에 대한 판단을 행정부(한국 정부)에게 맡기겠다는 취지일 것으로 생각된다.

문재인 대통령의 '징용공 발언'

2012년의 대법원 환송 판결 뒤, 이명박·박근혜 정부는 강제 동원 피해자들을 언급하지 않아 이 판결의 주된 이유(청구권협정의 대상 외)를 지지하는지, 예비적 이유(청구권협정 대상이지만 외교보호권만 포기)를 지지하는지가 명확하지 않았다.

한편 일본제철 사건 환송심은 서울고등법원 2013년 7월 10일 판결에서 피해자 1인당 1억 원, 미쓰비시중공업 사건은 부산고등법원 7월 30일 판결에서 피해자 1인당 8,000만 원의 배상이 인정됐고, 두 사건 모두 피고 측이 재상고했다. 그러나 대법원은 그 뒤 5년에 걸쳐 판결을 선고하지 않았고, 대법원과 각 지방 고등법원에 계류돼 있던 다른 강제 동원 사건도 위 두 건의 진행을 기다리는 형태로 심리가 정체됨으로써 강제 동원 문제는 5년에 걸쳐 교착 상태에 빠지고 말았다.

이러한 교착 상태는 2017년 박근혜 대통령이 탄핵되고 문재인 대통령이 취임하면서 마침내 타개됐다. 문 대통령은 그해 8월 17일 취임

100일 기자회견에서 기자의 질문에 대답하면서 다음과 같이 말했다.

말씀하신 것 중 일본군 위안부 부분은 한일회담 당시 알지 못하는 문제
였습니다. 말하자면 그 회담에서 다뤄지지 않았던 문제입니다. 위안부
문제가 알려지고 사회 문제가 된 것은 한일회담 훨씬 이후의 일입니
다. 위안부 문제가 한일회담으로 해결됐다는 것은 맞지 않는 말입니다.
강제 징용자 문제도 양국 간의 합의가 개개인의 권리를 침해할 수는 없
습니다. 양국 합의에도 불구하고 강제 징용자 개인이 미쓰비시를 비롯
한 회사를 상대로 가지는 민사적인 권리들은 그대로 남아 있다는 게 한
국의 헌법재판소나 대법원의 판례입니다. 정부는 그런 입장에서 과거
사 문제에 임하고 있습니다.

이 발언은 일본군 '위안부' 문제가 한일 청구권협정의 대상 외인 것
과는 달리, 강제 징용 문제는 "국가 간의 합의에도 불구하고" "개인
의" "민사적 권리는 그대로 남아 있다"는 표현에서 알 수 있듯이 대법
원 환송 판결 예비적 이유의 입장, 즉 강제 동원 피해는 한일 청구권협
정의 대상이기는 하지만 그 효과는 외교보호권의 포기에 지나지 않는
다는 입장에 입각하고 있다는 것을 표명한 것이다.[42]

2018년의 대법원 판결

그 후, 박근혜 정권의 뜻에 따라 대법원 간부가 판결 지연 공작을
벌였다는 사실이 폭로되는 경위를 거친 뒤, 2018년 10월 30일, 마침내
일본제철 사건에 대해 강제 동원 위자료청구권은 한일 청구권협정의

대상 외(외교보호권도 포기되지 않았다)라는 2012년 대법원의 의견을 답습한 판결이 제시됐다.

2012년 판결의 예비적 이유는 2018년 판결에서는 '개별 의견 2'로 제시됐으며, 이로써 식민지배에 직결된 불법 행위에 대한 위자료 청구는 청구권협정의 대상 외라는 대법원의 의견이 명확해졌다. 사법부에서 이런 판단이 나온 이상 한국 정부로선 선택의 여지가 없어졌고, 문재인 대통령도 대법원 판결에 따르겠다고 말했다. 이로써 한국 정부의 견해도 대법원의 다수 의견 판결의 취지에 따라 변경됐다.

3) 총정리

양국 정부의 해석 변천

이상과 같이 한일 양국 정부의 한일 청구권협정 해석은 눈에 띄게 변천해왔다. 일본 정부는 자국민의 청구를 우려하던 시기에는 '외교보호권 포기론'에 입각했다가, 외국 피해자들로부터 배상 청구 소송을 당하고 나서는 10년 동안 머뭇거린 뒤 '소송을 통한 행사 제한설' 쪽으로 전환했다. 이는 일본 정부의 책임을 회피하려는 의도적인 변천이었다.

한국 정부는 일본 정부와 피해자들 사이에 끼여 동요하면서 피해자들의 목소리와 사법 판단에 떠밀려 피해자의 권리를 확대하는 방향으로 변천해왔다.

이것을 도식화하면 표8과 같이 정리할 수 있다.

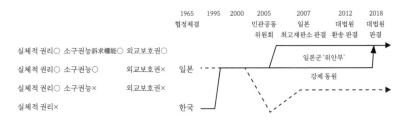

표8. 한일 양국 정부 견해 변천 모식도

청구권협정 해석의 쟁점

① 2018년 대법원 판결에서 제시된 견해들

2018년 대법원 판결에서는 7명의 다수 의견 외에 1명의 개별 의견 1, 3명의 개별 의견 2, 2명의 반대 의견, 2명의 보충 의견이 제시됐다. 이 가운데 개별 의견 1은 환송 판결의 기속력(羈束力, 법원이 자기가 한 재판이나 처분에 스스로 구속되어 자유롭게 취소·변경할 수 없는 효력)이라는 절차적 문제에 관한 의견, 보충 의견은 다수 의견의 이유에 대한 보충이므로, 청구권협정의 해석으로는 다수 의견, 개별 의견 2, 반대 의견의 3가지 견해가 제시되었다.

개별 의견 2는 강제 동원 피해자의 손해배상청구권은 청구권협정의 대상이지만, 외교보호권이 포기된 것에 지나지 않는다는, 이전까지의 한국 정부 의견과 2000년까지의 일본 정부 및 2000년대 일본에서 이루어진 소송의 원고 측 주장과 거의 동일한 견해다. 반대 의견은 원고들의 청구권은 청구권협정에 따라 소송으로 행사할 수 없게 됐다는 것인데, 결론적으로 일본 최고재판소 및 지금의 일본 정부와 같은 견해다. 개별 의견 1, 2는 다수 의견의 결론에 찬성하고 있기 때문에 피고의 재상고를 기각하는 결론은 11대 2의 다수결에 따른 셈이다.

상기된 다수 의견, 개별 의견 2, 반대 의견 등 3가지 설과 개인 청구권 소멸설(피고의 주장)을 합치면 논리적으로 생각할 수 있는 모든 청구권협정 해석이 제시된 셈이다. 여기에 각 설의 지지자들을 덧붙이면 표 9와 같다.

	A설	B설	C설	D설
지지자	- 피고	- 최고재판소 (일본 정부) - 대법원 반대 의견	- 대법원 개별 의견 - 2000년까지의 일본 정부 - 종래의 한국 정부	- 대법원(한국 정부)
실체적 권리	×	○	○	○
소송에 의한 권리 행사	×	×	○	○
외교보호권	×	×	×	○
결론	기각	기각	인용 가능	인용 가능

표9. 한일청구권협정의 해석 비교

② 일본의 견해(표의 B설)과 한국의 견해(표의 D설)의 쟁점

현재의 양국 해석은 한일 청구권협정에 따라 피해자 개인의 배상청구권(실체적 권리)이 소멸한 것이 아니라는 부분에는 완전히 일치하고 있다. 따라서 한일 간의 쟁점은 외교보호권의 포기 유무와 소송을 통한 권리 행사 가능 여부 이 두 가지다. 다만 강제 동원 피해에 대한 손해배상청구권이 청구권협정의 대상이라는 것(외교보호권만 포기된 것)을 인정하는 대법원 판결 개별 의견 2가 피해자의 청구를 인정하는 다수 의견과 같은 결론을 내리고 있듯이, 외교보호권의 포기 유무는 결

론을 좌우하는 쟁점이 아니다.

그렇다면 한일 간의 최후 쟁점은 소송을 통한 권리 행사의 가능 여부다. 일본 정부는 국제 재판으로 결착을 짓자는 등의 얘기를 하고 있으나[43] 세계인권선언과 국제인권규약으로 보장된 국제법상의 '재판을 받을 권리'를 정면에서 부정하는 견해가 국제적인 지지를 받을 것이라고는 생각할 수 없다.

게다가 한일 간 쟁점인 외교보호권의 유무는 국가와 국가 간의 관계 문제이고, 소송을 통한 권리 행사 가능 여부는 당연히 소송상의 문제다. 따라서 피해자 개인이 기업이나 국가를 상대로 하는 교섭에선 한일 청구권협정은 어떤 의미에서든 피해자의 권리 회복에 법적인 장애가 될 리 없으며, 일본 측의 한일 청구권협정으로 모든 것이 해결됐다는 의견은 일종의 '발뺌'에 지나지 않는다.

③ 대법원 판결 다수 의견(표의 D설)과 개별 의견 2(표의 C설)의 평가

개별 의견 2는 다수 의견의 결론(원고의 청구 인용)에 찬성하고 있으며, 차이점은 외교보호권을 포기했느냐 아니냐의 여부뿐이다. 그리고 국적국의 법정에서라고는 하지만 피해자가 승소하고 있는 상황에서 외교보호권에 그만한 의의가 있다고는 생각할 수 없다. 게다가 국제적인 인권 구제 수단의 다양화에 따라 외교보호권의 역할은 상대적으로 저하되고 있다. 또한 피해자들의 의사를 올바르게 반영하지 않고 외교보호권이 행사될 경우에 곤란한 문제가 발생할 가능성이 있다. 여기에 더해 한국이 외교보호권을 포기하지 않았다고 주장하는 이상, 일본 기업을 보호하기 위한 일본의 외교보호권 행사도 부정할 수 없게 돼 다

수 의견이 반드시 피해자들에게 유익하다고만 할 수 없는 면도 있다.

또한 다수 의견은 한일회담에서의 한국 쪽 발언이나 그 뒤의 한국 정부 언동과의 정합성에, 개별 의견 2는 당사자(한일 정부)의 의견 일치 인정에 어려움이 있어서,[44] 해석으로서 일장일단이 있다. 그렇다면 두 의견의 분기점은 앞서 얘기한 한국 헌법의 이념에 얼마나 충실한지 여부에 있다고 생각한다. 그 때문에 일본 내 강제 동원 피해자의 인권 회복을 위해 한국 대법원 판결을 환영하는 이들에게도 한국 대법원의 다수 의견 논리는 그대로 받아들이기에 망설여지는 점이 있는 것도 사실이다.

그러나 한국 헌법의 이념이 한국 독자적인 것이라거나, 두 나라 헌법의 이념이 다르다는 견해에는 의문이 있다. "3·1운동으로 건립된 대한민국임시정부의 법통을 계승하고" 이하의 한국 헌법 전문은 식민지배를 받은 역사에 비추어 볼 때, 독립을 유지함으로써 평화와 안전을 확보하고 세계평화에 공헌하겠다는 이념을 제시한 것이다. 한편 "전 세계의 국민이 다 같이 공포와 결핍에서 벗어나, 평화 속에서 생존할 권리를 갖고 있다는 것을 확인한다", "어느 국가도 자국의 일에만 전념하면서 타국을 무시해서는 안 된다"는 일본 헌법 전문은 침략전쟁(공포)과 식민지배(결핍)를 다시는 실행하지 않겠다는 것을 전 세계 사람들에게 서약하고 신뢰를 기초로 평화를 실현하겠다는 결의를 밝힌 것이다. 그렇다면 한일 양국의 헌법 이념은 하나의 이상을 서로 반대쪽에서 그려낸 것으로, 결코 모순되는 것이 아니다. 따라서 일본 헌법의 입장에서는 개별 의견 2는 물론 다수 의견의 견해도 수용할 수 있다.

④ 대법원 반대 의견과 2007년 최고재판소 판결

결론적으로 대법원 반대 의견은 일본의 2007년 최고재판소 판결과 같은 취지다. 다만 최고재판소 판결이 "샌프란시스코 평화조약의 틀"이라는 잡다하고 통일성 없는 논리를 통해 그런 결론을 끌어낸 것과 달리 대법원 반대 의견은 주로 청구권협정과 합의의사록 문언에서 결론을 끌어내고 있으므로 최고재판소 판결보다 설득력이 있다. 그러나 "완전히 그리고 최종적으로 해결", "어떤 주장도 할 수 없는 것으로 한다"는 문언을 강조하면 할수록, 그렇다면 왜 "소송을 통해서 행사할 수 없다"는 문언이 아니냐는 의문이 생기기도 한다.

또 일본 최고재판소는 한일 청구권협정만이 아니라 "국민의"라는 문언조차 없는 중일공동성명에서도 마찬가지로 소송을 통한 권리 행사 제한의 효과를 인정하려 하기 때문에 한일 청구권협정의 문언을 근거로 삼을 수가 없다. 만약 그 문언을 강조하면 오히려 그런 문언이 없는 중일공동성명에 대한 반대 해석을 통해 반대의 결론에 도달할 수밖에 없게 되기 때문이다.

⑤ 반대 의견에 의한 국제사법재판소 판결의 잘못된 원용

그런데 반대 의견은 "일괄처리협정에 따라 국가가 수취한 돈을 다른 목적에 사용해도 개인의 청구권은 소멸한다고 돼 있는 것"의 유일한 근거로 국제사법재판소 국가 면제 판결[45]을 적시하고 있으나, 완전히 잘못된 적시다.

이 국제사법재판소 판결은 '무력분쟁 시의 군대 행위에는 국가 면제를 적용한다는 관습 국제법이 존재하는가'라는 한 가지 쟁점만을

판단한 것으로, 일괄처리협정에 대해서는 아무런 판단도 하지 않고 있다. 확실히 이 판결 102항에는 "일괄 지불된 자금이 다른 목적에 이용된 경우, 그것이 금전의 분배를 받지 않은 개인이 가해국에게 청구할 근거가 되는 것인지는 의문이다"라는 취지의 문장이 기재돼 있다. 그러나 이것은 정부 간 교섭을 통한 보상의 성부成否에 대한 국내 법원의 판단 능력이라는 방론(傍論, 판결 이유 가운데 결론과 직접적인 관계가 없는 부분)에 기안자의 감상이 섞인 것에 지나지 않는다(심리의 대상 외 사안에 대한 이런 감상을 판결문에 써 넣는 것은 오해를 부를 여지가 있으므로 극히 부적절하다). 거꾸로 이 판결은 결론 부분(108항)에서 "평화조약 77조 4항 및 1961년의 협정 조항은 이탈리아 내에서 이루어지는 절차에 대해 구속력을 갖는 청구권 포기 조항이라는 독일 주장의 당부當否에 대해서도 판단할 필요가 없다", "면제 문제에 관한 재판소의 판단은 독일이 책임을 지느냐 지지 않느냐의 문제에 대해 영향을 주지 않는다"고 명시하고 있어, 일괄처리협정을 통한 개인 청구권의 소멸에 대해서는 아무것도 판단하지 않고 있다는 점이 명백하다.

일본 정부와 언론의 한국 비난

앞서 얘기했듯이, 문재인 대통령의 '징용공 발언'이나 2018년의 대법원 판결에 대해 일본의 정부와 언론들은 입을 맞춰 거세게 비난했고, 아베 총리는 대법원 판결이 "국제법에 비춰 있을 수 없는 판단"이라고 말했다. 그러나 한국에서 조약의 해석 권한을 가진 대법원이 한일 청구권협정의 적용 범위를 판단하는 것은 당연하며, 판결의 각 의견은 모두 비엔나 조약법 협약의 기초가 되는 국제관습법에 의거해 해석하는 것이어서 그의 말처럼 "국제법에 비춰 있을 수 없는" 것이 아니다.

그리고 일본 정부와 언론들은 청구권협정 대상에 대한 견해를 달리하는 2017년 문 대통령 발언과 2018년의 대법원 판결을 구별하지 않고 비난하고 있는데, 이 같은 비난의 표적은 대법원 다수 의견의 법률 구성이 아니라 피해자들에 대한 배상을 인정한 결론이다.

비난하는 의견 다수는 "한일 청구권협정으로 해결이 끝난 문제를 한국이 다시 문제 삼고 있다"고 함으로써, 한일 청구권협정으로 피해자들의 개인 청구권이 소멸한 것처럼 오도하고 있다. 또한 경제원조 자금을 대가로 청구권 문제가 해결됐다는 주장, 이전부터 정착돼온 한일 양국의 공통적인 인식을 대법원이나 한국 정부가 이번에 갑자기 뒤엎었다는 주장이 퍼지고 있다. 이런 주장이 사실이 아니라는 것은 앞서 얘기한 대로다. 나아가 한국 정부에게 대법원 판결에 대한 '대처'를 요구하는 등 삼권분립제도를 무시한 발언, 한국 대법원 판결의 영향력을 과대평가하면서 일본 기업의 한국 내 활동이 불가능해질 것으로 본다는 등의 발언도 횡행했다.

이러한 일련의 한국 비난 발언에서는 한 가지 특징이 보이는데, 바로 일본 정부와 언론이 보인 피해자의 인권에 대한 무관심과 식민지배에 대한 반성의 결여다. 일본 정부와 언론 그 어느 쪽도 피해자가 된 이래 75년 만에, 일본에서 소송을 제기한 지 25년 만에 고난을 견뎌내고 승소 판결을 받은 원고들에게 한마디 위로나 사죄의 말을 하지 않았고, 피해 사실에 대한 보도도 거의 없었다. 오로지 부정확한 사실 인식을 토대로 감정적인 비난의 언사만 쏟아냈을 뿐이다.

북한 미사일 소동이 끝남과 동시에 한국 비난이 시작된 것을 보면,

일본 정부는 정권의 구심력을 유지하기 위해 바깥에서 '적'을 찾고 있는지도 모르겠다. 1990년대까지만 해도 피해자에게 동정적인 보도를 했던 언론들은 아무런 설명도 없이 변절해 정부를 추종하면서, 전쟁 전후의 어용 보도 이래로 저널리즘의 부끄러운 한 페이지를 보태고 있다.

4) 결론

한국 대법원과 하급심에서 판결을 받은 대상은 가해 기업 4개, 피해자 66명밖에 되지 않는다. 비록 추가 제소의 움직임은 있지만 소송을 통한 배상으로는 앞으로 기껏해야 수백 명 정도의 피해자밖에 구제받을 수 없을 것이다. 앞으로 피해자들과 가해 기업의 개별적인 화해, 독일식 기금의 구상, 일본에서의 보상 입법 등의 해결책이 모색돼야 한다.

최고재판소 판결의 당사자였던 중국인 피해자들과 니시마쓰건설은 그 뒤 화해했다. 니시마쓰건설은 피해자들에게 사죄하고 그들을 위해 지속적인 위령행사를 열고 있다. 한국의 피해자들과도 마찬가지의 해결을 꾀하는 것은 얼마든지 가능하다.

또한 기업은 국가 정책에 따라 강제 동원 피해자들을 이용한 것이므로 정부도 이 문제 해결에 적극적으로 참여하고 앞서 언급한 해결책을 앞장서서 추진해야 할 입장이다. 현재의 일본 정부에게는 그런 것을 기대하지도 않지만 적어도 피해자 개인과 민간 기업의 소송에 개입해서 미불 임금 및 위자료의 지불이나 양자의 화해를 방해하거나 사실에 근거하지 않은 비난을 되풀이하는 짓을 해서는 안 된다.

마지막으로 이 글은 2012년 대법원 판결 뒤에 작성한 논문을 바탕으로 2018년 대법원 판결에 관한 부분을 가필한 것임을 밝혀둔다.

5) 추기追記

이 글을 작성한 뒤 원고의 최종 교정 기한인 2019년 7월 말까지 있었던 일을 기재해두고자 한다.

일본 정부의 청구권협정 3조 3항에 의거한 중재위원회 설치 신청에 대해, 2019년 6월 19일 한국 정부는 "한일 양국 기업의 자발적인 출연금으로 확정 판결 피해자들에게 위자료 상당액을 지불하자"는 제안을 일본 정부가 수용하는 것을 조건으로, 먼저 3조 1항에 의한 협의를 수용할 수 있다고 발표했지만 일본 정부는 즉각 이를 거부했다. 한편 원고들의 한국 변호인단과 지원단체는 한국 정부가 확정 판결을 받은 피해자들로만 구제 대상을 한정한 것을 두고 우려를 표했다.

그리고 7월 1일, 일본 정부는 '안보상의 이유'로 한국에 대한 반도체 소재 수출 규제를 발표하고, 4일에 이를 실시했다. 그때까지만 해도 일본과는 대조적으로 한국의 보도는 냉정했으나, 이를 기점으로 일거에 가열돼 뉴스 프로그램의 절반이 넘는 시간을 대일 관계에 할애하게 됐다. 일본 제품 불매운동이 시작됐으며, 민간 교류나 수학여행 중단이 잇따라 발표됐다.

7월 12일, 경제산업성에서 수출 규제에 대한 한일 실무자회의가 이뤄졌으나 일본 측은 이를 '설명회'에 지나지 않는다고 주장했다. 또한 일본 측은 정복에 넥타이 차림으로 온 한국 쪽 실무자를 '쿨 비즈'라며 반소매 셔츠에 맨 윗단추를 푼 차림으로, 벽에 의자를 잔뜩 쌓아 놓은 방에서 맞이했다. 한일 양국 언론이 이 모습을 찍은 영상을 보도했다. 그날 도쿄의 최고기온은 섭씨 21.9도였다.

게다가 7월 19일 고노 외상은 남관표 주일 한국 대사를 호출해 한국이 중재위원회 설치에 응하지 않은 것에 항의했다. 남 대사가 한국 정부가 제시한 조건을 다시 언급하자 외상은 통역을 가로막으며 일본 정부가 거부한 제안을 다시 되풀이하는 것은 "극히 무례"하다고 거칠게 말했다. 그러나 바꾸어 보면 외상 자신도 한국이 부정하고 있음에도 국제법을 위반했다고 되풀이해서 얘기하는 무례를 범했다. "같은 말을 두 번 하지 마라"는 표현은 주인과 가신, 스승과 제자 같은 상하 관계를 전제로 하는 것이다. 이를 대등한 국제관계에서 사용하는 것이야말로 '무례'한 것이다.

아마도 일본의 이런 움직임은 7월 21일의 참의원선거를 의식한 것으로 보인다. 일본 정부는 여론을 오도해서 반한감정을 부채질하더니, 이번에는 선거를 앞두고 그 여론에 영합하려는 악순환에 빠져 있는 듯 보인다.

7월 25일, 일본의 학자, 변호사, 시민운동가 등 77명이 발의자가 돼 일본 정부의 대한 외교 자세를 비판하는 "한국은 '적'인가"라는 성명을 발표하고, 이에 관한 서명을 받기 시작했다. 일본 언론은 이를 묵살했지만 7월 31일 현재 기준으로 이미 5,015명이 서명했다.

7월 30일, 외무성은 언론들을 불러 모아 한국 대법원 판결의 잘못을 증명한다는 문서를 공표했다. 그러나 그것은 일본의 연구서에서도 소개되고, 대법원 판결 시 나온 각 의견에서도 검토된 바 있는 널리 알려진 문헌(제5차 한일회담에서 나온 1961년 5월 10일의 일반 청구권 소위원회의 기록)이었다.

8월 2일에는 내각회의에서 한국의 화이트리스트 제외가 결정됐다. 미국이 중재안을 제시했다는 보도도 있지만 사태는 유동적이며, 향후 전개를 예측할 수 없다. 다만 한 가지 확실한 것은 싸움이 문제의 원점에서 점점 멀어져 외교게임이나 무역전쟁으로 변질되고 있다는 점이다. 이 책에서 소개한 피해자들의 고난이야말로 이 문제의 원점이며, 침해당한 그들의 인권 회복이 이 문제의 본질이라는 점을 다시 강조한다.

야마모토 세이타

자료 1

일본제철 징용공 사건 재상고심 판결

〔한국대법원 2018년 10월 30일 판결〕

대　법　원

판　결

사건	2013다61381 손해배상(기)
원고, 피상고인	망 소외인의 소송수계인 원고 1.의 가 외 5인
	원고 2 외 2인
	소송 대리인 법무법인 해마루
	담당 변호사 지기룡 외 1인
피고, 상고인	신일철주금 주식회사
소송 대리인	변호사 주한일 외 2인
환송 판결	대법원 2012. 5. 24. 선고 2009다68620 판결

원심 판결　　　서울고등법원 2013. 7. 10. 선고 2012나44947 판결

판결 선고　　　2018. 10. 30.

주　　문

상고를 모두 기각한다.

상고 비용은 피고가 부담한다.

이　　유

상고 이유(상고 이유서 제출 기간이 지난 후에 제출된 상고 이유보충서 등 서면들의 기재는 상고 이유를 보충하는 범위 내에서)를 판단한다.

1. 기본적 사실관계

환송 전후의 각 원심 판결 및 환송 판결의 이유와 환송 전후의 원심이 적법하게 채택한 증거들에 의하면 다음과 같은 사실을 알 수 있다.

가. 일본의 한반도 침탈과 강제 동원 등

일본은 1910. 8. 22. 한일합병조약 이후 조선총독부를 통하여 한반도를 지배하였다. 일본은 1931년 만주사변, 1937년 중일전쟁을 일으킴으로써 점차 전시체제에 들어가게 되었고, 1941년에는 태평양전쟁까지 일으켰다. 일본은 전쟁을 치르면서 군수물자 생산을 위한 노동

력이 부족하게 되자 이를 해결하기 위하여 1938. 4. 1. '국가총동원법'을 제정·공포하고, 1942년 '조선인 내지 이입 알선 요강'을 제정·실시하여 한반도 각 지역에서 관官 알선을 통하여 인력을 모집하였으며, 1944년 10월경부터는 '국민징용령'에 의하여 일반 한국인에 대한 징용을 실시하였다. 태평양전쟁은 1945. 8. 6. 일본 히로시마에 원자폭탄이 투하된 다음, 같은 달 15일 일본 국왕이 미국을 비롯한 연합국에 무조건 항복을 선언함으로써 끝이 났다.

나. 망 소외인과 원고 2, 원고 3, 원고 4(이하 '원고들'이라 한다)의 동원과 강제 노동 피해 및 귀국 경위

(1) 원고들은 1923년부터 1929년 사이에 한반도에서 태어나 평양, 보령, 군산 등에서 거주하던 사람들이고, 일본제철 주식회사(이하 '구 일본제철'이라 한다)는 1934년 1월경 설립되어 일본 가마이시釜石, 야하타八幡, 오사카大阪 등에서 제철소를 운영하던 회사이다.

(2) 1941. 4. 26. 기간基幹 군수사업체에 해당하는 구 일본제철을 비롯한 일본의 철강 생산자들을 총괄 지도하는 일본 정부 직속기구인 철강통제회가 설립되었다. 철강통제회는 한반도에서 노무자를 적극 확충하기로 하고 일본 정부와 협력하여 노무자를 동원하였고, 구 일본제철은 사장이 철강통제회의 회장을 역임하는 등 철강통제회에서 주도적인 역할을 하였다.

(3) 구 일본제철은 1943년경 평양에서 오사카 제철소의 공원 모집 광고를 냈는데, 그 광고에는 오사카 제철소에서 2년간 훈련을 받으면 기술을 습득할 수 있고 훈련 종료 후 한반도의 제철소에서 기술자로

취직할 수 있다고 기재되어 있었다. 망 소외인, 원고 2는 1943년 9월 경 위 광고를 보고, 기술을 습득하여 우리나라에서 취직할 수 있다는 점에 끌려 응모한 다음, 구 일본제철의 모집 담당자와 면접을 하고 합격하여 위 담당자의 인솔하에 구 일본제철의 오사카 제철소로 가서, 훈련공으로 노역에 종사하였다. 망 소외인, 원고 2는 오사카 제철소에서 1일 8시간의 3교대제로 일하였고, 한 달에 1, 2회 정도 외출을 허락받았으며, 한 달에 2, 3엔 정도의 용돈만 지급받았을 뿐이고, 구 일본제철은 임금 전액을 지급하면 낭비할 우려가 있다는 이유를 들어 망 소외인, 원고 2의 동의를 얻지 않은 채 이들 명의의 계좌에 임금의 대부분을 일방적으로 입금하고 그 저금통장과 도장을 기숙사의 사감에게 보관하게 하였다. 망 소외인, 원고 2는 화로에 석탄을 넣고 깨뜨려서 뒤섞거나 철 파이프 속으로 들어가서 석탄 찌꺼기를 제거하는 등 화상의 위험이 있고 기술 습득과는 별 관계가 없는 매우 고된 노역에 종사하였는데, 제공되는 식사의 양이 매우 적었다. 또한 경찰이 자주 들러서 이들에게 '도망치더라도 바로 잡을 수 있다'고 말하였고 기숙사에서도 감시하는 사람이 있었기 때문에 도망칠 생각을 하지 못하였는데, 원고 2는 도망가고 싶다고 말하였다가 발각되어 기숙사 사감으로부터 구타를 당하고 체벌을 받기도 하였다.

그러던 중 일본은 1944년 2월경부터 훈련공들을 강제로 징용하고, 이후부터 망 소외인, 원고 2에게 아무런 대가도 지급하지 않았다. 오사카 제철소의 공장은 1945년 3월경 미합중국 군대의 공습으로 파괴되었고, 이때 훈련공들 중 일부는 사망하였으며, 망 소외인, 원고 2를 포함한 나머지 훈련공들은 1945년 6월경 함경도 청진에 건설 중인 제철소로 배치되어 청진으로 이동하였다. 망 소외인, 원고 2는 기숙사의 사감에게 일본에서 일한 임금이 입금되어 있던 저금통장과 도장을 달라고 요구하였지만, 사감은 청진에 도착한 이후에도 통장과 도장을 돌려주지 아니하였고, 청진에서 하루 12시간 동안 공장 건설을 위해 토목공사를 하면서도 임금을 전혀 받지 못하였다. 망 소외인, 원고 2는 1945년 8월경 청진 공장이 소련군의 공격으로 파괴되자 소련군을 피하여 서울로 도망하였고 비로소 일제로부터 해방된 사실을 알게 되었다.

(4) 원고 3은 1941년 대전 시장의 추천을 받아 보국대로 동원되어 구 일본제철의 모집 담당관의 인솔에 따라 일본으로 건너가 구 일본제철의 가마이시 제철소에서 코크스를 용광로에 넣고 용광로에서 철이 나오면 다시 가마에 넣는 등의 노역에 종사하였다. 위 원고는 심한 먼지로 인하여 어려움을 겪었고 용광로에서 나오는 불순물에 걸려 넘어져 배에 상처를 입고 3개월간 입원하기도 하였으며 임금을 저금해 준다는 말을 들었을 뿐 임금을 전혀 받지 못하였다. 노역에 종사하는 동안 처음 6개월간은 외출이 금지되었고, 일본 헌병들이 보름에 한 번씩 와서 인원을 점검하였으며 일을 나가지 않는 사람에게 꾀를 부린다며 발길질을 하기도 하였다. 위 원고는 1944년이 되자 징병되어 군사훈련을 마친 후 일본 고베에 있는 부대에 배치되어 미군 포로감시원으로 일하다가 해방이 되어 귀국하였다.

(5) 원고 4는 1943년 1월경 군산부(지금의 군산시)의 지시를 받고 모집되어 구 일본제철의 인솔자를 따라 일본으로 건너가 구 일본제철의 야하타 제철소에서 각종 원료와 생산품을 운송하는 선로의 신호소에

배치되어 선로를 전환하는 포인트 조작과 열차의 탈선 방지를 위한 포인트의 오염물 제거 등의 노역에 종사하였는데, 도주하다가 발각되어 약 7일 동안 심한 구타를 당하며 식사를 제공받지 못하기도 하였다. 위 원고는 노역에 종사하는 동안 임금을 전혀 지급받지 못하였고, 일체의 휴가나 개인행동을 허락받지 못하였으며, 일본이 패전한 이후 귀국하라는 구 일본제철의 지시를 받고 고향으로 돌아오게 되었다.

다. 샌프란시스코 조약 체결 등

태평양전쟁이 끝난 후 미군정 당국은 1945. 12. 6. 공포한 군정법령 제33호로 재한국 일본 재산을 그 국유·사유를 막론하고 미군정청에 귀속시켰고, 이러한 구 일본 재산은 대한민국 정부 수립 직후인 1948. 9. 20.에 발효한 '대한민국 정부 및 미국 정부 간의 재정 및 재산에 관한 최초 협정'에 의하여 대한민국 정부에 이양되었다.

미국 등을 포함한 연합국 48개국과 일본은 1951. 9. 8. 전후 배상 문제를 해결하기 위하여 샌프란시스코에서 평화조약(이하 '샌프란시스코 조약'이라 한다)을 체결하였고, 위 조약은 1952. 4. 28. 발효되었다. 샌프란시스코 조약 제4조 (a)는 일본의 통치로부터 이탈된 지역의 시정 당국 및 그 국민과 일본 및 그 국민 간의 재산상 채권·채무 관계는 위 당국과 일본 간의 특별약정으로써 처리한다는 내용을, 제4조 (b)는 일본은 위 지역에서 미군정 당국이 일본 및 그 국민의 재산을 처분한 것을 유효하다고 인정한다는 내용을 정하였다.

라. 청구권협정 체결 경위와 내용 등

(1) 대한민국 정부와 일본 정부는 1951년 말경부터 국교 정상화와 전후 보상 문제를 논의하였다. 1952. 2. 15. 제1차 한일회담 본회의가 열려 관련 논의가 본격적으로 시작되었는데, 대한민국은 제1차 한일회담 당시 '한일 간 재산 및 청구권협정 요강 8개항'(이하 '8개 항목'이라 한다)을 제시하였다. 8개 항목 중 제5항은 '한국 법인 또는 한국 자연인의 일본은행권, 피징용 한국인의 미수금, 보상금 및 기타 청구권의 변제 청구'이다. 그 후 7차례의 본회의와 이를 위한 수십 차례의 예비회담, 정치회담 및 각 분과위원회별 회의 등을 거쳐 1965. 6. 22. '대한민국과 일본국 간의 기본 관계에 관한 조약'과 그 부속 협정인 '대한민국과 일본국 간의 재산 및 청구권에 관한 문제의 해결과 경제협력에 관한 협정'(조약 제172호, 이하 '청구권협정'이라 한다) 등이 체결되었다.

(2) 청구권협정은 전문前文에서 "대한민국과 일본국은, 양국 및 양국 국민의 재산과 양국 및 양국 국민 간의 청구권에 관한 문제를 해결할 것을 희망하고, 양국 간의 경제협력을 증진할 것을 희망하여, 다음과 같이 합의하였다"라고 정하였다. 제1조에서 '일본국이 대한민국에 10년간에 걸쳐 3억 달러를 무상으로 제공하고 2억 달러의 차관을 행하기로 한다'고 정하였고, 이어서 제2조에서 다음과 같이 규정하였다.

1. 양 체약국은 양 체약국 및 그 국민(법인을 포함함)의 재산, 권리 및 이익과 양 체약국 및 그 국민 간의 청구권에 관한 문제가 1951년 9월 8일에 샌프란시스코시에서 서명된 일본국과의 평화조약 제4조 (a)에 규정된 것을 포함하여 완전히 그리고 최종적으로 해결된 것이 된다는 것을 확인한다.

2. 본 조의 규정은 다음의 것(본 협정의 서명일까지 각기 체약국이 취한 특별 조치의 대상이 된 것을 제외한다)에 영향을 미치는 것이 아니다.

(a) 일방체약국의 국민으로서 1947년 8월 15일부터 본 협정의 서명 일까지 사이에 타방체약국에 거주한 일이 있는 사람의 재산, 권리 및 이익

(b) 일방체약국 및 그 국민의 재산, 권리 및 이익으로서 1945년 8월 15일 이후에 있어서의 통상의 접촉의 과정에 있어 취득되었고 또는 타방체약국의 관할하에 들어오게 된 것

3. 2.의 규정에 따르는 것을 조건으로 하여 일방체약국 및 그 국민 의 재산, 권리 및 이익으로서 본 협정의 서명일에 타방체약국의 관할 하에 있는 것에 대한 조치와 일방체약국 및 그 국민의 타방체약국 및 그 국민에 대한 모든 청구권으로서 동일자 이전에 발생한 사유에 기 인하는 것에 관하여는 어떠한 주장도 할 수 없는 것으로 한다.

(3) 청구권협정과 같은 날 체결되어 1965. 12. 18. 발효된 '대한민국 과 일본국 간의 재산 및 청구권에 관한 문제의 해결과 경제협력에 관 한 협정에 대한 합의의사록(I)'[조약 제173호, 이하 '청구권협정에 대 한 합의의사록(I)'이라 한다]은 청구권협정 제2조에 관하여 다음과 같이 정하였다.

(a) "재산, 권리 및 이익"이라 함은 법률상의 근거에 의거하여 재산 적 가치가 인정되는 모든 종류의 실체적 권리를 말하는 것으로 양해 되었다.

(e) 동조 3.에 의하여 취하여질 조치는 동조 1.에서 말하는 양국 및 그 국민의 재산, 권리 및 이익과 양국 및 그 국민 간의 청구권에 관한

문제를 해결하기 위하여 취하여질 각국의 국내 조치를 말하는 것으로 의견의 일치를 보았다.

⑧ 동조 1.에서 말하는 완전히 그리고 최종적으로 해결된 것으로 되는 양국 및 그 국민의 재산, 권리 및 이익과 양국 및 그 국민 간의 청구권에 관한 문제에는 한일회담에서 한국 측으로부터 제출된 "한국의 대일청구요강"(소위 8개 항목)의 범위에 속하는 모든 청구가 포함되어 있고, 따라서 동 대일청구요강에 관하여는 어떠한 주장도 할 수 없게 됨을 확인하였다.

마. 청구권협정 체결에 따른 양국의 조치

⑴ 청구권협정은 1965. 8. 14. 대한민국 국회에서 비준 동의되고 1965. 11. 12. 일본 중의원 및 1965. 12. 11. 일본 참의원에서 비준 동의된 후 그 무렵 양국에서 공포되었고, 양국이 1965. 12. 18. 비준서를 교환함으로써 발효되었다.

⑵ 대한민국은 청구권협정에 의해 지급되는 자금을 사용하기 위한 기본적 사항을 정하기 위하여 1966. 2. 19. '청구권자금의 운용 및 관리에 관한 법률'(이하 '청구권자금법'이라 한다)을 제정하였고, 이어서 보상 대상이 되는 대일 민간청구권의 정확한 증거와 자료를 수집함에 필요한 사항을 규정하기 위하여, 1971. 1. 19. '대일 민간청구권 신고에 관한 법률'(이하 '청구권신고법'이라 한다)을 제정하였다. 그런데 청구권신고법에서 강제 동원 관련 피해자의 청구권에 관하여는 '일본국에 의하여 군인·군속 또는 노무자로 소집 또는 징용되어 1945. 8. 15. 이전에 사망한 자'만을 신고대상으로 한정하였다. 이후 대한민국은 청

구권신고법에 따라 국민들로부터 대일청구권 신고를 접수 받은 후 실제 보상을 집행하기 위하여 1974. 12. 21. '대일 민간청구권 보상에 관한 법률'(이하 '청구권보상법'이라 한다)을 제정하여 1977. 6. 30.까지 총 83,519건에 대하여 총 91억 8,769만 3,000원의 보상금(무상 제공된 청구권자금 3억 달러의 약 9.7퍼센트에 해당한다)을 지급하였는데, 그중 피징용 사망자에 대한 청구권 보상금으로 총 8,552건에 대하여 1인당 30만 원씩 총 25억 6,560만 원을 지급하였다.

(3) 일본은 1965. 12. 18. '재산 및 청구권에 관한 문제의 해결과 경제협력에 관한 일본국과 대한민국 간의 협정 제2조의 실시에 따른 대한민국 등의 재산권에 대한 조치에 관한 법률'(이하 '재산권 조치법'이라 한다)을 제정하였다. 그 주된 내용은 대한민국 또는 그 국민의 일본 또는 그 국민에 대한 채권 또는 담보권으로서 청구권협정 제2조의 재산, 이익에 해당하는 것을 청구권협정일인 1965. 6. 22. 소멸하게 한다는 것이다.

바. 대한민국의 추가 조치

(1) 대한민국은 2004. 3. 5. 일제 강점하 강제 동원 피해의 진상을 규명하여 역사의 진실을 밝히는 것을 목적으로 '일제 강점하 강제 동원 피해 진상 규명 등에 관한 특별법'(이하 '진상규명법'이라 한다)을 제정하였다. 위 법률과 그 시행령에 따라 일제 강점하 강제 동원 피해 진상 규명위원회가 설치되어 '일제 강점하 강제 동원 피해'에 대한 조사가 전면적으로 이루어졌다.

(2) 대한민국은 2005년 1월경 청구권협정과 관련한 일부 문서를 공

개하였다. 그 후 구성된 '한일회담 문서 공개 후속대책 관련 민관공동위원회'(이하 '민관공동위원회'라 한다)에서는 2005. 8. 26. '청구권협정은 일본의 식민지배 배상을 청구하기 위한 협상이 아니라 샌프란시스코 조약 제4조에 근거하여 한일 양국 간 재정적·민사적 채권·채무 관계를 해결하기 위한 것이었으며, 일본군 위안부 문제 등 일본 정부와 군대 등 일본 국가권력이 관여한 반인도적 불법 행위에 대해서는 청구권협정으로 해결된 것으로 볼 수 없고 일본 정부의 법적 책임이 남아 있으며, 사할린 동포 문제와 원폭 피해자 문제도 청구권협정 대상에 포함되지 않았다'는 취지의 공식 의견을 표명하였는데, 위 공식 의견에는 아래 내용이 포함되어 있다.

○ 한일협상 당시 한국 정부는 일본 정부가 강제 동원의 법적 배상·보상을 인정하지 않음에 따라, "고통 받은 역사적 피해 사실"에 근거하여 정치적 보상을 요구하였으며, 이러한 요구가 양국 간 무상자금 산정에 반영되었다고 보아야 함.

○ 청구권협정을 통하여 일본으로부터 받은 무상 3억 불은 개인재산권(보험, 예금 등), 조선총독부의 대일 채권 등 한국 정부가 국가로서 갖는 청구권, 강제 동원 피해 보상 문제 해결 성격의 자금 등이 포괄적으로 감안되었다고 보아야 할 것임.

○ 청구권협정은 청구권 각 항목별 금액 결정이 아니라 정치 협상을 통해 총액 결정 방식으로 타결되었기 때문에 각 항목별 수령 금액을 추정하기 곤란하지만, 정부는 수령한 무상자금 중 상당 금액을 강제 동원 피해자의 구제에 사용하여야 할 도의적 책임이 있다고 판단됨.

○ 그러나 75년 우리 정부의 보상 당시 강제 동원 부상자를 보호대

상에서 제외하는 등 도의적 차원에서 볼 때 피해자 보상이 불충분하였다고 볼 측면이 있음.

(3) 대한민국은 2006. 3. 9. 청구권보상법에 근거한 강제 동원 피해자에 대한 보상이 불충분함을 인정하고 추가 보상 방침을 밝힌 후, 2007. 12. 10. '태평양전쟁 전후 국외 강제 동원 희생자 등 지원에 관한 법률'(이하 '2007년 희생자지원법'이라 한다)을 제정하였다. 위 법률과 그 시행령은, ① 1938. 4. 1.부터 1945. 8. 15. 사이에 일제에 의하여 군인·군무원·노무자 등으로 국외로 강제 동원되어 그 기간 중 또는 국내로 돌아오는 과정에서 사망하거나 행방불명된 '강제 동원 희생자'의 경우 1인당 2,000만 원의 위로금을 유족에게 지급하고, ② 국외로 강제 동원되어 부상으로 장해를 입은 '강제 동원 희생자'의 경우 1인당 2,000만 원 이하의 범위 안에서 장해의 정도를 고려하여 대통령령으로 정하는 금액을 위로금으로 지급하며, ③ 강제 동원 희생자 중 생존자 또는 위 기간 중 국외로 강제 동원되었다가 국내로 돌아온 사람 중 강제 동원 희생자에 해당하지 못한 '강제 동원 생환자' 중 생존자가 치료나 보조 장구 사용이 필요한 경우에 그 비용의 일부로서 연간 의료지원금 80만 원을 지급하고, ④ 위 기간 중 국외로 강제 동원되어 노무 제공 등을 한 대가로 일본국 또는 일본 기업 등으로부터 지급받을 수 있었던 급료 등을 지급받지 못한 '미수금 피해자' 또는 그 유족에게 미수금 피해자가 지급받을 수 있었던 미수금을 당시 일본 통화 1엔에 대하여 대한민국 통화 2,000원으로 환산하여 미수금 지원금을 지급하도록 규정하였다.

(4) 한편 진상규명법과 2007년 희생자지원법이 폐지되는 대신

2010. 3. 22.부터 제정되어 시행되고 있는 '대일 항쟁기 강제 동원 피해 조사 및 국외 강제 동원 희생자 등 지원에 관한 특별법'(이하 '2010년 희생자지원법'이라 한다)은 사할린 지역 강제 동원 피해자 등을 보상 대상에 추가하여 규정하고 있다.

2. 상고 이유 제1점에 관하여

환송 후 원심은 그 판시와 같은 이유를 들어, 망 소외인, 원고 2가 이 사건 소송에 앞서 일본에서 피고를 상대로 소송을 제기하였다가 이 사건 일본 판결로 패소·확정되었다고 하더라도, 이 사건 일본 판결이 일본의 한반도와 한국인에 대한 식민지배가 합법적이라는 규범적 인식을 전제로 하여 일제의 '국가총동원법'과 '국민징용령'을 한반도와 망 소외인, 원고 2에게 적용하는 것이 유효하다고 평가한 이상, 이러한 판결 이유가 담긴 이 사건 일본 판결을 그대로 승인하는 것은 대한민국의 선량한 풍속이나 그 밖의 사회 질서에 위반하는 것이고, 따라서 우리나라에서 이 사건 일본 판결을 승인하여 그 효력을 인정할 수는 없다고 판단하였다.

이러한 환송 후 원심의 판단은 환송 판결의 취지에 따른 것으로서, 거기에 상고 이유 주장과 같이 외국 판결 승인 요건으로서의 공서양속 위반에 관한 법리를 오해하는 등의 위법이 없다.

3. 상고 이유 제2점에 관하여

환송 후 원심은 그 판시와 같은 이유를 들어, 원고들을 노역에 종사하게 한 구 일본제철이 일본국 법률이 정한 바에 따라 해산되고 그 판시의 '제2회사'가 설립된 뒤 흡수 합병의 과정을 거쳐 피고로 변경되는 등의 절차를 거쳤다고 하더라도, 원고들은 구 일본제철에 대한 이 사건 청구권을 피고에 대하여도 행사할 수 있다고 판단하였다.

이러한 환송 후 원심의 판단 역시 환송 판결의 취지에 따른 것으로서, 거기에 상고 이유 주장과 같이 외국법 적용에 있어 공서양속 위반 여부에 관한 법리를 오해하는 등의 위법이 없다.

4. 상고 이유 제3점에 관하여

가. 조약은 전문·부속서를 포함하는 조약문의 문맥 및 조약의 대상과 목적에 비추어 그 조약의 문언에 부여되는 통상적인 의미에 따라 성실하게 해석되어야 한다. 여기서 문맥은 조약문(전문 및 부속서를 포함한다) 외에 조약의 체결과 관련하여 당사국 사이에 이루어진 그 조약에 관한 합의 등을 포함하며, 조약 문언의 의미가 모호하거나 애매한 경우 등에는 조약의 교섭 기록 및 체결 시의 사정 등을 보충적으로 고려하여 그 의미를 밝혀야 한다.

나. 이러한 법리에 따라, 앞서 본 사실관계 및 채택된 증거에 의하여 알 수 있는 다음과 같은 사정을 종합하여 보면, 원고들이 주장하는 피고에 대한 손해배상청구권은 청구권협정의 적용 대상에 포함된다고 볼 수 없다. 그 이유는 다음과 같다.

(1) 우선 이 사건에서 문제 되는 원고들의 손해배상청구권은, 일본 정부의 한반도에 대한 불법적인 식민지배 및 침략전쟁의 수행과 직결된 일본 기업의 반인도적인 불법 행위를 전제로 하는 강제 동원 피해자의 일본 기업에 대한 위자료청구권(이하 '강제 동원 위자료청구권'이라 한

다)이라는 점을 분명히 해두어야 한다. 원고들은 피고를 상대로 미지급 임금이나 보상금을 청구하고 있는 것이 아니고, 위와 같은 위자료를 청구하고 있는 것이다.

이와 관련한 환송 후 원심의 아래와 같은 사실 인정과 판단은 기록상 이를 충분히 수긍할 수 있다. 즉 ① 일본 정부는 중일전쟁과 태평양전쟁 등 불법적인 침략전쟁의 수행 과정에서 기간 군수사업체인 일본의 제철소에 필요한 인력을 확보하기 위하여 장기적인 계획을 세워 조직적으로 인력을 동원하였고, 핵심적인 기간 군수사업체의 지위에 있던 구 일본제철은 철강통제회에 주도적으로 참여하는 등 일본 정부의 위와 같은 인력동원정책에 적극 협조하여 인력을 확충하였다. ② 원고들은 당시 한반도와 한국민들이 일본의 불법적이고 폭압적인 지배를 받고 있었던 상황에서 장차 일본에서 처하게 될 노동 내용이나 환경에 대하여 잘 알지 못한 채 일본 정부와 구 일본제철의 위와 같은 조직적인 기망에 의하여 동원되었다고 봄이 타당하다. ③ 더욱이 원고들은 성년에 이르지 못한 어린 나이에 가족과 이별하여 생명이나 신체에 위해를 당할 가능성이 매우 높은 열악한 환경에서 위험한 노동에 종사하였고, 구체적인 임금액도 모른 채 강제로 저금을 해야 했으며, 일본 정부의 혹독한 전시 총동원체제에서 외출이 제한되고 상시 감시를 받아 탈출이 불가능하였으며 탈출 시도가 발각된 경우 혹독한 구타를 당하기도 하였다. ④ 이러한 구 일본제철의 원고들에 대한 행위는 당시 일본 정부의 한반도에 대한 불법적인 식민지배 및 침략전쟁의 수행과 직결된 반인도적인 불법 행위에 해당하고, 이러한 불법 행위로 인하여 원고들이 정신적 고통을 입었음은 경험칙상 명백하다.

(2) 앞서 본 청구권협정의 체결 경과와 그 전후 사정, 특히 아래와 같은 사정들에 의하면, 청구권협정은 일본의 불법적 식민지배에 대한 배상을 청구하기 위한 협상이 아니라 기본적으로 샌프란시스코 조약 제4조에 근거하여 한일 양국 간의 재정적·민사적 채권·채무 관계를 정치적 합의에 의하여 해결하기 위한 것이었다고 보인다.

① 앞서 본 것처럼, 전후 배상 문제를 해결하기 위하여 1951. 9. 8. 미국 등 연합국 48개국과 일본 사이에 체결된 샌프란시스코 조약 제4조 (a)는 '일본의 통치로부터 이탈된 지역(대한민국도 이에 해당)의 시정 당국 및 그 국민과 일본 및 일본 국민 간의 재산상 채권·채무 관계는 이러한 당국과 일본 간의 특별약정으로써 처리한다'고 규정하였다.

② 샌프란시스코 조약이 체결된 이후 곧이어 제1차 한일회담(1952. 2. 15.부터 같은 해 4. 25.까지)이 열렸는데, 그때 한국 측이 제시한 8개 항목도 기본적으로 한일 양국 간의 재정적·민사적 채무 관계에 관한 것이었다. 위 8개 항목 중 제5항에 '피징용 한국인의 미수금, 보상금 및 기타 청구권의 변제 청구'라는 문구가 있지만, 8개 항목의 다른 부분 어디에도 일본 식민지배의 불법성을 전제로 하는 내용은 없으므로, 위 제5항 부분도 일본 측의 불법 행위를 전제로 하는 것은 아니었다고 보인다. 따라서 위 '피징용 한국인의 미수금, 보상금 및 기타 청구권의 변제 청구'에 강제 동원 위자료청구권까지 포함된다고 보기는 어렵다.

③ 1965. 3. 20. 대한민국 정부가 발간한 《한일회담백서》(을 제18호 증)에 의하면, 샌프란시스코 조약 제4조가 한일 간 청구권 문제의 기초가 되었다고 명시하고 있고, 나아가 "위 제4조의 대일청구권은 승전국의 배상청구권과 구별된다. 한국은 샌프란시스코 조약의 조인 당

사국이 아니어서 제14조 규정에 의한 승전국이 향유하는 '손해 및 고통'에 대한 배상청구권을 인정받지 못하였다. 이러한 한일 간 청구권 문제에는 배상 청구를 포함시킬 수 없다"는 설명까지 하고 있다.

④ 이후 실제로 체결된 청구권협정문이나 그 부속서 어디에도 일본 식민지배의 불법성을 언급하는 내용은 전혀 없다. 청구권협정 제2조 1.에서는 '청구권에 관한 문제가 샌프란시스코 조약 제4조 (a)에 규정된 것을 포함하여 완전히 그리고 최종적으로 해결된 것'이라고 하여, 위 제4조 (a)에 규정된 것 이외의 청구권도 청구권협정의 적용 대상이 될 수 있다고 해석될 여지가 있기는 하다. 그러나 위와 같이 일본 식민지배의 불법성이 전혀 언급되어 있지 않은 이상, 위 제4조 (a)의 범주를 벗어나는 청구권, 즉 식민지배의 불법성과 직결되는 청구권까지도 위 대상에 포함된다고 보기는 어렵다. 청구권협정에 대한 합의의 사록(1) 2. (g)에서도 '완전히 그리고 최종적으로 해결되는 것'에 위 8개 항목의 범위에 속하는 청구가 포함되어 있다고 규정하였을 뿐이다.

⑤ 2005년 민관공동위원회도 '청구권협정은 기본적으로 일본의 식민지배 배상을 청구하기 위한 것이 아니라 샌프란시스코 조약 제4조에 근거하여 한일 양국 간 재정적·민사적 채권·채무 관계를 해결하기 위한 것이다'라고 공식 의견을 밝혔다.

(3) 청구권협정 제1조에 따라 일본 정부가 대한민국 정부에 지급한 경제협력자금이 제2조에 의한 권리문제의 해결과 법적인 대가관계가 있다고 볼 수 있는지도 분명하지 아니하다.

청구권협정 제1조에서는 '3억 달러 무상 제공, 2억 달러 차관(유상) 실행'을 규정하고 있으나, 그 구체적인 명목에 대해서는 아무런 내용이 없다. 차관의 경우 일본의 해외경제협력기금에 의하여 행하여지는 것으로 하고, 위 무상 제공 및 차관이 대한민국의 경제발전에 유익한 것이어야 한다는 제한을 두고 있을 뿐이다. 청구권협정 전문에서 '청구권 문제 해결'을 언급하고 있기는 하나, 위 5억 달러(무상 3억 달러와 유상 2억 달러)와 구체적으로 연결되는 내용은 없다. 이는 청구권협정에 대한 합의의사록(Ⅰ) 2.(g)에서 언급된 '8개 항목'의 경우도 마찬가지이다. 당시 일본 측의 입장도 청구권협정 제1조의 돈이 기본적으로 경제협력의 성격이라는 것이었고, 청구권협정 제1조와 제2조 사이에 법률적인 상호관계가 존재하지 않는다는 입장이었다.

2005년 민관공동위원회는, 청구권협정 당시 정부가 수령한 무상자금 중 상당 금액을 강제 동원 피해자의 구제에 사용하여야 할 '도의적 책임'이 있었다고 하면서, 1975년 청구권보상법 등에 의한 보상이 '도의적 차원'에서 볼 때 불충분하였다고 평가하였다. 그리고 그 이후 제정된 2007년 희생자지원법 및 2010년 희생자지원법 모두 강제 동원 관련 피해자에 대한 위로금이나 지원금의 성격이 '인도적 차원'의 것임을 명시하였다.

(4) 청구권협정의 협상 과정에서 일본 정부는 식민지배의 불법성을 인정하지 않은 채, 강제 동원 피해의 법적 배상을 원천적으로 부인하였고, 이에 따라 한일 양국의 정부는 일제의 한반도 지배의 성격에 관하여 합의에 이르지 못하였다. 이러한 상황에서 강제 동원 위자료 청구권이 청구권협정의 적용 대상에 포함되었다고 보기는 어렵다.

청구권협정의 일방 당사자인 일본 정부가 불법 행위의 존재 및 그에 대한 배상 책임의 존재를 부인하는 마당에, 피해자 측인 대한민국 정부가 스스로 강제 동원 위자료청구권까지도 포함된 내용으로 청구권협정을 체결하였다고 보이지는 않기 때문이다.

(5) 환송 후 원심에서 피고가 추가로 제출한 증거들도, 강제 동원 위자료청구권이 청구권협정의 적용 대상에 포함되지 않는다는 위와 같은 판단에 지장을 준다고 보이지 않는다.

위 증거들에 의하면, 1961. 5. 10. 제5차 한일회담 예비회담 과정에서 대한민국 측이 '다른 국민을 강제적으로 동원함으로써 입힌 피징용자의 정신적, 육체적 고통에 대한 보상'을 언급한 사실, 1961. 12. 15. 제6차 한일회담 예비회담 과정에서 대한민국 측이 '8개 항목에 대한 보상으로 총 12억 2,000만 달러를 요구하면서, 그중 3억 6,400만 달러(약 9퍼센트)를 강제 동원 피해 보상에 대한 것으로 산정(생존자 1인당 200달러, 사망자 1인당 1,650달러, 부상자 1인당 2,000달러 기준)'한 사실 등을 알 수 있기는 하다.

그러나 위와 같은 발언 내용은 대한민국이나 일본의 공식 견해가 아니라 구체적인 교섭 과정에서 교섭 담당자가 한 말에 불과하고, 13년에 걸친 교섭 과정에서 일관되게 주장되었던 내용도 아니다. '피징용자의 정신적, 육체적 고통'을 언급한 것은 협상에서 유리한 지위를 점하려는 목적에서 비롯된 발언에 불과한 것으로 볼 여지가 크고, 실제로 당시 일본 측의 반발로 제5차 한일회담 협상은 타결되지도 않았다. 또한 위와 같이 협상 과정에서 총 12억 2,000만 달러를 요구하였음에도 불구하고 정작 청구권협정은 3억 달러(무상)로 타결되었다. 이처럼 요구액에 훨씬 미치지 못하는 3억 달러만 받은 상황에서 강제 동원 위자료청구권도 청구권협정의 적용 대상에 포함된 것이라고는 도저히 보기 어렵다.

다. 환송 후 원심이 이와 같은 취지에서, 강제 동원 위자료청구권은 청구권협정의 적용 대상에 포함되지 않는다고 판단한 것은 정당하다. 거기에 상고 이유 주장과 같이 청구권협정의 적용 대상과 효력에 관한 법리를 오해하는 등의 위법이 없다.

한편 피고는 이 부분 상고 이유에서, 강제 동원 위자료청구권이 청구권협정의 적용 대상에 포함된다는 전제하에, 청구권협정으로 포기된 권리가 국가의 외교적 보호권에 한정되어서만 포기된 것이 아니라 개인 청구권 자체가 포기(소멸)된 것이라는 취지의 주장도 하고 있으나, 이 부분은 환송 후 원심의 가정적 판단에 관한 것으로서 더 나아가 살펴 볼 필요 없이 받아들일 수 없다.

5. 상고 이유 제4점에 관하여

환송 후 원심은, 1965년 한일 간에 국교가 정상화되었으나 청구권협정 관련 문서가 모두 공개되지 않은 상황에서 청구권협정으로 대한민국 국민의 일본국 또는 일본 국민에 대한 개인 청구권까지도 포괄적으로 해결된 것이라는 견해가 대한민국 내에서 널리 받아들여져 온 사정 등 그 판시와 같은 이유를 들어, 이 사건 소 제기 당시까지도 원고들이 피고를 상대로 대한민국에서 객관적으로 권리를 행사할 수 없는 장애사유가 있었다고 봄이 상당하므로, 피고가 소멸시효 완성을 주장하여 원고들에 대한 채무의 이행을 거절하는 것은 현저히 부당하여 신의성실의 원칙에 반하는 권리남용으로서 허용될 수 없다고 판단하였다.

이러한 환송 후 원심의 판단 또한 환송 판결의 취지에 따른 것으로서, 거기에 상고 이유 주장과 같이 소멸시효에 관한 법리를 오해하는 등의 위법이 없다.

6. 상고 이유 제5점에 관하여

불법 행위로 입은 정신적 고통에 대한 위자료 액수에 관하여는 사실심 법원이 제반 사정을 참작하여 그 직권에 속하는 재량에 의하여 이를 확정할 수 있다(대법원 1999. 4. 23. 선고 98다41377 판결 등 참조). 환송 후 원심은 그 판시와 같은 이유로 원고들에 대한 위자료를 판시 액수로 정하였다. 환송 후 원심 판결 이유를 기록에 비추어 살펴보면, 이 부분 판단에 상고 이유 주장과 같이 위자료 산정에 있어서 현저하게 상당성을 결하는 등의 위법이 없다.

7. 결론

그러므로 상고를 모두 기각하고, 상고 비용은 패소자가 부담하도록 하여, 주문과 같이 판결한다. 이 판결에는 상고 이유 제3점에 관한 판단에 대하여 대법관 이기택의 별개 의견, 대법관 김소영, 대법관 이동원, 대법관 노정희의 별개 의견이 각 있고, 대법관 권순일, 대법관 조재연의 반대 의견이 있는 외에는 관여 법관의 의견이 일치되었으며, 대법관 김재형, 대법관 김선수의 다수 의견에 대한 보충 의견이 있다.

8. 상고 이유 제3점에 관한 판단에 대한 대법관 이기택의 별개 의견

가. 이 부분 상고 이유 요지는, 원고들이 주장하는 피고에 대한 손

해배상청구권은 청구권협정의 적용 대상에 포함되고, 청구권협정에 포함된 청구권은 국가의 외교적 보호권뿐만 아니라 개인 청구권까지 완전히 소멸한 것으로 보아야 한다는 것이다.

이 문제에 관하여 이미 환송 판결은 '원고들의 손해배상청구권은 청구권협정의 적용 대상에 포함되지 아니하고, 설령 포함된다고 하더라도 그 개인 청구권 자체는 청구권협정만으로 당연히 소멸하지 아니하고 다만 청구권협정으로 그 청구권에 관한 대한민국의 외교적 보호권이 포기되었을 뿐이다'라고 판시하였고, 환송 후 원심도 이를 그대로 따랐다.

상고심으로부터 사건을 환송받은 법원은 그 사건을 재판할 때에 상고법원이 파기 이유로 한 사실상 및 법률상의 판단에 기속된다. 이러한 환송 판결의 기속력은 재상고심에도 미치는 것이 원칙이다. 따라서 환송 판결의 기속력에 반하는 위와 같은 상고 이유 주장은 받아들일 수 없다. 구체적으로 살펴보면 다음과 같다.

나. 법원조직법 제8조는 "상급법원 재판에서의 판단은 해당 사건에 관하여 하급심을 기속한다"라고 규정하고 있고, 민사소송법 제436조 제2항은 "사건을 환송받거나 이송받은 법원은 다시 변론을 거쳐 재판하여야 한다. 이 경우에는 상고법원이 파기의 이유로 삼은 사실상 및 법률상 판단에 기속된다"라고 규정하고 있다. 따라서 상고법원으로부터 사건을 환송받은 법원은 그 사건을 재판할 때에 상고법원이 파기 이유로 한 사실상 및 법률상의 판단에 기속된다. 다만 환송 후 심리 과정에서 새로운 주장이나 증명이 제출되어 기속적 판단의 기초가 된 사실관계에 변동이 생긴 경우에는 예외적으로 기속력이 미치지 아

니할 수 있다(대법원 1988. 3. 8. 선고 87 다카1396 판결 등 참조). 이 사건에서 만약 환송 후 원심의 심리 과정에서 새로운 주장이나 증명을 통해 환송 판결의 이 부분 판단의 기초가 된 사실관계에 변동이 생겼다고 평가할 수 있다면, 기속력이 미치지 아니한다고 볼 수 있다.

그러나 우선 다수 의견이 적절히 설시한 것과 같이, 환송 후 원심에서 피고가 추가로 제출한 증거들에 의하여 알 수 있는 제5차 및 제6차 한일회담 예비회담 과정에서의 대한민국 측의 발언 내용들만으로는, 도저히 '원고들의 손해배상청구권은 청구권협정의 적용 대상에 포함되지 아니한다'라는 환송 판결의 기속적 판단의 기초가 된 사실관계에 변동이 생긴 경우라고 보기 어렵다.

또한 환송 판결의 가정적 판단, 즉 '개인 청구권 자체는 청구권협정만으로 당연히 소멸하지 아니하고 다만 청구권협정으로 그 청구권에 관한 대한민국의 외교적 보호권이 포기되었을 뿐이다'라는 부분도 그 판단의 기초가 된 사실관계에 변동이 생겼다고 보기 어렵기는 마찬가지이다. 이와 관련하여 환송 후 원심에서 새로 제출된 증거들은 주로 청구권협정의 해석에 대한 각자의 견해를 밝힌 것에 불과하여 '사실관계'의 변동이라고 평가하기도 어렵다.

다. 환송 판결의 기속력은 환송 후 원심뿐만 아니라 재상고심에도 미치는 것이 원칙이다(대법원 1995. 8. 22. 선고 94 다43078 판결 등 참조).

다만 대법원 2001. 3. 15. 선고 98두15597 전원합의체 판결은 "대법원은 법령의 정당한 해석 적용과 그 통일을 주된 임무로 하는 최고법원이고, 대법원의 전원합의체는 종전에 대법원에서 판시한 법령의 해석 적용에 관한 의견을 스스로 변경할 수 있는 것인 바(법원조직법 제7조

제1항 제3호), 환송 판결이 파기 이유로 한 법률상 판단도 여기에서 말하는 '대법원에서 판시한 법령의 해석 적용에 관한 의견'에 포함되는 것이므로 대법원의 전원합의체가 종전의 환송 판결의 법률상 판단을 변경할 필요가 있다고 인정하는 경우에는, 그에 기속되지 아니하고 통상적인 법령의 해석 적용에 관한 의견의 변경 절차에 따라 이를 변경할 수 있다고 보아야 할 것이다"라고 하여, 환송 판결의 기속력이 재상고심의 전원합의체에는 미치지 아니한다는 취지로 판시한 바 있다.

그러나 위 98두15597 전원합의체 판결의 의미를 '전원합의체에서 판단하는 이상 언제라도 환송 판결의 기속력에서 벗어날 수 있다'는 것으로 이해하여서는 아니 된다. '환송 판결에 명백한 법리오해가 있어 반드시 이를 시정해야 하는 상황이거나 환송 판결이 전원합의체를 거치지 아니한 채 종전 대법원 판결이 취한 견해와 상반된 입장을 취한 때와 같은 예외적인 경우에 한하여 기속력이 미치지 아니한다'는 뜻으로 새겨야 한다. 이렇게 보지 아니할 경우 법률에서 환송 판결의 기속력을 인정한 취지가 무색하게 될 우려가 있기 때문이다. 실제로 위 98두15597 전원합의체 판결의 사안 자체도, 환송 판결에 명백한 법리오해의 잘못이 있었을 뿐만 아니라 환송 판결이 전원합의체를 거치지도 아니한 채 기존 대법원 판결에 저촉되는 판단을 한 경우였다.

이러한 법리에 따라 이 사건에 돌아와 살펴보면, 청구권협정의 효력과 관련하여 환송 판결이 설시한 법리에 명백한 오류가 있다거나 종전 대법원 판결에 반하는 내용이 있었다고는 보이지 않는다. 따라서 이 사건을 전원합의체에서 판단한다고 하더라도 섣불리 환송 판결이 설시한 법리를 재심사하거나 뒤집을 수 있다고 볼 수는 없다.

라. 결국 어느 모로 보나 이 부분 상고 이유 주장은 환송 판결의 기속력에 반하는 것으로서 받아들일 수 없다.

한편 앞서 본 상고 이유 제1, 2, 4점에 관한 판단 부분에서 '환송 후 원심의 판단이 환송 판결의 취지에 따른 것으로서 상고 이유 주장과 같은 위법이 없다'고 판시한 것은, 위와 같은 환송 판결의 기속력에 관한 법리에 따른 것으로 볼 수 있으므로, 이 부분 판단에 대해서는 다수 의견과 견해를 달리하지 아니한다는 점을 덧붙여 두고자 한다.

이상과 같은 이유로, 상고를 기각하여야 한다는 결론에서는 다수 의견과 의견을 같이 하지만 상고 이유 제3점에 관하여는 다수 의견과 그 구체적인 이유를 달리하므로, 별개 의견으로 이를 밝혀 둔다.

9. 상고 이유 제3점에 관한 판단에 대한 대법관 김소영, 대법관 이동원, 대법관 노정희의 별개 의견

가. 청구권협정에도 불구하고 원고들이 피고를 상대로 강제 동원 피해에 대한 위자료청구권을 행사할 수 있다는 점에 관해서는 다수 의견과 결론을 같이한다. 다만 그 구체적인 이유에서는 다수 의견과 견해를 달리한다.

다수 의견은 '원고들이 주장하는 피고에 대한 손해배상청구권은 청구권협정의 적용 대상에 포함된다고 볼 수 없다'는 입장을 취하고 있다. 그러나 청구권협정의 해석상 원고들의 손해배상청구권은 청구권협정의 적용 대상에 포함된다고 보아야 한다. 다만 원고들 개인의 청구권 자체는 청구권협정으로 당연히 소멸한다고 볼 수 없고, 청구권협정으로 그 청구권에 관한 대한민국의 외교적 보호권만이 포기된 것에 불과하다. 따라서 원고들은 여전히 대한민국에서 피고를 상대로 소로써 권리를 행사할 수 있다.

이렇게 보아야 하는 구체적인 이유는 다음과 같다.

나. 우선 조약의 해석 방법에 관하여 다수 의견이 밝힌 법리에 관하여는 견해를 달리하지 않는다. 이러한 법리에 따라, 환송 후 원심에서 비로소 제출된 증거들(을 제16 내지 18, 37 내지 39, 40 내지 47, 50, 52, 53, 55호증)까지 포함하여 원심이 적법하게 채택·조사한 증거들에 의하여 알 수 있는 사실관계를 살펴보면, 다수 의견과 달리, 원고들의 피고에 대한 손해배상청구권은 청구권협정의 적용 대상에 포함된다고 보는 것이 타당하다.

(1) 환송 후 원심에서 제출된 증거들을 비롯한 채택 증거들에 의하여 알 수 있는 청구권협정의 구체적인 체결 과정은 다음과 같다.

(가) 앞서 보았듯이, 1952. 2. 15. 개최된 제1차 한일회담 당시 대한민국은 8개 항목을 제시하였는데, 이후 일본의 역청구권 주장, 독도 및 평화선 문제에 대한 이견, 양국의 정치적 상황 등으로 제4차 한일회담까지는 8개 항목에 관한 논의가 제대로 이루어지지 못하였다.

(나) 제5차 한일회담에서부터 8개 항목에 대한 실질적인 토의가 이루어졌는데, 제5차 한일회담에서는 아래와 같은 논의가 있었다.

① 1961. 5. 10. 제5차 한일회담 예비회담 일반청구권소위원회 제13차 회의에서 대한민국 측은 8개 항목 중 위 제5항(한국 법인 또는 한국 자연인의 일본은행권, 피징용 한국인의 미수금, 보상금 및 기타 청구권의 변제 청구)과 관련하여 '강제 징용으로 피해를 입은 개인에 대한 보상'을 일본 측에 요구하였다. 구체적으로 '생존자, 부상자, 사망자, 행방불명자 그리고

군인·군속을 포함한 피징용자 전반에 대하여 보상을 요구하는 것'이라면서 '이는 다른 국민을 강제적으로 동원함으로써 입힌 피징용자의 정신적·육체적 고통에 대한 보상을 의미한다'는 취지로 설명하였다. 이에 일본 측이 개인의 피해에 대한 보상을 요구하는 것인지, 대한민국에서 한국인 피해자에 대한 구체적인 조사를 할 용의가 있는지 등에 대하여 묻자, 대한민국 측은 '나라로서 청구하는 것이며, 피해자 개인에 대한 보상은 국내에서 조치할 성질의 것'이라는 입장을 밝히기도 하였다.

② 일본 측은 대한민국 측의 위와 같은 개인 피해 보상 요구에 반발하면서 구체적인 징용·징병의 인원수나 증거자료를 요구하거나 양국 국교가 회복된 뒤에 개별적으로 해결하는 방안 등을 제시하는 등 대한민국 측의 요구에 그대로 응할 수 없다는 입장을 피력하였다.

③ 제5차 한일회담의 청구권위원회에서는 1961. 5. 16. 군사정변에 의해 회담이 중단되기까지 8개 항목의 제1항부터 제5항까지 토의가 진행되었으나, 근본적인 인식의 차이를 확인하였을 뿐 실질적인 의견 접근을 이루는 데는 실패하였다.

(다) 제6차 한일회담이 1961. 10. 20. 개시된 후에는 청구권에 대한 세부적 논의가 시일만 소요될 뿐 해결이 요원하다는 판단에서 정치적 측면의 접근이 모색되었는데, 아래와 같은 협상 과정을 거쳐 제7차 한일회담 중 1965. 6. 22. 마침내 청구권협정이 체결되었다.

① 1961. 12. 15. 제6차 한일회담 예비회담 일반청구권소위원회 제7차 회의에서 대한민국 측은 일본 측에 8개 항목에 대한 보상으로 총 12억 2,000만 달러를 요구하면서, 강제 동원에 대한 피해 보상으로 생

존자 1인당 200달러, 사망자 1인당 1,650달러, 부상자 1인당 2,000달러를 기준으로 계산한 3억 6,400만 달러(약 30퍼센트)를 산정하였다.

② 1962년 3월경 외상회담에서는 대한민국 측의 지불 요구액과 일본 측의 지불 용의액을 비공식적으로 제시하기로 하였는데, 그 결과 대한민국 측의 지불 요구액인 순변제 7억 달러와 일본 측의 지불 용의액인 순변제 7,000만 달러 및 차관 2억 달러 사이에 현저한 차이가 있음이 확인되었다.

③ 이러한 상황에서, 일본 측은 당초부터 청구권에 대한 순변제로 하면 법률관계와 사실관계를 엄격히 따져야 될 뿐 아니라 그 금액도 적어져서 대한민국이 수락할 수 없게 될 터이니, 유상과 무상의 경제협력의 형식을 취하여서 금액을 상당한 정도로 올리고 그 대신 청구권을 포기하도록 하자고 제안하였다. 이에 대하여 대한민국 측은 청구권에 대한 순변제로 받아야 하는 입장이나 문제를 대국적 견지에서 해결하기 위하여 청구권 해결의 테두리 안에서 순변제와 무상조 지불의 2개 명목으로 해결할 것을 주장하다가, 후에 다시 양보하여 청구권 해결의 테두리 안에서 순변제 및 무상조 지불의 2개 명목으로 하되 그 금액을 각각 구분하여 표시하지 않고 총액만을 표시하는 방법으로 해결할 것을 제의하였다.

④ 이후 김종필 당시 중앙정보부장은 일본에서 이케다 일본 수상과 1차, 오히라 일본 외상과 2차에 걸쳐서 회담을 하였는데, 오히라 외상과 한 1962. 11. 12. 제2차 회담 시 청구권 문제의 금액, 지불세목 및 조건 등에 관하여 양측 정부에 건의할 타결안에 관한 원칙적인 합의를 하였다. 그 후 구체적 조정 과정을 거쳐 제7차 한일회담이 진행 중

이던 1965. 4. 3. 당시 외무부장관이던 이동원과 일본의 외무부대신이었던 시나 에쓰사부로 사이에 '한일 간의 청구권 문제 해결 및 경제협력에 관한 합의'가 이루어졌다.

(2) 앞에서 본 것처럼, 청구권협정 전문은 "대한민국과 일본국은, 양국 및 양국 국민의 재산과 양국 및 양국 국민 간의 청구권(이하 '청구권협정상 청구권'이라 한다)에 관한 문제를 해결할 것을 희망하고, 양국 간의 경제협력을 증진할 것을 희망하여, 다음과 같이 합의하였다"라고 전제하고, 제2조 1.은 "양 체약국은 양 체약국 및 그 국민(법인을 포함함)의 재산, 권리 및 이익과 양 체약국 및 그 국민 간의 청구권에 관한 문제가 1951년 9월 8일에 샌프란시스코시에서 서명된 일본국과의 평화조약 제4조 (a)에 규정된 것을 포함하여 완전히 그리고 최종적으로 해결된 것이 된다는 것을 확인한다"라고 정하였다.

또한 청구권협정과 같은 날 체결된 청구권협정에 대한 합의의사록 (Ⅰ)은 위 제2조에 관하여 "동조 1.에서 말하는 완전히 그리고 최종적으로 해결된 것으로 되는 청구권협정상 청구권에 관한 문제에는 한일회담에서 한국 측으로부터 제출된 '한국의 대일청구요강'(소위 8개 항목)의 범위에 속하는 모든 청구가 포함되어 있고, 따라서 동 대일청구요강에 관하여는 어떠한 주장도 할 수 없게 됨을 확인하였다"라고 정하였는데, 8개 항목 중 제5항에는 '피징용 한국인의 미수금, 보상금 및 기타 청구권(이하 '피징용 청구권'이라 한다)의 변제 청구'가 포함되어 있다.

이러한 청구권협정 등의 문언에 의하면, 대한민국과 일본 양국은 국가와 국가 사이의 청구권에 대해서뿐만 아니라 일방 국민의 상대국 및 그 국민에 대한 청구권까지도 협정의 대상으로 삼았음이 명백하고, 청구권협정에 대한 합의의사록(1)은 청구권협정상 청구권의 대상에 피징용 청구권도 포함됨을 분명히 하고 있다.

(3) 청구권협정 자체의 문언은 제1조에 따라 일본이 대한민국에 지급하기로 한 경제협력자금이 제2조에 의한 권리문제의 해결에 대한 대가인지에 관하여 명확하게 규정하고 있지는 아니하다.

그러나 앞에서 본 것처럼, ① 대한민국은 1961. 5. 10. 제5차 한일회담 예비회담 일반청구권소위원회 제13차 회의에서 피징용 청구권 관련하여 '생존자, 부상자, 사망자, 행방불명자 그리고 군인·군속을 포함한 피징용자 전반에 대한 보상'을 요구하며 '다른 국민을 강제적으로 동원함으로써 입힌 피징용자의 정신적·육체적 고통에 대한 보상'까지도 적극적으로 요청하였을 뿐만 아니라, 1961. 12. 15. 제6차 한일회담 예비회담 일반청구권소위원회 제7차 회의에서 강제 동원으로 인한 피해 보상금을 구체적으로 3억 6,400만 달러로 산정하고 이를 포함하여 8개 항목에 대한 총 보상금 12억 2,000만 달러를 요구하였고, ② 제5차 한일회담 당시 대한민국이 위 요구액은 국가로서 청구하는 것이고 피해자 개인에 대한 보상은 국내에서 조치할 것이라고 주장하였으나 일본은 구체적인 징용·징병의 인원수나 증거자료를 요구하여 협상에 난항을 겪었으며, ③ 이에 일본은 증명의 곤란함 등을 이유로 유상과 무상의 경제협력의 형식을 취하여 금액을 상당한 정도로 올리고 그 대신 청구권을 포기하도록 하는 방안을 제안하였고, 대한민국은 순변제 및 무상조 등 2개 명목으로 금원을 수령하되 구체적인 금액은 항목별로 구분하지 않고 총액만을 표시하는 방법을 다시 제안함에 따라, ④ 이후 구체적인 조정 과정을 거쳐 1965. 6. 22. 제1조에서는 경제협력자금의 지원에 관하여 정하고 아울러 제2조에서는 권리관계의 해결에 관하여 정하는 청구권협정이 체결되었다.

이러한 청구권협정의 체결에 이르기까지의 경위 등에 비추어 보면, 청구권협정상 청구권의 대상에 포함된 피징용 청구권은 강제 동원 피해자의 손해배상청구권까지도 포함한 것으로서, 청구권협정 제1조에서 정한 경제협력자금은 실질적으로 이러한 손해배상청구권까지 포함한 제2조에서 정한 권리관계의 해결에 대한 대가 내지 보상으로서의 성질을 그 안에 포함하고 있다고 보이고, 양국도 청구권협정 체결 당시 그와 같이 인식하였다고 봄이 타당하다.

(4) 8개 항목 중 제5항은 피징용 청구권과 관련하여 '보상금'이라는 용어만 사용하고 '배상금'이란 용어는 사용하고 있지 않다. 그러나 그 '보상'이 '식민지배의 적법성을 전제로 하는 보상'만을 의미한다고 보기는 어렵다. 위와 같이 협상 과정에서 양측이 보인 태도만 보더라도 양국 정부가 엄밀한 의미에서의 '보상'과 '배상'을 구분하고 있었다고는 보이지 않는다. 오히려 양국은 '식민지배의 불법성을 전제로 한 배상'도 당연히 청구권협정의 대상에 포함시키는 것으로 상호 인식하고 있었다고 보인다.

(5) 그뿐 아니라 대한민국은 청구권협정에 의해 지급되는 자금을 사용하기 위한 기본적 사항을 정하기 위하여 청구권자금법 및 청구권신고법 등을 제정·시행하여, 일본에 의하여 노무자로 징용되었다가 1945. 8. 15. 이전에 사망한 자의 청구권을 청구권협정에 따라 보상하는 민간청구권에 포함시켜 그 피징용 사망자에 대한 신고 및 보상 절

차를 마쳤다. 이는 강제 동원 피해자의 손해배상청구권이 청구권협정의 적용 대상에 포함되어 있음을 전제로 한 것으로 보인다.

그리고 청구권협정 관련 일부 문서가 공개된 후 구성된 민관공동위원회도 2005. 8. 26. 청구권협정의 법적 효력에 관하여 공식 의견을 표명하였는데, 일본국 위안부 문제 등 일본 정부와 군대 등 일본 국가권력이 관여한 반인도적 불법 행위에 대해서는 청구권협정으로 해결되었다고 볼 수 없다고 하면서도, 강제 동원 피해자의 손해배상청구권에 관하여는 '청구권협정을 통하여 일본으로부터 받은 무상 3억 달러에는 강제 동원 피해 보상 문제 해결 성격의 자금 등이 포괄적으로 감안되었다'고 보았다.

나아가 대한민국은 2007. 12. 10. 청구권자금법 등에 의하여 이루어진 강제 동원 피해자에 대한 보상이 불충분하였다는 반성적인 고려에서 2007년 희생자지원법을 제정·시행하여, 1938. 4. 1.부터 1945. 8. 15.까지 사이에 일제에 의하여 노무자 등으로 국외로 강제 동원된 희생자·부상자·생환자 등에 대하여 위로금을 지급하고, 강제 동원되어 노무를 제공하였으나 일본 기업 등으로부터 지급받지 못한 미수금을 대한민국 통화로 환산하여 지급하였다.

이와 같이 대한민국은 청구권협정에 강제 동원 피해자의 손해배상청구권이 포함되어 있음을 전제로 하여, 청구권협정 체결 이래 장기간 그에 따른 보상 등의 후속 조치를 취하였음을 알 수 있다.

(6) 이상의 내용 즉, 청구권협정 및 그에 관한 양해문서 등의 문언, 청구권협정의 체결 경위나 체결 당시 추단되는 당사자의 의사, 청구권협정의 체결에 따른 후속 조치 등의 여러 사정들을 종합하여 보면,

강제 동원 피해자의 손해배상청구권은 청구권협정의 적용 대상에 포함된다고 봄이 타당하다.

그럼에도 이와 달리, 원고들의 피고에 대한 손해배상청구권이 청구권협정의 적용 대상에 포함되었다고 보기 어렵다고 본 환송 후 원심의 이 부분 판단에는, 조약의 해석에 관한 법리 등을 오해한 잘못이 있다.

다. 그러나 위와 같은 잘못에도 불구하고, '원고들의 개인 청구권 자체는 청구권협정만으로 당연히 소멸한다고 볼 수 없고, 다만 청구권협정으로 그 청구권에 관한 대한민국의 외교적 보호권이 포기됨으로써 일본의 국내 조치로 해당 청구권이 일본 내에서 소멸하여도 대한민국이 이를 외교적으로 보호할 수단을 상실하게 될 뿐이다'라는 환송 후 원심의 가정적 판단은 아래와 같은 이유에서 이를 수긍할 수 있다.

(1) 청구권협정에는 개인 청구권 소멸에 관하여 한일 양국 정부의 의사 합치가 있었다고 볼 만큼 충분하고 명확한 근거가 없다.

과거 주권국가가 외국과 교섭을 하여 자국국민의 재산이나 이익에 관한 사항을 일괄적으로 해결하는 이른바 일괄처리협정(lump sum agreements)이 국제분쟁의 해결·예방을 위한 방식의 하나로 채택되어 왔던 것으로 보이기는 한다. 그런데 이러한 협정을 통해 국가가 '외교적 보호권(diplomatic protection)', 즉 '자국민이 외국에서 위법·부당한 취급을 받은 경우 그의 국적국이 외교 절차 등을 통하여 외국 정부를 상대로 자국민에 대한 적당한 보호 또는 구제를 요구할 수 있는 국제법상의 권리'를 포기하는 것에서 더 나아가, 개인의 청구권까지도 완전히 소멸시킬 수 있다고 보려면, 적어도 해당 조약에 이에 관한 명확한 근거가 필요하다고 보아야 한다. 국가와 개인이 별개의 법적 주체라는 근대법의 원리는 국제법상으로도 받아들여지고 있는데, 권리의 '포기'를 인정하려면 그 권리자의 의사를 엄격히 해석하여야 한다는 법률행위 해석의 일반 원칙에 의할 때, 개인의 권리를 국가가 나서서 대신 포기하려는 경우에는 이를 더욱 엄격하게 보아야 하기 때문이다.

그런데 청구권협정은 그 문언상 개인 청구권 자체의 포기나 소멸에 관하여는 아무런 규정도 두고 있지 않다. 이 점에서 연합국과 일본 사이에 1951. 9. 8. 체결된 샌프란시스코 조약 제14조 (b)에서 "연합국은 모든 보상 청구, 연합국과 그 국민의 배상 청구 및 군의 점령 비용에 관한 청구를 모두 포기한다"라고 정하여 명시적으로 청구권의 포기(waive)라는 표현을 사용한 것과 구별된다. 물론 청구권에 관한 문제가 '완전히 그리고 최종적으로 해결된 것이 된다'는 표현이 사용되기는 하였으나, 위와 같은 엄격 해석의 필요성에 비추어 이를 개인 청구권의 '포기'나 '소멸'과 같은 의미로 보기는 어렵다. 앞서 든 증거들에 의하면, 청구권협정 체결을 위한 협상 과정에서 일본은 청구권협정에 따라 제공될 자금과 청구권 간의 법률적 대가관계를 일관되게 부인하였고, 청구권협정을 통해 개인 청구권이 소멸되는 것이 아니라 국가의 외교적 보호권만이 소멸된다는 입장을 견지하였다. 이에 대한민국과 일본 양국은 청구권협정 체결 당시 향후 제공될 자금의 성격에 대하여 합의에 이르지 못한 채 청구권협정을 체결한 것으로 보인다. 따라서 청구권협정에서 사용된 '해결된 것이 된다'거나 주체 등을 분명히 하지 아니한 채 '어떠한 주장도 할 수 없는 것으로 한다'는 등의 문언은 의도적으로 사용된 것으로 보아야 하고, 이를 개인 청구권의 포기나 소멸, 권리 행사 제한이 포함된 것으로 쉽게 판단하여서는 아니 된다.

이러한 사정 등에 비추어 보면, 청구권협정에서 양국 정부의 의사는 개인 청구권은 포기되지 아니함을 전제로 정부 간에만 청구권 문제가 해결된 것으로 하자는 것, 즉 외교적 보호권에 한정하여 포기하자는 것이었다고 봄이 타당하다.

(2) 앞서 본 것처럼, 일본은 청구권협정 직후 일본국 내에서 대한민국 국민의 일본국 및 그 국민에 대한 권리를 소멸시키는 내용의 재산권 조치법을 제정·시행하였다. 이러한 조치는 청구권협정만으로는 대한민국 국민 개인의 청구권이 소멸하지 않음을 전제로 할 때 비로소 이해될 수 있다. 즉 앞서 본 바와 같이 청구권협정 당시 일본은 청구권협정을 통해 개인 청구권이 소멸하는 것이 아니라 국가의 외교적 보호권만 포기된다고 보는 입장이었음이 분명하고, 협정의 상대방인 대한민국도 이러한 사정을 잘 알고 있었다고 보인다. 따라서 양국의 진정한 의사 역시도 외교적 보호권만 포기된다는 점에서 일치하고 있었다고 보는 것이 합리적이다.

대한민국이 1965. 7. 5. 발간한《대한민국과 일본국 간의 조약 및 협정 해설》에는 청구권협정 제2조에 관하여 "재산 및 청구권 문제의 해결에 관한 조항으로 소멸되는 우리의 재산 및 청구권의 내용을 보면, 우리 측이 최초에 제시한 바 있는 8개 항목의 대일 청구 요강에서 요구한 것은 모두 소멸케 되는 바, 따라서 피징용자의 미수금 및 보상금, 한국인의 대일본 정부 및 일본 국민에 대한 각종 청구 등이 모두 완전히 그리고 최종적으로 소멸케 되는 것이다"라고 되어 있다. 이에 따르면, 당시 대한민국의 입장이 개인 청구권까지도 소멸되는 것이었다고 볼 여지도 없는 것은 아니다. 그러나 위와 같이 당시 일본의 입장이 '외교적 보호권 한정 포기'임이 명백하였던 상황에서 대한민국의 내심의 의사가 위와 같았다고 하여 청구권협정에서 개인 청구권까지 포기되는 것에 대한 의사의 합치가 있었다고 볼 수는 없다. 더욱이 이후 대한민국에서 청구권자금법 등 보상 입법을 통하여 강제 동원 피해자에 대하여 이루어진 보상 내역이 실제 피해에 대비하여 극히 미미하였던 점에 비추어 보더라도, 대한민국의 의사가 청구권협정을 통해 개인 청구권까지도 완전히 포기시키겠다는 것이었다고 단정하기도 어렵다.

(3) 일괄처리협정의 효력 및 해석과 관련하여 국제사법재판소(ICJ)가 2012. 2. 3. 선고한 독일 대 이탈리아 주권 면제 사건(Jurisdictional Immunities of the State, Germany v. Italy : Greece intervening)이 국제법적인 관점에서 논의되고 있다. 그러나 다른 많은 쟁점은 차치하더라도, 1961. 6. 2. 이탈리아와 서독 사이에 체결된 '특정 재산 관련, 경제적·재정적 문제의 해결에 관한 협정(Treaty on the Settlement of certain property-related, economic and financial questions)' 및 '나치의 박해를 받은 이탈리아 국민들에 대한 보상에 관한 협정(Agreement on Compensation for Italian Nationals Subjected to National-Socialist Measures of Persecution)'이 체결된 경위, 그 내용이나 문언이 청구권협정의 그것과 같지 아니하므로 청구권협정을 이탈리아와 서독 사이의 위 조약과 단순 비교하는 것은 타당하지 아니하다.

라. 결국 원고들의 피고에 대한 손해배상청구권이 청구권협정의

적용 대상에 포함되지 않는다고 한 다수 의견의 입장에는 동의할 수 없지만, 청구권협정에도 불구하고 원고들이 피고를 상대로 강제 동원 피해에 대한 손해배상청구권을 행사할 수 있다고 본 환송 후 원심의 결론은 타당하다. 거기에 이 부분 상고 이유 주장과 같이 청구권협정의 효력, 대한민국 국민의 일본 국민에 대한 개인 청구권의 행사 가능성에 관한 법리 등을 오해한 잘못이 없다.

10. 대법관 권순일, 대법관 조재연의 반대 의견

가. 대법관 김소영, 대법관 이동원, 대법관 노정희의 별개 의견(이하 '별개 의견2'라고 한다)이 상고 이유 제3점에 관하여, 청구권협정의 해석상 원고들의 손해배상청구권이 청구권협정의 적용 대상에 포함된다는 입장을 취한 데 대해서는 견해를 같이한다.

그러나 별개 의견2가 청구권협정으로 대한민국의 외교적 보호권만이 포기된 것에 불과하다고 보아 원고들이 대한민국에서 피고를 상대로 소로써 권리를 행사할 수 있다고 판단한 것은 동의하기 어렵다. 그 이유는 다음과 같다.

나. 청구권협정 제2조 1.은 "… 양 체약국 및 그 국민 간의 청구권에 관한 문제가 완전히 그리고 최종적으로 해결된 것이 된다는 것을 확인한다"라고 규정하고 있다. 여기서 '완전히 그리고 최종적으로 해결된 것이 된다'라는 문언의 의미가 무엇인지, 즉 청구권협정으로 양 체약국이 그 국민의 개인 청구권에 관한 외교적 보호권만을 포기한다는 의미인지 또는 그 청구권 자체가 소멸한다는 의미인지, 아니면 양 체약국 국민이 더 이상 소로써 청구권을 행사할 수 없다는 의미인지는

기본적으로 청구권협정의 해석에 관한 문제이다.

(1) 헌법에 의하여 체결·공포된 조약과 일반적으로 승인된 국제법규는 국내법과 같은 효력을 가진다(헌법 제6조 제1항). 그리고 구체적 사건에서 당해 법률 또는 법률조항의 의미·내용과 적용 범위를 정하는 권한, 곧 법령의 해석·적용 권한은 사법권의 본질적 내용을 이루는 것으로서, 이는 대법원을 최고법원으로 하는 법원에 전속한다(대법원 2009. 2. 12. 선고 2004두10289 판결 참조).

청구권협정은 1965. 8. 14. 대한민국 국회에서 비준 동의되어 1965. 12. 18. 조약 제172호로 공포되었으므로 국내법과 같은 효력을 가진다. 그러므로 청구권협정의 의미·내용과 적용 범위는 법령을 최종적으로 해석할 권한을 가진 최고법원인 대법원에 의하여 최종적으로 정하여질 수밖에 없다.

(2) 조약의 해석은 1969년 체결된 '조약법에 관한 비엔나협약(Vienna Convention on the Law of Treaties, 이하 '비엔나협약'이라 한다)'을 기준으로 한다. 비엔나협약은 대한민국에 대하여는 1980. 1. 27. 일본에 대하여는 1981. 8. 1. 각각 발효된 것이기는 하나, 그 발효 이전에 이미 형성되어 있던 국제관습법을 규정한 것이므로 청구권협정을 해석할 때 비엔나협약을 적용하더라도 시제법상 문제는 없다.

비엔나협약 제31조(해석의 일반규칙)에 의하면, 조약은 전문 및 부속서를 포함한 조약문의 문맥 및 조약의 대상과 목적에 비추어 그 조약의 문언에 부여되는 통상적 의미에 따라 성실하게 해석하여야 한다. 여기에서 조약의 해석상 문맥이라고 할 때에는 약문 외에 조약의 체결과 관련하여 당사국 사이에 이루어진 그 조약에 관한 합의 등을 포함한다. 그리고 비엔나협약 제32조(해석의 보충적 수단)에 의하면, 제31조의 적용으로부터 도출되는 의미를 확인하기 위해 또는 제31조에 따라 해석하면 의미가 모호해지거나 또는 애매하게 되는 경우, 명확하게 불합리하거나 또는 부당한 결과를 초래하는 경우에는 그 의미를 결정하기 위해 조약의 준비 작업 또는 조약 체결시 의 사정을 포함한 해석의 보충적 수단에 의존할 수 있다.

(3) 청구권협정 전문은 "양국 및 양국 국민의 재산과 양국 및 양국 국민 간의 청구권에 관한 문제를 해결할 것을 희망하고"라고 전제하고, 제2조 1.은 "양 체약국은 양 체약국 및 그 국민(법인을 포함함)의 재산, 권리 및 이익과 양 체약국 및 그 국민 간의 청구권에 관한 문제가 … 평화조약 제4조 (a)에 규정된 것을 포함하여 완전히 그리고 최종적으로 해결된 것이 된다는 것을 확인한다"라고 규정하고 있으며, 제2조 3.은 "… 일방체약국 및 그 국민의 타방체약국 및 그 국민에 대한 모든 청구권으로서 … 어떠한 주장도 할 수 없는 것으로 한다"라고 규정하였다. 또한 청구권협정에 대한 합의의사록 (I)은 청구권협정 제2조에 관하여 "동조 1.에서 말하는 완전히 그리고 최종적으로 해결된 것으로 되는 양국 및 그 국민의 재산, 권리 및 이익과 양국 및 그 국민 간의 청구권에 관한 문제에는 한일회담에서 한국 측으로부터 제출된 '한국의 대일청구요강'(소위 8개 항목)의 범위에 속하는 모든 청구가 포함되어 있고, 따라서 동 대일청구요강에 관하여는 어떠한 주장도 할 수 없게 됨을 확인하였다"라고 정하였고, 대일청구요강 8개 항목 중에는 '피징용 한국인의 미수금, 보상금 및 기타 청구권의 변제 청구'가 포함되어 있다.

위와 같은 청구권협정 제2조, 청구권협정에 대한 합의의사록(Ⅰ) 등의 문언, 문맥 및 청구권협정의 대상과 목적 등에 비추어 청구권협정 제2조를 그 문언에 부여되는 통상적 의미에 따라 해석하면, 제2조 1.에서 '완전히 그리고 최종적으로 해결된 것'은 대한민국 및 대한민국 국민의 일본 및 일본 국민에 대한 모든 청구권과 일본 및 일본 국민의 대한민국 및 대한민국 국민에 대한 모든 청구권에 관한 문제임이 분명하고, 제2조 3.에서 모든 청구권에 관하여 '어떠한 주장도 할 수 없는 것으로 한다'라고 규정하고 있는 이상, '완전히 그리고 최종적으로 해결된 것이 된다'라는 문언의 의미는 양 체약국은 물론 그 국민도 더 이상 청구권을 행사할 수 없게 되었다는 뜻으로 보아야 한다.

(4) 국제법상 국가의 외교적 보호권(diplomatic protection)이란, 외국에서 자국민이 위법 · 부당한 취급을 받았으나 현지 기관을 통한 적절한 권리구제가 이루어지지 않을 경우에 최종적으로 그의 국적국이 외교절차나 국제적 사법절차를 통하여 외국 정부를 상대로 자국민에 대한 적당한 보호 또는 구제를 요구할 수 있는 권리이다. 외교적 보호권의 행사 주체는 피해자 개인이 아니라 그의 국적국이며, 외교적 보호권은 국가 사이의 권리 의무에 관한 문제일 뿐 국민 개인의 청구권 유무에 직접 영향을 미치지 아니한다.

그런데 앞서 살펴본 것처럼, 청구권협정 제2조는 대한민국 국민과 일본 국민의 상대방 국가 및 그 국민에 대한 청구권까지 대상으로 하고 있음이 분명하므로 청구권협정을 국민 개인의 청구권과는 관계없이 양 체약국이 서로에 대한 외교적 보호권만을 포기하는 내용의 조약이라고 해석하기 어렵다. 또한 청구권협정 제2조 1.에서 규정한 '완전히 그리고 최종적으로 해결된 것'이라는 문언은 청구권에 관한 문제가 체약국 사이에서는 물론 그 국민들 사이에서도 완전하고도 최종적으로 해결되었다는 뜻으로 해석하는 것이 그 문언의 통상적 의미에 부합하고, 단지 체약국 사이에서 서로 외교적 보호권을 행사하지 않기로 한다는 의미로 읽히지 않는다.

(5) 일본은 청구권협정 체결 이후 청구권협정으로 양 체약국 국민의 개인 청구권이 소멸하는 것이 아니라 양 체약국이 외교적 보호권만을 포기한 것이라는 입장을 취해 왔다. 이는 일본 정부가 자국 국민에 대한 보상 의무를 회피하기 위하여 '재한청구권에 대하여 외교적 보호권을 포기하였다'는 입장을 취한 데에서 비롯된 것이다. 그러나 아래에서 보는 바와 같이 대한민국은 처음부터 대일청구요강 8개 항목을 제시하면서 강제 징용 피해자에 대한 보상을 요구하였고, 청구권자금의 분배는 전적으로 국내법상의 문제라는 입장을 취하였으며, 이러한 입장은 청구권협정 체결 당시까지 유지되었다.

앞서 본 사실관계 및 기록에 의하면 다음과 같은 사실을 알 수 있다. 즉, ① 대한민국 측은 1952. 2. 15. 제1차 한일회담에서부터 8개 항목을 일본 측에 제시하였고, 1961. 5. 10. 제5차 한일회담 예비회담 일반청구권소위원회 제13차 회의에서 8개 항목 중 제5항과 관련하여 '강제 징용으로 피해를 입은 개인에 대한 보상'을 일본 측에 요구하였으며, 개인의 피해에 대한 보상을 요구하는 것인지에 대한 일본 측의 질의에 대하여 '나라로서 청구하는 것이며 피해자 개인에 대한 보상은 국내에서 조치할 성질의 것'이라는 입장을 밝혔다. ② 1961. 12. 15. 제6차 한일회담 예비회담 일반청구권소위원회 제7차 회의에서 대한민국 측은 일본 측에 8개 항목에 대한 보상으로 총 12억 2,000만 달러를 요구하면서 그중 강제 동원에 대한 피해 보상금을 3억 6,400만 달러로 산정하여 제시하였다. ③ 청구권협정 체결 직후인 1965. 7. 5. 대한민국 정부가 발간한 《대한민국과 일본국 간의 조약 및 협정 해설》에는 "재산 및 청구권 문제의 해결에 관한 조항으로 소멸되는 우리의 재산 및 청구권의 내용을 보면, 우리 측이 최초에 제시한 바 있는 8개 항목의 대일청구요강에서 요구한 것은 모두 소멸케 되는 바, 따라서 … 피징용자의 미수금 및 보상금, … 한국인의 대일본 정부 및 일본 국민에 대한 각종 청구 등이 모두 완전히 그리고 최종적으로 소멸케 되는 것이다"라고 기재되어 있다. ④ 1965년 8월 장기영 경제기획원장관은 청구권협정 제1조의 무상 3억 달러는 실질적으로 피해 국민에 대한 배상적인 성격을 가진 것이라는 취지의 발언을 하였다. ⑤ 청구권협정 체결 후 대한민국은 청구권자금법, 청구권신고법, 청구권보상법, 2007년 및 2010년 희생자지원법 등을 제정하여 강제 징용 피해자에 대한 보상금을 지급하였다. 2010년 희생자지원법에 따라 설치된 '대일 항쟁기 강제 동원 피해 조사 및 국외 강제 동원 희생자 등 지원위원회'의 결정(전신인 '태평양전쟁 전후 국외 강제 동원 희생자 지원위원회'의 결정을 포함한다)을 통하여 2016년 9월경까지 지급된 위로금 등의 내역을 살펴보면, 사망·행방불명 위로금 3,601억 원, 부상·장해 위로금 1,022억 원, 미수금지원금 522억 원, 의료지원금 1인당 연 80만 원 등 5,500억 원 가량이 된다.

이러한 사실을 종합하여 보면, 청구권협정 당시 대한민국은 청구권협정으로 강제 징용 피해자의 개인 청구권도 소멸되거나 적어도 그 행사가 제한된다는 입장을 취하였음을 알 수 있다. 그러므로 청구권 협정 당시 양국의 진정한 의사가 외교적 보호권만을 포기한다는 데에 일치하고 있었던 것도 아니다.

(6) 한편 국제법상 전후 배상 문제 등과 관련하여 주권국가가 외국과 교섭을 하여 자국 국민의 재산이나 이익에 관한 사항을 국가 간 조약을 통하여 일괄적으로 해결하는 이른바 '일괄처리협정(lump sum agreements)'은 국제분쟁의 해결·예방을 위한 방식의 하나로서, 청구권협정 체결 당시 국제관습법상 일반적으로 인정되던 조약 형식이다.

일괄처리협정은 국가가 개인의 청구권 등을 포함한 보상 문제를 일괄 타결하는 방식이므로, 그 당연한 전제로 일괄처리협정에 의하여 국가가 상대국으로부터 보상이나 배상을 받았다면 그에 따라 자국민 개인의 청구권은 소멸되는 것으로 처리되고, 이때 그 자금이 실제로 피해 국민에 대한 보상 용도로 사용되지 아니하였다고 하더라도 마찬가지이다[국제사법재판소(ICJ)가 2012. 2. 3. 선고한 독일 대 이탈리아 주권 면제 사건(Jurisdictional Immunities of the State, Germany v. Italy : Greece intervening), 이른바 '페리니(Ferrini) 사건' 판결 참조].

청구권협정에 관하여도 대한민국은 일본으로부터 강제 동원 피해자의 손해배상청구권 을 포함한 대일청구요강 8개 항목에 관하여 일괄 보상을 받고, 청구권자금을 피해자 개인에게 보상의 방법으로 직접 분배하거나 또는 국민경제의 발전을 위한 기반시설 재건 등에 사용함으로써 이른바 '간접적으로' 보상하는 방식을 채택하였다. 이러한 사정에 비추어 볼 때, 청구권협정은 대한민국 및 그 국민의 청구권 등에 대한 보상을 일괄적으로 해결하기 위한 조약으로서 청구권협정 당시 국제적으로 통용되던 일괄처리협정에 해당한다고 볼 수 있다. 이 점에서도 청구권협정이 국민 개인의 청구권과는 관계없이 단지 양 체약국이 국가의 외교적 보호권만을 포기하기로 하는 합의를 담은 조약이라고 해석하기는 어렵다.

다. 청구권협정 제2조에서 규정하고 있는 '완전하고도 최종적인 해결'이나 '어떠한 주장도 할 수 없는 것으로 한다'라는 문언의 의미는 개인 청구권의 완전한 소멸까지는 아니더라도 '대한민국 국민이 일본이나 일본 국민을 상대로 소로써 권리를 행사하는 것은 제한된다'는 뜻으로 해석하는 것이 타당하다.

(1) 청구권협정은 그 문언상 개인 청구권 자체의 포기나 소멸에 관하여는 직접 정하고 있지 않다. 이 점에서 샌프란시스코 조약 제14조 (b)에서 "연합국은 모든 보상 청구, 연합국과 그 국민의 배상 청구 및 군의 점령 비용에 관한 청구를 모두 포기한다"고 정하여 명시적으로 청구권의 포기(waive)라는 표현을 사용한 것과 구별된다. 그러므로 청구권협정에 따라 개인 청구권이 실체법적으로 완전히 소멸되거나 포기되었다고 보기 어렵다는 데에는 별개 의견2와 견해를 같이 한다.

(2) 청구권협정 제2조 1.은 청구권에 관한 문제가 '완전히 그리고 최종적으로 해결된 것이 된다는 것을 확인한다'라고 규정하고 있고, '완전하고도 최종적인 해결'에 이르는 방식은 제2조 3.에서 규정하고 있는 '어떠한 주장도 할 수 없는 것으로 한다'라는 문언에 의하여 실현된다. 즉 '어떠한 주장도 할 수 없는 것'이라는 방법을 통하여 청구권 문제의 '완전하고도 최종적인 해결'을 기하고 있다. 그런데 '어떠한 주장도 할 수 없는 것으로 한다'라는 문언의 의미는 앞서 살펴본 것처

럼 청구권에 관한 대한민국의 외교적 보호권만을 포기한다는 뜻으로 해석할 수 없고, 그렇다고 청구권 자체가 실체법적으로 소멸되었다는 의미라고 단정하기도 어렵다. 그렇다면 '어떠한 주장도 할 수 없는 것으로 한다'라는 문언의 의미는 결국 '대한민국 국민이 일본이나 일본 국민을 상대로 소로써 권리를 행사하는 것이 제한된다'는 뜻으로 해석할 수밖에 없다.

(3) 앞서 본 것처럼 대한민국은 청구권협정 체결 후 청구권보상법, 2007년 및 2010년 희생자지원법 등을 제정하여 강제 징용 피해자들에게 보상금을 지급하였다. 이는 청구권협정에 따라 대한민국 국민이 소송으로 청구권을 행사하는 것이 제한된 결과 대한민국이 이를 보상할 목적으로 입법 조치를 한 것이다. '외교적 보호권 한정 포기설'에 따르면 대한민국이 위와 같은 보상 조치를 취할 이유를 찾기 어렵다.

라. (1) 별개 의견2가 대한민국에서 청구권자금법 등 보상 입법을 통하여 강제 동원 피해자에 대하여 이루어진 보상 내역이 실제 피해에 대비하여 매우 미흡하였다는 점을 들어 청구권협정의 효력을 해석하는 근거로 삼는 것도 받아들이기 어렵다. 앞서 본 것처럼 '일괄처리협정(lump sum agreements)'에 따라 국가가 보상이나 배상을 받았다면 그 국민은 상대국 또는 그 국민에 대하여 개인 청구권을 행사할 수 없는 것이고, 이는 지급받은 자금이 실제로는 피해 국민에 대한 보상 용도로 사용되지 않았더라도 달리 볼 수 없기 때문이다.

(2) 일제 강점기에 일본이 불법적인 식민지배와 침략전쟁 수행을 위해 강제 징용 피해자들에게 가한 고통에 비추어 볼 때, 대한민국이 피해자들에게 한 보상이 매우 미흡한 것은 사실이다. 대한민국은

2006. 3. 9. 청구권보상법에 근거한 강제 동원 피해자 보상이 불충분함을 인정하고 추가 보상 방침을 밝힌 후 2007년 희생자지원법을 제정하였고, 이후 2010년 희생자지원법을 추가 제정하였다. 그러나 이러한 추가적인 보상조치에 의하더라도 국내 강제 동원 피해자는 당초부터 위로금 지급대상에 포함되지 않았고, 국외 강제 동원 생환자에 대하여는 2007년 희생자지원법 제정 당시 국회에서 1인당 500만 원의 위로금을 지급하는 내용의 법안이 의결되었으나, 추가적인 재정 부담 등을 이유로 대통령이 거부권을 행사하여 결국 그들에 대한 위로금 지급은 이루어지지 않았다.

(3) 일본 정부가 청구권협정의 협상 과정에서 식민지배의 불법성을 인정하지 않고 있던 상황에서 대한민국 정부가 청구권협정을 체결한 것이 과연 옳았는지 등을 포함하여 청구권협정의 역사적 평가에 관하여 아직도 논란이 있는 것은 사실이다. 그러나 청구권협정이 헌법이나 국제법에 위반하여 무효라고 볼 것이 아니라면 그 내용이 좋든 싫든 그 문언과 내용에 따라 지켜야 하는 것이다. 청구권협정으로 개인 청구권을 더 이상 행사할 수 없게 됨으로써 피해를 입은 국민에게 지금이라도 국가는 정당한 보상을 하여야 한다. 대한민국이 이러한 피해 국민에 대하여 지는 책임은 법적 책임이지 이를 단순히 인도적·시혜적 조치로 볼 수는 없다. 대한민국은 피해 국민의 소송 제기 여부와 관계없이 정당한 보상이 이루어지도록 할 책무가 있으며 이러한 피해 국민에 대하여 대한민국이 소송에서 그 소멸시효 완성 여부를 다툴 것도 아니라고 본다.

마. 결국, 대한민국 국민이 일본 또는 일본 국민에 대하여 가지는

개인 청구권은 청구권협정에 의하여 바로 소멸되거나 포기되었다고 할 수는 없지만 소송으로 이를 행사하는 것은 제한되게 되었으므로, 원고들이 일본 국민인 피고를 상대로 국내에서 강제 동원으로 인한 손해배상청구권을 소로써 행사하는 것 역시 제한된다고 보는 것이 옳다. 이와 다른 취지로 판시한 원심의 판단에는 청구권협정의 적용 범위 및 효력 등에 관한 법리를 오해한 잘못이 있고, 원심이 근거로 삼은 환송 판결의 청구권협정에 관한 견해 역시 이에 배치되는 범위 내에서 변경되어야 한다. 이상과 같은 이유로 다수 의견에 반대한다.

11. 대법관 김재형, 대법관 김선수의 다수 의견에 대한 보충 의견

가. 원고들이 주장하는 피고에 대한 손해배상청구권, 즉 '강제 동원 위자료청구권'이 청구권협정의 대상에 포함되지 않는다고 하는 다수 의견의 입장은 조약의 해석에 관한 일반 원칙에 따른 것으로서 타당하다. 그 구체적인 이유는 다음과 같다.

나. 조약 해석의 출발점은 조약의 문언이다. 당사자들이 조약을 통해 달성하고자 하는 의도가 문언으로 나타나기 때문이다. 따라서 조약의 문언이 가지는 통상적인 의미를 밝히는 것이 조약의 해석에서 가장 중요한 일이다. 그러나 당사자들이 공통적으로 의도한 것으로 확정된 내용이 조약 문언의 의미와 다른 경우에는 그 의도에 따라 조약을 해석하여야 한다.

이때 문언의 사전적인 의미가 명확하지 않은 경우에는 문맥, 조약의 목적, 조약 체결 과정을 비롯한 체결 당시의 여러 사정뿐만 아니라 조약 체결 이후의 사정도 종합적으로 고려하여 조약의 의미를 합리적으로 해석하여야 한다. 다만 조약 체결 과정에서 이루어진 교섭 과정이나 체결 당시의 사정은 조약의 특성상 조약을 해석하는 데 보충적으로 고려해야 한다.

한편 조약이 국가가 아닌 개인의 권리를 일방적으로 포기하는 것과 같은 중대한 불이익을 부과하는 경우에는 약정의 의미를 엄격하게 해석하여야 하고, 그 의미가 불분명한 경우에는 개인의 권리를 포기하지 않는 것으로 보아야 한다. 개인의 권리를 포기하도록 조약을 체결하고자 한다면 이를 명확하게 인식하고 조약의 문언에 포함시킴으로써 개개인들이 그러한 사정을 알 수 있어야 하기 때문이다.

1969년에 체결된 비엔나협약은 대한민국에 대해서는 1980. 1. 27. 일본에 대해서는 1981. 8. 1. 발효되었기 때문에, 이 협약은 1965년에 체결된 청구권협정 해석의 기준으로 곧바로 적용할 수는 없다. 다만 조약 해석에 관한 비엔나협약의 주요 내용은 기존의 국제관습법을 반영한 것이라고 볼 수 있으므로, 청구권협정을 해석하는 데도 참고할 수 있다. 조약의 해석 기준에 관한 다수 의견은 비엔나협약의 주요 내용을 반영한 것으로서, 조약 해석에 관한 일반 원칙과 다르지 않다. 다만 비엔나협약이 청구권협정에 직접 적용되는 것은 아니므로, 청구권협정을 해석할 때 비엔나협약을 문구 그대로 따라야 하는 것은 아니다.

다. 이 사건의 주된 쟁점은 청구권협정 전문과 제2조에 나오는 '청구권'의 의미를 어떻게 해석할 것인지이다. 구체적으로는 위 '청구권'에 '일본 정부의 한반도에 대한 불법적인 식민지배·침략전쟁의 수행과 직결된 일본 기업의 반인도적인 불법 행위를 전제로 하는 강제 동원 피해자의 일본 기업에 대한 정신적 손해배상청구권', 즉 '강제 동원 위자료청구권'이 포함되는지 여부가 문제 된다.

청구권협정에서는 '청구권'이 무엇을 뜻하는지 따로 정하고 있지 않다. 청구권은 매우 다양한 의미로 사용될 수 있는 용어이다. 이 용어에 불법 행위에 기한 손해배상청구권, 특히 이 사건에서 문제 되는 강제 동원 위자료청구권까지 일반적으로 포함된다고 단정할 수 없다.

그러므로 청구권협정의 문맥이나 목적 등을 함께 살펴보아야 한다. 우선 청구권협정 제2조에서 샌프란시스코 조약 제4조 (a)를 명시적으로 언급하고 있으므로, 샌프란시스코 조약 제4조가 청구권협정의 기초가 되었다는 것에는 별다른 의문이 없다. 즉 청구권협정은 기본적으로 샌프란시스코 조약 제4조 (a)에서 말하는 '일본의 통치로부터 이탈된 지역(대한민국도 이에 해당)의 시정 당국·국민과 일본·일본 국민 간의 재산상 채권·채무 관계'를 해결하기 위한 것이다. 그런데 이러한 '채권·채무 관계'는 일본 식민지배의 불법성을 전제로 하는 것이 아니고, 그러한 불법 행위와 관련된 손해배상청구권이 포함된 것도 아니다. 특히 샌프란시스코 조약 제4조 (a)에서는 '재산상 채권 · 채무 관계'에 관하여 정하고 있기 때문에, 정신적 손해배상청구권이 포함될 여지는 없다고 보아야 한다.

샌프란시스코 조약을 기초로 열린 제1차 한일회담에서 한국 측이 제시한 8개 항목은 다음과 같다. '① 1909년부터 1945년까지 사이에 일본이 조선은행을 통하여 대한민국으로부터 반출하여 간 지금地金 및 지은地銀의 반환 청구, ② 1945. 8. 9. 현재 및 그 이후 일본의 대對 조선총독부 채무의 변제 청구, ③ 1945. 8. 9. 이후 대한민국으로부터 이체 또는 송금된 금원의 반환 청구, ④ 1945. 8. 9. 현재 대한민국에 본점, 본사 또는 주사무소가 있는 법인의 재일在日 재산의 반환 청구, ⑤ 대한민국 법인 또는 대한민국 자연인의 일본은행권, 피징용 한국인의 미수금, 보상금 및 기타 청구권의 변제 청구, ⑥ 한국인의 일본국 또는 일본인에 대한 청구로서 위 ① 내지 ⑤에 포함되지 않은 것은 한일회담 성립 후 개별적으로 행사할 수 있음을 인정할 것, ⑦ 전기前記 여러 재산 또는 청구권에서 발생한 여러 과실果實의 반환 청구, ⑧ 전기前記 반환 및 결제는 협정 성립 후 즉시 개시하여 늦어도 6개월 이내에 완료할 것'이다.

위 8개 항목에 명시적으로 열거된 것은 모두 재산에 관한 것이다. 따라서 위 제5항에서 열거된 것도 가령 징용에 따른 노동의 대가로 지급되는 임금 등 재산상 청구권에 한정된 것이고 불법적인 강제 징용에 따른 위자료청구권까지 포함된 것으로 볼 수는 없다. 더욱이 여기에서 말하는 '징용'이 국민징용령에 따른 징용만을 의미하는지 아니면 원고들과 같이 모집 방식 또는 관 알선 방식으로 이루어진 강제 동원까지 포함되는지 명확한 것도 아니다. 또한 제5항은 '보상금'이라는 용어를 사용하고 있는데, 이는 징용이 적법하다는 전제에서 사용한 용어로서 불법성을 전제로 한 위자료가 포함될 수 없음은 명백하다. 당시 대한민국과 일본의 법제는 '보상'은 적법한 행위로 인한 손실을 전보하는 것이고 '배상'은 불법 행위로 인한 손해를 전보하는 것으로 명확하게 구별하여 사용하고 있었다. 청구권협정 직전에 대한민국 정부가 발간한 《한일회담백서》에서도 '배상 청구는 청구권 문제에 포함되지 않는다'고 설명하였다. '기타'라는 용어도 앞에 열거한 것과 유사한 부수적인 것이라고 보아야 하므로, 강제 동원 위자료청구권을 포함한다고 보는 것은 지나친 해석이다.

청구권협정에 대한 합의의사록(I)에서는 청구권협정에서 완전히 그리고 최종적으로 '해결되는 것으로 되는' 청구권에 8개 항목의 범위에 속하는 모든 청구가 포함된다고 정하고 있지만, 위와 같이 위 제5항의 '피징용 한국인의 미수금, 보상금 및 기타 청구권의 변제 청구'가 일본 식민지배의 불법성을 전제로 한 것으로 볼 수 없으므로, 강제 동원 위자료청구권이 여기에 포함된다고 볼 수 없다.

결국 청구권협정, 청구권협정에 대한 합의의사록(I)의 문맥, 청구권협정의 목적 등에 비추어 청구권협정의 문언에 나타난 통상적인 의미에 따라 해석할 경우 청구권협정에서 말하는 '청구권'에 강제 동원 위자료청구권까지 포함된다고 보기는 어렵다.

라. 위와 같은 해석 방법만으로는 청구권협정의 의미가 분명하지 않아 교섭 기록과 체결 시의 여러 사정 등을 고려하여 그 의미를 밝혀야 한다고 하더라도, 위와 같은 결론이 달라지지 않는다.

우선 청구권협정 체결 당시 양국의 의사가 어떠하였는지를 살펴볼 필요가 있다. 일반적인 계약의 해석과 마찬가지로 조약의 해석에서도, 밖으로 드러난 표시에도 불구하고 양국의 내심의 의사가 일치하고 있었다면 그 진의에 따라 조약의 내용을 해석하는 것이 타당하다. 만일 청구권협정 당시 양국 모두 강제 동원 위자료청구권과 같은 일본 식민지배의 불법성을 전제로 하는 청구권도 청구권협정에 포함시키기로 하는 의사가 일치하고 있었다고 볼 수 있다면, 청구권협정에서 말하는 '청구권'에 강제 동원 위자료청구권도 포함된다고 볼 수 있다.

그러나 일본 정부가 청구권협정 당시는 물론 현재까지도, 강제 동원 과정에서 반인도적인 불법 행위가 자행되었다는 점은 물론 식민지배의 불법성에 대해서도 인정하지 않고 있음은 주지의 사실이다. 또한 청구권협정 당시 일본 측이 강제 동원 위자료청구권을 청구권협정의 대상으로 삼았다고 볼 만한 자료도 없다. 당시 강제 동원 위자료청구권의 존재 자체도 인정하지 않고 있던 일본 정부가 청구권협정에 이를 포함시키겠다는 내심의 의사를 가지고 있었다고 볼 수 없다.

이는 청구권협정 당시 대한민국 정부도 마찬가지였다고 보는 것이 합리적이다. 다수 의견에서 본 것처럼, 청구권협정 체결 직전인 1965. 3. 20. 대한민국 정부가 발간한 공식 문서인 《한일회담백서》에서는 샌프란시스코 조약 제4조가 한일 간 청구권 문제의 기초가 되었다고 명시하고 있고, 나아가 '위 제4조의 대일청구권은 승전국의 배상청구권과 구별된다. 대한민국은 샌프란시스코 조약의 조인 당사국이 아니어서 제14조 규정에 의한 승전국이 향유하는 손해와 고통에 대한 배상청구권을 인정받지 못하였다. 이러한 한일 간 청구권 문제에는 배상청구를 포함시킬 수 없다'는 설명까지 하고 있다.

한편 위와 같은 청구권협정 체결 당시의 상황 외에 체결 이후의 사정도 보충적으로 조약 해석의 고려요소가 될 수 있는데, 이에 따르더라도 청구권협정에서 말하는 '청구권'에 강제 동원 위자료청구권이 포함된다고 볼 수 없다는 점이 뒷받침된다. 청구권협정 이후 대한민국은 청구권자금법, 청구권신고법, 청구권보상법을 통해 1977. 6. 30.까지 피징용 사망자 8,552명에게 1인당 30만 원씩 총 25억 6,560만 원을 지급하였다. 이는 위 8개 항목 중 제5항의 '피징용 한국인의 미수금,

보상금 및 기타 청구권의 변제 청구'가 청구권협정의 대상에 포함됨에 따른 후속조치로 보일 뿐이므로, 강제 동원 위자료청구권에 대한 변제라고 보기는 어렵다. 더욱이 그 보상 대상자도 '일본국에 의하여 군인·군속 또는 노무자로 소집 또는 징용되어 1945. 8. 15. 이전에 사망한 자'로 한정되어 있었다. 또한 이후 대한민국은 2007년 희생자지원법 등을 통해 이른바 '강제 동원 희생자'에게 위로금이나 지원금을 지급하기는 하였으나, 해당 법률에서 그 명목이 '인도적 차원'의 것임을 명시하였다. 이러한 대한민국의 조치는, 청구권협정에 강제 동원 위자료청구권은 포함되어 있지 않고 대한민국이 청구권협정 자금으로 강제 동원 위자료청구권자에 대하여 법적인 지급 의무를 부담하지 않음을 전제로 하는 것으로 볼 수밖에 없다.

마. 국가 간 조약을 통해서 국민 개개인이 상대국이나 상대국의 국민에 대해서 가지는 권리를 소멸시키는 것이 국제법상 허용된다고 하더라도, 이를 인정하기 위해서는 해당 조약에서 이를 명확하게 정하고 있어야 한다. 더욱이 이 사건과 같이 국가와 그 소속 국민이 관여한 반인도적인 불법 행위로 인한 손해배상청구권, 그중에서도 정신적 손해에 대한 위자료청구권의 소멸과 같은 중대한 효과를 부여하고자 하는 경우에는 조약의 의미를 더욱 엄격하게 해석하여야 한다.

샌프란시스코 조약 제14조가 일본에 의해 발생한 '손해와 고통'에 대한 '배상청구권'과 그 '포기'를 명확하게 정하고 있는 것과 달리, 청구권협정은 '재산상 채권·채무 관계'만을 언급하고 있을 뿐이고, 청구권협정의 대상에 불법 행위로 인한 '손해와 고통'에 대한 '배상청구권'이 포함된다거나 그 배상청구권에 대한 '포기'를 명확하게 정하고 있지 않다.

일본 정부의 한반도에 대한 불법적인 식민지배와 침략전쟁의 수행과 직결된 일본 기업의 반인도적인 불법 행위로 강제 동원되어 인간으로서의 존엄과 가치를 존중받지 못한 채 온갖 노동을 강요당했던 피해자인 원고들은 정신적 손해배상을 받지 못하고 여전히 고통 받고 있다. 대한민국 정부와 일본 정부가 강제 동원 피해자들의 정신적 고통을 지나치게 가볍게 보고 그 실상을 조사·확인하려는 노력조차 하지 않은 채 청구권협정을 체결한 것일 수도 있다. 청구권협정에서 강제 동원 위자료청구권에 관하여 명확하게 정하지 않은 책임은 협정을 체결한 당사자들이 부담해야 하는 것이고 이를 피해자들에게 전가해서는 안 된다.

이상과 같은 이유로 다수 의견의 논거를 보충하고자 한다.

재판장	대법원장	김명수
주 심	대법관	김소영
	대법관	조희대
	대법관	권순일
	대법관	박상옥
	대법관	이기택
	대법관	김재형
	대법관	조재연
	대법관	박정화
	대법관	민유숙
	대법관	김선수
	대법관	이동원
	대법관	노정희

자료 2
일본제철 징용공 사건 상고심 판결
〔한국 대법원 2012년 5월 24일 판결〕

원고, 상고인

피고, 피상고인   신일본제철 주식회사 (소송 대리인 변호사 주한일 외 2인)

원심 판결   서울고등법원 2009. 7. 16. 선고 2008나49129 판결

주 문

원심 판결을 파기하고, 사건을 서울고등법원에 환송한다.

이 유

상고 이유를 판단한다.

1. 기본적 사실관계

원심 판결의 이유와 원심이 적법하게 채택한 증거들에 의하면 다음과 같은 사실을 알 수 있다.

가. 원고들은 1923년부터 1929년 사이에 한반도에서 태어나 평양, 보령, 군산 등에서 거주하고 있던 사람들이고, 일본제철 주식회사(이하 '구 일본제철'이라고 한다)는 1934. 1.경 일본에서 설립되어 일본 가마이시釜石, 야하타八幡, 오사카大阪 등에서 제철소를 운영하고 있었던 회사이다.

나. 일본은 중일전쟁과 태평양전쟁을 치르면서 군수물자 생산에 노동력이 부족하게 되자 이를 해결하기 위하여 1938. 4. 1. 국가총동원법을 제정·공포하고, 1942년 조선인 내지 이입 알선 요강을 제정·실시하고, 한반도 각 지역에서 관 알선을 통하여 인력을 모집하였으며, 1944. 10.경부터는 국민징용령에 의하여 일반 한국인에 대한 징용을 실시하였다. 한편 구 일본제철을 비롯한 일본의 철강 생산자들을 총괄 지도하는 일본 정부 직속기구인 철강통제회가 1941. 4. 26. 설립되었는데, 철강통제회에서는 우리나라에서 노무자를 적극 확충하기로 하고 일본 정부와 협력하여 노무자를 동원하였고, 구 일본제철은 사장이 철강통제회의 회장을 역임하는 등 철강통제회에서 주도적인 역할을 하였다.

다. 구 일본제철은 1943년 평양에서 오사카 제철소의 공원 모집 광고를 냈는데, 그 광고에는 오사카 제철소에서 2년간 훈련을 받으면 기술을 습득할 수 있고 훈련 종료 후 한반도의 제철소에서 기술자로 취직할 수 있다고 기재되어 있었다. 원고 1, 2는 1943. 9.경 위 광고를 보고, 기술을 습득하여 한반도로 돌아와 취직할 수 있다는 점에 끌려 응모한 다음, 평양에서 구 일본제철의 모집 담당자와 면접을 하고 합격하여 위 담당자의 인솔하에 구 일본제철의 오사카 제철소로 가서, 훈련공으로서 노역에 종사하였다.

오사카 제철소에서 원고 1, 2는 1일 8시간의 3교대제로 일하였고, 한 달에 1, 2회 정도 외출이 허용되었으며, 한 달에 2, 3엔 정도의 용돈만 지급받았을 뿐이고, 구 일본제철은 임금 전액을 지급하면 낭비할 우려가 있다는 이유를 들어 원고 1, 2의 동의를 얻지 않은 채 위 원고들 명의의 구좌에 임금의 대부분을 일방적으로 입금하였으며, 그 저금통장과 도장을 기숙사의 사감에게 보관하게 하였다. 위 원고들은 화로에 석탄을 넣고 깨뜨려서 뒤섞거나 철 파이프 속으로 들어가서 석탄 찌꺼기를 제거하는 등 화상의 위험이 있고 기술 습득과는 별 관계가 없는 매우 고된 노역에 종사하였는데, 제공되는 식사는 그 양이 매우 적었다. 또한 경찰이 자주 들러서 위 원고들에게 '도망치더라도 바로 잡을 수 있다'고 말하였고 기숙사에서도 감시하는 사람이 있었기 때문에 위 원고들은 도망칠 생각을 하지 못하였는데, 원고 2는 도망가고 싶다고 말하였다가 발각되어 기숙사 사감으로부터 구타를 당하고 체벌을 받기도 하였다.

그러던 중 일본은 1944. 2.경 훈련공들을 강제로 징용하였고, 원고 1, 2는 징용 이후에는 용돈도 전혀 지급받지 못하였다. 오사카 제철소의 공장은 1945. 3.경 미합중국 군대의 공습으로 파괴되었고 이때 훈련공들 중 일부는 사망하였으며, 원고 1, 2를 포함한 나머지 훈련공들은 1945. 6.경 함경도 청진에 건설 중인 제철소로 배치되어 청진으로 이동하였다. 원고 1, 2는 기숙사의 사감에게 임금이 입금되어 있던 저금통장과 도장을 달라고 요구하였지만, 사감은 청진에 도착한 이후에도 위 통장과 도장을 돌려주지 아니하였고, 원고 1, 2는 청진에서 하루 12시간 동안 공장 건설을 위해 토목공사를 하면서도 임금을 전혀 받지 못하였다. 원고 1, 2는 1945. 8.경 청진공장이 소련군의 공격으로 파괴되자, 소련군을 피하여 서울로 도망하여 일제로부터 해방된 사실을 알게 되었다.

라. 원고 3은 1941년 대전 시장의 추천을 받아 보국대로 동원되어 보령에서 구 일본제철 모집 담당관의 인솔에 따라 일본으로 건너가 구 일본제철의 가마이시 제철소에서 노역에 종사하였는데, 임금을 저금해준다는 말을 들었을 뿐 임금을 전혀 받지 못하였다. 원고 4는 1943. 1.경 군산부(지금의 군산시)의 지시를 받고 모집되어 구 일본제철의 인솔자를 따라 일본으로 건너가 구 일본제철의 야하타 제철소에서 노역에 종사하였는데, 임금을 전혀 받지 못하였고, 도주하다가 발각되어 약 5일 동안 구타를 당하기도 하였다. 원고 3, 4는 1945. 8.경부터 같은 해 12.경까지 사이에 각 제철소가 공습으로 파괴되고 일본이 패전하여 구 일본제철에서 더 이상 강제 노동을 시킬 수 없게 되자 각자 고향으로 돌아왔다.

마. 구 일본제철은 일본의 회사경리응급조치법(1946. 8. 15. 법률 제7호), 기업재건정비법(1946. 10. 19. 법률 제40호)의 제정·시행에 따라 위 각 법에서 정한 특별경리회사, 특별경리주식회사로 지정되어 1950. 4. 1.에 해산하였고, 구 일본제철의 자산 출자로 야하타제철八幡製鐵 주

식회사, 후지제철富士製鐵 주식회사, 일철기선日鐵汽船 주식회사, 하리마내화연와播磨耐火煉瓦 주식회사(위 4개 회사를 이하 '제2회사'라 한다)가 설립되었다. 야하타제철 주식회사는 1970. 3. 31. 일본제철 주식회사로 상호를 변경하였고, 1970. 5. 29. 후지제철 주식회사를 합병하여 현재의 피고가 되었다.

회사경리응급조치법은 "특별 경리회사에 해당될 경우 그 회사는 지정시(1946. 8. 11. 00:00을 말한다. 제1조 제1호)에 신계정과 구계정을 설정하고(제7조 제1항), 재산목록상의 동산, 부동산, 채권 기타 재산에 대하여는 '회사의 목적인 현재 행하고 있는 사업의 계속 및 전후산업의 회복진흥에 필요한 것'에 한하여 지정시에 신계정에 속하며, 그 외에는 원칙적으로 지정시에 구계정에 속하고(제7조 제2항), 지정시 이후의 원인에 근거하여 발생한 수입 및 지출을 신계정의 수입 및 지출로, 지정시 이전의 원인에 근거하여 발생한 수입 및 지출은 구계정의 수입 및 지출로 경리 처리하며(제11조 제1, 2항), 구채권에 대해서는 변제 등 소멸행위를 금지하되, 예외적으로 변제를 인정하는 경우에도 구계정으로 변제하여야 하고, 신계정으로 변제하는 경우는 특별관리인의 승인 등 일정한 요건을 갖춘 경우 일정한 금액의 한도에서만 가능(제14조)" 한 것으로 규정하고 있다.

구 일본제철은 회사경리응급조치법, 기업재건정비법에 따라 1946. 8. 11. 오전 0시를 기준으로 하여 신계정과 구계정으로 구분 경리하여 이후의 기업활동은 오직 신계정에서 행하고 사업의 계속 및 전후산업의 회복 진흥에 필요한 기존 재산을 신계정에 속하도록 한 뒤, 신계정에 속하는 재산을 제2회사에 현물출자하거나 자산과 영업을 양도하여 1950. 4. 1. 제2회사를 설립하였고, 그 외 그때까지 발생한 채무를 위주로 한 구계정상의 채무는 구 일본제철의 해산 및 청산절차에 맡겨졌다. 그 결과, 구 일본제철이 보유하고 있던 야하타, 와니시, 가마이시, 후지, 히로하타의 각 제철소 자산 중 야하타 제철소의 자산과 영업, 이사 및 종업원은 제2회사인 야하타제철 주식회사가, 나머지 4개의 제철소의 자산과 영업, 이사 및 종업원은 다른 제2회사인 후지제철 주식회사가 각각 승계하였다.

바. 대한민국 정부와 일본 정부는 1951년 말경부터 국교 정상화 및 전후 보상 문제를 논의하였고 마침내 1965. 6. 22. '국교 정상화를 위한 대한민국과 일본국 간의 기본 관계에 관한 조약'과 그 부속 협정의 하나로 '대한민국과 일본국 간의 재산 및 청구권에 관한 문제의 해결과 경제협력에 관한 협정'(이하 '청구권협정'이라고 한다)이 체결되었는데, 청구권협정은 제1조에서 일본국이 대한민국에 10년간에 걸쳐 3억 달러를 무상으로 제공하고 2억 달러의 차관을 행하기로 한다고 정함과 아울러 제2조에서 다음과 같이 정하였다.

1. 양 체약국은 양 체약국 및 그 국민(법인을 포함함)의 재산, 권리 및 이익과 양 체약국 및 그 국민 간의 청구권에 관한 문제가 1951년 9월 8일에 샌프런시스코시에서 서명된 일본국과의 평화조약 제4조 (a)에 규정된 것을 포함하여 완전히 그리고 최종적으로 해결된 것이 된다는 것을 확인한다.

3. 2.의 규정에 따르는 것을 조건으로 하여 일방체약국 및 그 국민의 재산, 권리 및 이익으로서 본 협정의 서명일에 타방체약국의 관할하에 있는 것에 대한 조치와 일방체약국 및 그 국민의 타방체약국 및

그 국민에 대한 모든 청구권으로서 동일자 이전에 발생한 사유에 기인하는 것에 관하여는 어떠한 주장도 할 수 없는 것으로 한다.

또한 청구권협정에 대한 합의의사록(Ⅰ)은 위 제2조에 관하여 다음과 같이 정하고 있다.

(a) "재산, 권리 및 이익"이라 함은 법률상의 근거에 의거하여 재산적 가치가 인정되는 모든 종류의 실체적 권리를 말하는 것으로 양해되었다.

(c) 동조 3.에 의하여 취하여질 조치는 동조 1.에서 말하는 양국 및 그 국민의 재산, 권리 및 이익과 양국 및 그 국민 간의 청구권에 관한 문제를 해결하기 위하여 취하여질 각국의 국내 조치를 말하는 것으로 의견의 일치를 보았다.

(g) 동조 1.에서 말하는 완전히 그리고 최종적으로 해결된 것으로 되는 양국 및 그 국민의 재산, 권리 및 이익과 양국 및 그 국민 간의 청구권에 관한 문제에는 한일회담에서 한국 측으로부터 제출된 "한국의 대일청구요강"(소위 8개 항목)의 범위에 속하는 모든 청구가 포함되어 있고, 따라서 동 대일청구요강에 관하여는 어떠한 주장도 할 수 없게 됨을 확인하였다.

그리고 위 합의의사록에 적시된 대일청구 8개 요강에는, 피징용 한국인의 미수금, 보상금 기타 청구권의 변제 청구, 한국인의 일본인 또는 일본 법인에 대한 청구가 포함되어 있었다.

청구권협정이 체결됨에 따라 일본은 1965. 12. 17. '재산 및 청구권에 관한 문제의 해결과 경제협력에 관한 일본국과 대한민국 간의 협정 제2조의 실시에 따른 대한민국 등의 재산권에 대한 조치에 관한 법률'(법률 제144호, 이하 '재산권 조치법'이라 한다)을 제정·시행하였는데, 그 내용은 "대한민국 또는 그 국민의 일본국 또는 그 국민에 대한 채권 또는 담보권으로 협정 제2조의 재산, 이익에 해당하는 것을 1965. 6. 22.에 소멸한 것으로 한다"는 것이다.

사. 원고 1, 2는 1997. 12. 24. 일본 오사카 지방재판소에, 피고와 일본국을 상대로 국제법 위반 및 불법 행위 등을 이유로 한 손해배상금과 강제 노동 기간 동안 지급받지 못한 임금 등의 지급을 구하는 소송을 제기하였다가 2001. 3. 27. 원고 청구 기각 판결을 선고받고, 오사카 고등재판소에 항소하였으나 2002. 11. 19. 항소 기각 판결을 선고받았으며, 2003. 10. 9. 최고재판소의 상고 기각 및 상고불수리 결정으로 위 판결들이 확정되었다(이와 같은 일본에서의 소송을 이하 '일본 소송'이라 하고, 그 판결들을 '일본 판결'이라고 한다). 한편 원고들은 원고 1, 2의 일본 소송이 종료한 이후인 2005. 2. 28. 대한민국 법원인 서울중앙지방법원에 피고를 상대로 국제법 위반 및 불법 행위를 이유로 한 손해배상금의 지급을 구하면서 이 사건 소송을 제기하였는데, 원고 1, 2는 일본 소송에서 주장한 청구원인과 동일한 내용을 이 사건 소송의 청구원인으로 하였다.

아. 대한민국 정부는 원고들이 이 사건 소송을 제기하기 직전 청구권협정과 관련한 일부 문서를 공개한 후, 이 사건 소송이 제기된 후인 2005. 8. 26. '한일회담 문서 공개 후속대책 관련 민관공동위원회'(이하 '민관공동위원회'라고 한다)를 개최하고, "청구권협정은 일본의 식민지배 배상을 청구하기 위한 협상이 아니라 샌프란시스코 조약 제4조에 근거하여 한일 양국 간의 재정적·민사적 채권·채무 관계를 해결하기

위한 것이었으며, 일본군 위안부 문제 등 일본 정부와 군대 등 일본 국가권력이 관여한 반인도적 불법 행위에 대해서는 청구권협정으로 해결된 것으로 볼 수 없고 일본 정부의 법적 책임이 남아 있으며, 사할린 동포 문제와 원폭 피해자 문제도 청구권협정 대상에 포함되지 않았다"는 취지의 공식 의견을 표명하였다.

2. 국제 재판 관할의 존재 여부에 관한 판단

국제 재판 관할을 결정함에 있어서는 당사자 간의 공평, 재판의 적정, 신속 및 경제를 기한다는 기본이념에 따라야 할 것이고, 구체적으로는 소송 당사자들의 공평, 편의 그리고 예측 가능성과 같은 개인적인 이익뿐만 아니라 재판의 적정, 신속, 효율 및 판결의 실효성 등과 같은 법원 내지 국가의 이익도 함께 고려하여야 할 것이며, 이러한 다양한 이익 중 어떠한 이익을 보호할 필요가 있을지 여부는 개별 사건에서 법정지와 당사자와의 실질적 관련성 및 법정지와 분쟁이 된 사안과의 실질적 관련성을 객관적인 기준으로 삼아 합리적으로 판단하여야 한다(대법원 2005. 1. 27. 선고 2002 다59788 판결 등 참조).

원심 판결 이유 및 기록에 의하면, 이 사건 불법 행위로 인한 손해배상 청구는 구 일본제철이 일본국과 함께 원고들을 강제 노동에 종사시킬 목적으로 기망이나 강제에 의하여 동원하고, 이와 같이 동원된 원고들을 강제 노동에 종사시키는 일련의 행위가 불법 행위이고 피고는 구 일본제철의 원고들에 대한 법적 책임을 그대로 부담한다고 주장하는 것인데, 대한민국은 일본국과 함께 일련의 불법 행위 중 일부가 행하여진 불법 행위지인 점, 피해자인 원고들이 모두 대한민국에 거주하고 있고, 사안의 내용이 대한민국의 역사 및 정치적 변동 상황 등과 밀접한 관계가 있는 점 등을 알 수 있다.

앞서 본 법리에 위와 같은 사정들을 비추어 보면, 대한민국은 이 사건의 당사자 및 분쟁이 된 사안과 실질적 관련성이 있다고 할 것이고, 따라서 대한민국 법원은 이 사건에 대하여 국제 재판 관할권을 가진다.

3. 원고 1, 2의 상고 이유에 대한 판단

민사소송법 제217조 제3호는 외국 법원의 확정 판결의 효력을 인정하는 것이 대한민국의 선량한 풍속이나 그 밖의 사회 질서에 어긋나지 아니하여야 한다는 점을 외국 판결 승인 요건의 하나로 규정하고 있는데, 여기서 외국 판결의 효력을 인정하는 것, 즉 외국 판결을 승인한 결과가 대한민국의 선량한 풍속이나 그 밖의 사회 질서에 어긋나는지 여부는 그 승인 여부를 판단하는 시점에서 외국 판결의 승인이 우리나라의 국내법 질서가 보호하려는 기본적인 도덕적 신념과 사회 질서에 미치는 영향을 외국 판결이 다룬 사안과 우리나라와의 관련성의 정도에 비추어 판단하여야 하고, 이때 그 외국 판결의 주문뿐 아니라 이유 및 외국 판결을 승인할 경우 발생할 결과까지 종합하여 검토하여야 한다.

원심이 적법하게 채택한 증거에 의하면, 일본 판결은 원고 1, 2가 주장하는 청구권 발생 당시의 위 원고들을 일본인으로 보고, 위 원고들이 거주하던 한반도를 일본 영토의 구성 부분으로 봄으로써 위 원고들의 청구에 적용될 준거법을 외국적 요소를 고려한 국제사법적 관점에서 결정하지 않고 처음부터 일본법을 적용하였는데, 일본의 한국

병합 경위에 관하여 "조선은 1910년 한일합병조약이 체결된 후, 일본 국의 통치하에 있었다"고 전제하고, 위 원고들에 대한 징용 경위에 대하여 "당시 일본국 정부, 조선총독부 등이 전시하의 노무동원을 위한 적극적인 정책을 내세우고 있었던 것이 인정된다고 하더라도 위 원고들은 모두 노동자 모집 당시의 설명에 응하여 그 의사에 의하여 응모함으로써 오사카 제철소에서 노동하기에 이른 것이고, 이들의 의사에 반하여 강제 연행한 것은 아니"라고 보아, "위 원고들이 응모한 1943. 9.경에는 이미 '조선인 내지 이주 알선 요강'에 따라 사업주의 보도원補導員이 지방행정기관, 경찰, 그리고 조선노무협회 등이 연계된 협력을 받아 단기간에 목적한 인원수를 확보하고, 확보된 조선인 노무자는 사업주의 보도원에 의해 인솔되어 일본의 사업소로 연행되는 '관알선 방식'으로 징용이 실시되었는데, 이것은 일본국 정부가 후생성과 조선총독부의 통제하에 조선인 노동력을 중요 기업에 도입하여 생산기구에 편입하려는 계획하에 진행된 것으로서 실질적인 강제 연행이나 강제 징용이었다"는 위 원고들의 주장을 받아들이지 아니한 사실, 또한 일본 판결은 구 일본제철이 사전 설명과 달리 위 원고들을 오사카 제철소에서 자유가 제약된 상태로 위법하게 강제 노동에 종사하게 한 점, 실질적인 고용주로서 위 원고들에 대하여 일부 임금을 지급하지 아니하고, 안전배려의무를 제대로 이행하지 아니한 점 등 위 원고들의 청구원인에 관한 일부 주장을 받아들이면서도, 구 일본제철의 위 원고들에 대한 채무는 구 일본제철과 별개의 법인격을 가지고 있는 피고에게 승계되지 아니하였을 뿐만 아니라, 그렇지 않더라도 1965년 한일 청구권협정과 일본의 재산권 조치법에 의해 소멸하였다는 이유로 결국 위 원고들의 피고에 대한 청구를 기각한 사실 등을 알 수 있다.

이와 같이 일본 판결의 이유에는 일본의 한반도와 한국인에 대한 식민지배가 합법적이라는 규범적 인식을 전제로 하여, 일제의 국가총동원법과 국민징용령을 한반도와 위 원고들에게 적용하는 것이 유효하다고 평가한 부분이 포함되어 있다.

그러나 대한민국 제헌헌법은 그 전문前文에서 "유구한 역사와 전통에 빛나는 우리들 대한국민은 기미3·1운동으로 대한민국을 건립하여 세상에 선포한 위대한 독립정신을 계승하여 이제 민주독립국가를 재건함에 있어서"라고 하고, 부칙 제100조에서는 "현행 법령은 이 헌법에 저촉되지 아니하는 한 효력을 가진다"고 하며, 부칙 제101조는 "이 헌법을 제정한 국회는 단기 4278년 8월 15일 이전의 악질적인 반민족행위를 처벌하는 특별법을 제정할 수 있다"고 규정하였다. 또한 현행 헌법도 그 전문에 "유구한 역사와 전통에 빛나는 우리 대한국민은 3·1운동으로 건립된 대한민국임시정부의 법통과 불의에 항거한 4·19 민주이념을 계승하고"라고 규정하고 있다. 이러한 대한민국 헌법의 규정에 비추어 볼 때, 일제 강점기 일본의 한반도 지배는 규범적인 관점에서 불법적인 강점強占에 지나지 않고, 일본의 불법적인 지배로 인한 법률관계 중 대한민국의 헌법정신과 양립할 수 없는 것은 그 효력이 배제된다고 보아야 한다. 그렇다면 일본 판결 이유는 일제 강점기의 강제 동원 자체를 불법이라고 보고 있는 대한민국 헌법의 핵심적 가치와 정면으로 충돌하는 것이므로, 이러한 판결 이유가 담긴 일본 판결을 그대로 승인하는 결과는 그 자체로 대한민국의 선량한 풍속이나 그 밖의 사회 질서에 위반되는 것임이 분명하다. 따라서 우리나라에서 일본 판결을 승인하여 그 효력을 인정할 수는 없다.

그럼에도 원심은 이와 달리 일본 판결의 효력을 대한민국 법원이 승인하는 결과가 대한민국의 선량한 풍속이나 그 밖의 사회 질서에 위반되지 않으므로 승인된 일본 판결의 기판력에 의하여 위 원고들의 청구에 대하여 일본 판결과 모순된 판단을 할 수 없다는 이유로 위 원고들의 청구를 곧바로 기각하고, 대한민국 법원의 독자적인 관점에서 위 원고들의 청구를 직접 판단하지 아니하였다. 이러한 원심 판결에는 외국 판결의 승인에 관한 법리를 오해하여 판결 결과에 영향을 미친 위법이 있다. 이 점을 지적하는 위 원고들의 이 부분 상고 이유 주장은 이유가 있다.

4. 원고 3, 4의 상고 이유에 대한 판단

가. 구 일본제철과 피고의 법적 동일성 여부

원심은, 구 일본제철이 일본국과 함께 조직적인 기망에 의하여 원고 3, 4를 동원하여 강제 노동에 종사하게 하는 불법 행위를 저질렀다고 판단하면서도 구 일본제철과 피고의 법인격이 동일하다거나 구 일본제철의 위 원고들에 대한 채무를 피고가 승계하였다고 볼 수 없다는 이유로 위 원고들의 청구를 기각하였다.

그러나 원심의 이러한 판단은 다음과 같은 이유에서 그대로 수긍할 수 없다.

구 일본제철의 해산 및 분할에 따른 법인격의 소멸 여부, 제2회사 및 피고가 구 일본제철의 채무를 승계하는지 여부를 판단하는 기준이 되는 준거법은 법정지인 대한민국에 있어서 외국적 요소가 있는 법률관계에 적용될 준거법의 결정에 관한 규범(이하 '저촉규범'이라 한다)에 의하여 결정되어야 하는데, 그 법률관계가 발생한 시점은 구 섭외사법 (1962. 1. 15. 법률 제996호로 제정된 것)이 시행된 1962. 1. 15. 이전부터 그 이후까지 걸쳐 있다. 그중 1962. 1. 15. 이전에 발생한 법률관계에 적용되는 대한민국의 저촉규범은 1912. 3. 28.부터 일왕日王의 칙령 제21호에 의하여 우리나라에 의용依用되어 오다가 군정 법령 제21호를 거쳐 대한민국 제헌헌법 부칙 제100조에 의하여 "현행법령"으로서 대한민국 법질서에 편입된 일본의 '법례法例'(1898. 6. 21. 법률 제10호)이다. 위 '법례'는 구 일본제철과 제2회사 및 피고의 법적 동일성 여부를 판단할 법인의 속인법에 대하여 명문의 규정을 두고 있지는 않았지만, 법인의 설립준거지법이나 본거지법에 의하여 이를 판단한다고 해석되고 있었고, 구 일본제철과 제2회사 및 피고의 설립준거지와 본거지는 모두 일본이므로, 구 일본제철의 해산 및 분할에 따른 법인격의 소멸 여부, 채무 승계 여부를 판단할 준거법은 일단 일본법이 될 것인데, 여기에 회사경리응급조치법과 기업재건정비법이 포함되는 것은 당연하다. 그러나 한편 위 '법례' 제30조는 "외국법에 의한 경우에 그 규정이 공공의 질서 또는 선량한 풍속에 반하는 때에는 이를 적용하지 아니한다"고 규정하고 있었으므로, 대한민국의 저촉규범에 따라 준거법으로 지정된 일본법을 적용한 결과가 대한민국의 공서양속에 위반되면 일본법의 적용을 배제하고, 법정지인 대한민국의 법률을 적용하여야 한다. 또한 1962. 1. 15. 이후에 발생한 법률관계에 적용되는 구 섭외사법에 있어서도 이러한 법리는 마찬가지이다.

이 사건에서 외국법인 일본법을 적용하게 되면, 위 원고들은 구 일본제철에 대한 채권을 피고에 대하여 주장하지 못하게 되는데, 위 1. 마.항에서 본 바와 같이 구 일본제철이 피고로 변경되는 과정에서 피고가 구 일본제철의 영업재산, 임원, 종업원을 실질적으로 승계하여 회사의 인적, 물적 구성에는 기본적인 변화가 없었음에도, 전후 처리 및 배상 채무 해결을 위한 일본 국내의 특별한 목적 아래 제정된 기술적 입법에 불과한 회사경리응급조치법과 기업재건정비법 등 일본 국내법을 이유로 구 일본제철의 대한민국 국민에 대한 채무가 면탈되는 결과로 되는 것은 대한민국의 공서양속에 비추어 용인할 수 없다.

일본법의 적용을 배제하고 당시의 대한민국 법률을 적용하여 보면, 구 일본제철이 위 1. 마.항에서 본 바와 같이 책임재산이 되는 자산과 영업, 인력을 제2회사에 이전하여 동일한 사업을 계속한 점 등에 비추어 구 일본제철과 피고는 그 실질에 있어서 동일성을 그대로 유지하고 있는 것으로 봄이 상당하여 법적으로는 동일한 회사로 평가하기에 충분하고, 일본국의 법률이 정한 바에 따라 구 일본제철이 해산되고 제2회사가 설립된 뒤 흡수합병의 과정을 거쳐 피고로 변경되는 등의 절차를 거쳤다고 하여 달리 볼 것은 아니다.

따라서 위 원고들은 구 일본제철에 대한 청구권을 피고에 대하여도 행사할 수 있다.

결국 원심의 이 부분 판단은 저촉규범에서의 공서규정에 관한 법리를 오해하여 판결 결과에 영향을 미친 위법을 저지른 것이다. 이 점을 지적하는 위 원고들의 이 부분 상고 이유 주장은 이유가 있다.

나. 청구권협정에 의한 위 원고들의 청구권의 소멸 여부

(1) 원심은 앞서의 판단에 부가하여 위 원고들이 국내법상 불법 행위에 기한 손해배상청구권은 시효의 완성으로 모두 소멸하였다는 취지로 판시하였고, 이에 대하여 위 원고들은 원심이 소멸시효에 관한 법리를 오해하였다는 취지의 상고 이유를 내세우고 있다. 이러한 상고 이유를 판단함에 있어서는 그 선결문제로서 청구권협정에 의하여 위 원고들의 청구권이 소멸하였는지 여부에 대한 판단이 먼저 이루어져야 한다.

(2) 청구권협정은 일본의 식민지배 배상을 청구하기 위한 협상이 아니라 샌프란시스코 조약 제4조에 근거하여 한일 양국 간의 재정적·민사적 채권·채무 관계를 정치적 합의에 의하여 해결하기 위한 것으로서, 청구권협정 제1조에 의해 일본 정부가 대한민국 정부에 지급한 경제협력자금은 제2조에 의한 권리문제의 해결과 법적 대가관계가 있다고 보이지 않는 점, 청구권협정의 협상 과정에서 일본 정부는 식민지배의 불법성을 인정하지 않은 채, 강제 동원 피해의 법적 배상을 원천적으로 부인하였고, 이에 따라 한일 양국의 정부는 일제의 한반도 지배의 성격에 관하여 합의에 이르지 못하였는데, 이러한 상황에서 일본의 국가권력이 관여한 반인도적 불법 행위나 식민지배와 직결된 불법 행위로 인한 손해배상청구권이 청구권협정의 적용 대상에 포함되었다고 보기는 어려운 점 등에 비추어 보면, 위 원고들의 손해배상청구권에 대하여는 청구권협정으로 개인 청구권이 소멸하지 아니하였음은 물론이고, 대한민국의 외교적 보호권도 포기되지 아니하였다고 봄이 상당하다.

나아가 국가가 조약을 체결하여 외교적 보호권을 포기함에 그치지 않고 국가와는 별개의 법인격을 가진 국민 개인의 동의 없이 국민의 개인 청구권을 직접적으로 소멸시킬 수 있다고 보는 것은 근대법의 원리와 상충되는 점, 국가가 조약을 통하여 국민의 개인 청구권을 소멸시키는 것이 국제법상 허용될 수 있다고 하더라도 국가와 국민 개인이 별개의 법적 주체임을 고려하면 조약에 명확한 근거가 없는 한 조약 체결로 국가의 외교적 보호권 이외에 국민의 개인 청구권까지 소멸하였다고 볼 수는 없을 것인데, 청구권협정에는 개인 청구권의 소멸에 관하여 한일 양국 정부의 의사의 합치가 있었다고 볼 만큼 충분한 근거가 없는 점, 일본이 청구권협정 직후 일본국 내에서 대한민국 국민의 일본국 및 그 국민에 대한 권리를 소멸시키는 내용의 재산권 조치법을 제정·시행한 조치는 청구권협정만으로 대한민국 국민 개인의 청구권이 소멸하지 않음을 전제로 할 때 비로소 이해될 수 있는 점 등을 고려해 보면, 위 원고들의 청구권이 청구권협정의 적용 대상에 포함된다고 하더라도 그 개인 청구권 자체는 청구권협정만으로 당연히 소멸한다고 볼 수는 없고, 다만 청구권협정으로 그 청구권에 관한 대한민국의 외교적 보호권이 포기됨으로써 일본의 국내 조치로 해당 청구권이 일본국 내에서 소멸하여도 대한민국이 이를 외교적으로 보호할 수단을 상실하게 될 뿐이다.

(3) 따라서 위 원고들의 피고에 대한 불법 행위로 인한 손해배상청구권은 청구권협정으로 소멸하지 아니하였으므로, 위 원고들은 피고에 대하여 이러한 청구권을 행사할 수 있다.

다. 피고가 소멸시효 완성의 항변을 할 수 있는지 여부

(1) 준거법

위 원고들의 청구권이 발생한 시점에 적용되는 대한민국의 저촉규범에 해당하는 위 '법례'에 의하면 불법 행위로 인한 손해배상청구권의 성립과 효력은 불법 행위 발생지의 법률에 의하는데(제11조), 이 사건 불법 행위지는 대한민국과 일본에 걸쳐 있으므로 불법 행위로 인한 손해배상청구권에 관하여 판단할 준거법은 대한민국법 또는 일본법이 될 것이나, 이미 공동 원고들인 원고 1, 2가 일본법이 적용된 일본 소송에서 패소한 점에 비추어 원고 3, 4는 자신들에게 보다 유리한 준거법으로 대한민국법을 선택하려는 의사를 가지고 있다고 추인되므로, 대한민국 법원은 대한민국법을 준거법으로 하여 판단하여야 한다. 나아가 제정 민법이 시행된 1960. 1. 1. 이전에 발생한 사건이 불법 행위에 해당하는지 여부와 그 손해배상청구권이 시효로 소멸하였는지 여부의 판단에 적용될 대한민국법은 제정 민법 부칙 제2조 본문에 따라 '구 민법(의용 민법)'이 아닌 '현행 민법'이다.

(2) 소멸시효가 완성되었다는 항변의 가부

소멸시효는 객관적으로 권리가 발생하여 그 권리를 행사할 수 있는 때로부터 진행하고 그 권리를 행사할 수 없는 동안은 진행하지 않지만 여기서 '권리를 행사할 수 없는' 경우라 함은 그 권리 행사에 법률상의 장애사유, 예컨대 기간의 미도래나 조건 불성취 등이 있는 경우를 말하는 것이고, 사실상 권리의 존재나 권리 행사 가능성을 알지 못하였고 알지 못함에 과실이 없다고 하여도 이러한 사유는 법률상 장애사유에 해당하지 않는다(대법원 2006. 4. 27. 선고 2006 다1381 판결 등 참조).

한편 채무자의 소멸시효에 기한 항변권의 행사도 민법의 대원칙인 신의성실의 원칙과 권리남용금지의 원칙의 지배를 받는 것이어서, 채무자가 시효완성 전에 채권자의 권리 행사나 시효중단을 불가능 또는 현저히 곤란하게 하였거나 그러한 조치가 불필요하다고 믿게 하는 행동을 하였거나, 객관적으로 채권자가 권리를 행사할 수 없는 장애사유가 있었거나, 또는 일단 시효완성 후에 채무자가 시효를 원용하지 아니할 것 같은 태도를 보여 권리자로 하여금 그와 같이 신뢰하게 하였거나, 채권자 보호의 필요성이 크고 같은 조건의 다른 채권자가 채무의 변제를 수령하는 등의 사정이 있어 채무이행의 거절을 인정함이 현저히 부당하거나 불공평하게 되는 등의 특별한 사정이 있는 경우에는 채무자가 소멸시효의 완성을 주장하는 것이 신의성실의 원칙에 반하여 권리 남용으로서 허용될 수 없다(대법원 2011. 6. 30. 선고 2009 다72599 판결 등 참조).

원심 판결의 이유와 원심이 적법하게 채택한 증거들에 의하면, 위 원고들은 구 일본제철의 불법 행위가 있은 후 1965. 6. 22. 한일 간의 국교가 수립될 때까지는 일본국과 대한민국 사이의 국교가 단절되어 있었고, 따라서 위 원고들이 피고를 상대로 대한민국에서 판결을 받더라도 이를 집행할 수 없었던 사실, 1965년 한일 간에 국교가 정상화되었으나, 한일 청구권협정 관련 문서가 모두 공개되지 않은 상황에서 청구권협정 제2조 및 그 합의의사록의 규정과 관련하여 청구권협정으로 대한민국 국민의 일본국 또는 일본 국민에 대한 개인 청구권이 포괄적으로 해결된 것이라는 견해가 대한민국 내에서 일반적으로 받아들여져 온 사실, 일본에서는 청구권협정의 후속조치로 재산권 조치법을 제정하여 원고들의 청구권을 일본 국내적으로 소멸시키는 조치를 취하였고 공동 원고들인 원고 1, 2가 제기한 일본 소송에서 청구권협정과 재산권 조치법이 이들의 청구를 기각하는 부가적인 근거로 명시되기도 한 사실, 그런데 원고들의 개인 청구권, 그중에서도 특히 일본의 국가권력이 관여한 반인도적 불법 행위나 식민지배와 직결된 불법 행위로 인한 손해배상청구권은 청구권협정으로 소멸하지 않았다는 견해가 원고 1, 2 등 강제 동원 피해자들이 일본에서 소송을 제기한 1990년대 후반 이후에야 서서히 부각되었고 마침내 2005. 1. 한국에서 한일 청구권협정 관련 문서가 공개된 뒤, 2005. 8. 26. 일본의 국가권력이 관여한 반인도적 불법 행위나 식민지배와 직결된 불법 행위로 인한 손해배상청구권은 청구권협정에 의하여 해결된 것으로 볼 수 없다는 민관공동위원회의 공식적 견해가 표명된 사실 등을 알 수 있다.

여기에 앞서 본 바와 같이 구 일본제철과 피고의 동일성 여부에 대하여도 의문을 가질 수밖에 없도록 하는 일본에서의 법적 조치가 있었던 점을 더하여 보면, 적어도 위 원고들이 이 사건 소를 제기할 시점인 2005. 2.까지는 위 원고들이 대한민국에서 객관적으로 권리를 사실상 행사할 수 없는 장애사유가 있었다고 봄이 상당하다.

이러한 점들을 앞서 본 법리에 비추어 살펴보면, 구 일본제철과 실질적으로 동일한 법적 지위에 있는 피고가 소멸시효의 완성을 주장하여 위 원고들에 대한 채무의 이행을 거절하는 것은 현저히 부당하여 신의성실의 원칙에 반하는 권리남용으로서 허용될 수 없다.

그럼에도 원심이 그 판시와 같은 사정만으로는 피고가 소멸시효 완성을 주장하는 것이 신의칙 위반에 의한 권리남용에 해당하지 않는다고 판단한 것은 소멸시효 주장의 신의칙에 의한 제한의 법리를 오해하여 판결 결과에 영향을 미친 위법을 저지른 것이다. 이 점을 지적하는 위 원고들의 이 부분 상고 이유 주장 또한 이유가 있다.

5. 결론

그러므로 원심 판결을 파기하고(원고들은 각 국제법 위반과 국내법 위반을 이 사건 손해배상 청구의 원인으로 주장하였는데, 원심은 이를 별개의 소송물로 본 듯한 판시를 하였으나, 이는 별개의 소송물이라기보다는 불법 행위에 기한 손해배상 청구에 있어서의 공격 방법을 달리한 것에 지나지 않는다고 봄이 상당하므로 원심 판결 전부를 파기한다), 사건을 다시 심리·판단하도록 원심 법원에 환송하기로 하여 관여 대법관의 일치된 의견으로 주문과 같이 판결한다.

대법관 이인복(재판장) 김능환(주심) 안대희 박병대

자료 3
니시마쓰건설 강제 노동 사건 상고심 판결
〔최고재판소 2007년 4월 27일 판결〕

손해배상 청구 사건

최고재판소 제2 소법정 헤이세이 16년(2004년) 受 제1658호

헤이세이 19년(2007년) 4월 27일

원심 판결을 파기한다.

피상고인들의 항소를 모두 기각한다. 항소 비용 및 상고 비용은 피상고인들이 부담하는 것으로 한다.

이 유

제1 사안의 개요(략)

제2 상고 대리인 히구치 슌지樋口俊二 다카노 야스히코高野康彦 이오

타 도시하루五百田俊治의 상고 수리 신청 이유 제4에 대하여

1. 논지는, 원심의 상기 제1의 4 (4)의 판단이 법령위반이라는 것인
바, 동 판단 중에서 일중공동성명에 의한 청구권 포기 항변을 인정하
지 않았던 부분은 시인할 수 없다. 그 이유는 다음과 같다.

2. 전후 처리의 기본원칙으로서의 청구권 포기에 대하여

(1) 제2차 세계대전 뒤의 일본국의 전후 처리 골격을 정하게 된 샌
프란시스코 평화조약은, 이른바 전쟁 배상(강화 때 패전국이 전승국에 대해
제공하는 금전 기타 급부를 말한다)과 관련한 일본국의 연합국에 대한 배상
의무를 확인하고, 실질적으로 전쟁 배상의 일부를 충당하는 취지에서
연합국 관리하에 있는 재외 자산의 처분을 연합국에 맡기는[14조 (a) 2]
등의 처리를 결정하는 한편, 일본국의 자원은 완전한 전쟁 배상을 하
기에 충분하지 않다는 것도 인정받아[14조 (a)주서柱書] 그 부담 능력에
대한 배려를 표시하면서, 역무배상을 포함해서 전쟁 배상의 구체적인
약정에 대해서는 일본국과 각 연합국 사이의 개별 교섭에 맡기기로
했다.[14조 (a) 1]

그리고 이런 전쟁 배상 처리의 전제가 된 것이 이른바 '청구권 처
리'이다. 여기에서 말하는 '청구권 처리'란, 전쟁 수행 중에 생긴 교전
국 상호간 또는 그 국민 상호간의 청구권으로, 전쟁 배상과는 별개로
교섭 주제가 될 가능성이 있는 것의 처리를 말하는데, 이에 대해서는
개인의 청구권을 포함해 전쟁 수행 중에 생긴 상대국 및 그 국민(법인
도 포함하는 것으로 풀이된다)에 대한 모든 청구권은 상호 포기하는 것으로

했다 [14조 (b), 19조 (a)].

　(2) 이처럼 샌프란시스코 평화조약은 개인의 청구권을 포함해서 전쟁 수행 중에 생긴 모든 청구권을 상호 포기하는 것을 전제로, 일본국은 연합국에 대한 전쟁 배상 의무를 인정하고 연합국의 관리하에 있는 재외 자산의 처분을 연합국에게 맡기며, 역무배상을 포함해 구체적인 전쟁 배상 약정은 각 연합국과 개별적으로 맺는다는 일본국의 전후 처리 틀을 정하는 것이었다. 이 틀은 연합국 48개국과 체결되고, 이에 따라 일본국이 독립을 회복한다는 샌프란시스코 평화조약의 중요성에 비춰, 일본국이 샌프란시스코 평화조약 당사국 이외의 나라나 지역과 평화조약 등을 체결해서 전후 처리를 할 때에도 그 틀이 적용돼야 한다.(이하 이 틀을 '샌프란시스코 평화조약 틀'이라고 한다) 샌프란시스코 평화조약 틀은 일본국과 연합국 48개국 사이의 전쟁 상태를 최종적으로 종료하고, 장래에 흔들림 없는 우호관계를 구축한다는 평화조약의 목적을 달성하기 위해 정해진 것이며, 이 틀이 정해진 것은 평화조약을 체결하면서 전쟁 수행 중에 생긴 각종 청구권에 관한 문제를 사후적 개별적인 민사재판상의 권리 행사로 해결하는 처리방식에 맡겨둘 경우 장차 어느 국가 또는 국민에 대해서도 평화조약 체결 시에는 예측 곤란한 과대한 부담을 지워 혼란을 야기할 우려가 있어서 평화조약의 목적 달성을 방해하게 될 것이라는 생각에 따른 것으로 풀이된다.

　(3)그리고 샌프란시스코 평화조약의 틀에서의 청구권 포기 취지가 상기한 바와 같이 청구권 문제를 사후적 개별적인 민사재판상의 권리 행사를 통한 해결에 맡기는 것을 피하자는 점에 있다는 것을 감안하면, 여기서 말하는 청구권의 '포기'는 청구권을 실체적으로 소멸시키

는 것까지를 의미하는 것이 아니라, 해당 청구권에 기초해서 재판상 소구訴求할 권능을 잃게 되는 것에 그치는 것으로 풀이하는 것이 상당하다. 따라서 샌프란시스코 평화조약 틀에 의해 전쟁 수행 중에 생긴 모든 청구권의 포기가 실행되더라도 개별 구체적인 청구권에 대해서는 그 내용 등을 감안해 채무자 쪽에서 임의의 자발적인 대응을 하는 것은 방해받지 않는다고 해야 할 것이고, 샌프란시스코 평화조약 14조 (b)의 해석을 둘러싸고 요시다 시게루 내각총리대신이 네덜란드 왕국 대표 스티커 외무장관에게 보낸 서간에서 상기와 같은 자발적인 대응의 가능성을 표명하고 있는 것은 공지의 사실이다.

피상고인들은 국가가 보유한 외교보호권을 포기하는 것과는 상관없이, 국민 고유의 권리인 사권私權을 국가 간 합의로 제한할 순 없다는 취지의 주장을 하지만, 국가는 전쟁 종결에 따르는 강화조약의 체결 때 대인주권對人主權에 기초해 개인의 청구권을 포함한 청구권의 처리를 실행하는 것이므로, 상기 주장은 채용할 수 없다.

(4) 샌프란시스코 평화조약의 체결 뒤, 일본국 정부와 동 조약의 당사국 정부 사이에서는 동 조약에 따라 역무배상을 포함한 전쟁 배상 방식에 대해 교섭이 이뤄졌고, 그 결과 양국 간 배상협정이 체결되거나(필리핀 공화국 등), 또는 배상청구권이 포기(라오스 인민민주공화국 등)됐는데, 거기에서는 당연히 개인의 청구권을 포함한 청구권의 상호 포기가 전제됐다. 일본국 정부는 샌프란시스코 평화조약 당사국이 되지 못한 나라들 또는 지역에 대해서도 개별적으로 양국 간 평화조약 또는 배상협정을 체결하는 등, 전쟁 배상 및 청구권 처리를 진행했는데, 이들 조약 등에서도 청구권의 처리에 관해 개인 청구권을 포함해 전

쟁 수행 중에 생긴 모든 청구권을 상호 포기한다는 뜻이 명시적으로 규정돼 있다('일본국과 인도 간의 평화조약' 6조, '일본국과 버마(미얀마)연방 간의 평화조약' 5조, '특별 엔미 문제 해결에 관한 일본국과 타이완의 협정' 3조, '네덜란드 국민의 일종의 사적 청구권에 관한 문제의 해결에 관한 일본국 정부와 네덜란드 왕국 정부 간의 의정서' 3조, '일본국과 소비에트 사회주의공화국연방과의 공동선언' 6항, '일본국과 폴란드 인민공화국 간의 국교회복에 관한 협정' 4조, '일본국과 인도네시아공화국 간의 평화조약' 4조, '일본국과 싱가포르 공화국 간의 1967년 9월 21일의 협정' 2조, '태평양제도 신탁통치지역에 관한 일본국과 미국 간의 협정' 3조 등). 또 '일본국과 말레이시아 간의 1967년 9월 21일 협정' 2조는 "말레이시아 정부는, 양국 간에 존재하는 양호한 관계에 영향을 주는 제2차 세계대전 기간의 불행한 사건으로 생긴 모든 문제가 여기에서 완전하고 최종적으로 해결됐다는 데에 동의한다"는 다소 추상적인 표현으로 돼 있어 표현으로서는 유일한 예외라고 할 수 있지만 동 협정이 샌프란시스코 평화조약이나 그 이후의 전기前記 양국 간 평화조약에서의 청구권 처리와 다른 청구권 처리를 규정한 것이라고 풀이할 수 없으며, 이 조항도 개인의 청구권을 포함해 전쟁 수행 중에 생긴 모든 청구권을 상호 포기하는 샌프란시스코 평화조약 틀에 따르는 취지의 것으로 풀이된다.

3. 일화(日華, 일본-중화민국) 평화조약에 따른 청구권 포기에 대하여

(1) 중국과의 관계에서 맺은 전후 처리에 관한 조약으로는, 상기한 바와 같이 중화민국 정부와 체결한 일화평화조약이 존재한다. 동 조약 11조는 "일본국과 중화민국 사이에 전쟁 상태가 존재한 결과로 생긴 문제"는 샌프란시스코 평화조약의 상당相當 규정에 따르는 것으로

규정하는 바, 그중에는 개인의 청구권을 포함한 청구권 처리 문제도 당연히 포함돼 있다고 풀이할 수 있으므로, 이에 따르면 일중전쟁 수행 중에 생긴 중국 및 중국 국민의 모든 청구권은 샌프란시스코 평화조약 14조 (b)의 규정에 준하여 포기된 것으로 풀이해야 한다. 또한 앞서 기술한 대로 의정서 I (b)에는 '일본 국민에 대한 관후寬厚와 선의의 표징'으로, 역무배상도 포기하는 것으로 돼 있다.

(2) 그런데, 일화평화조약이 체결된 1952년 당시, 중화민국 정부는 중국 대륙에서 쫓겨나 대만 및 그 주변 섬들을 지배할 뿐이었으므로 동 정부가 일중전쟁 강화에 관한 평화조약을 체결할 권한을 갖고 있었는지 의문의 여지가 없지 않았다. 그러나 당시 중국의 정부 승인을 둘러싸고 중화민국 정부를 승인한 미국을 비롯한 나라들과 중화인민공화국 정부를 승인한 영국을 비롯한 나라들로 2분돼 있기는 했으나 숫자상으로는 전자가 후자를 상회했고, 또한 국제연합에서의 중국 대표권을 갖고 있었던 것도 중화민국 정부였던 것은 공지의 사실로, 이런 상황하에서 일본국 정부에서 중화민국 정부를 중국의 정통정부로 보고 승인했던 것이며, 그 결과 중화민국 정부가 일중전쟁 강화에 관한 평화조약을 체결하는 것 자체에 지장이 없었다고 봐야 한다.

(3) 그렇지만 앞서 기술한 대로 일화평화조약이 체결됐을 당시, 중화민국 정부는 대만 및 그 주변 섬들을 지배하고 있었을 뿐이어서, 부속 교환공문에는 이를 전제로, "이 조약의 조항이 중화민국에 관해서는 현재 중화민국 정부 지배하에 있거나, 또는 향후 지배하에 들어갈 모든 영역에 적용한다"는 뜻의 기재가 있다. 이 기재에 따르면, 전쟁배상 및 청구권 처리에 관한 조항은 중화인민공화국 정부가 지배하고

있던 중국 대륙에 대해서는 장래 적용 가능성이 제시된 데에 지나지 않는다는 해석도 충분히 성립되는 것이라고 해야 한다.

따라서 전쟁 배상 및 개인의 청구권을 포함한 청구권 포기를 정한 일화평화조약 11조 및 의정서 I (b)의 조항에 대해서는 동 조약의 체결 뒤 중화민국 정부의 지배하에 들어간 적이 없는 중국 대륙에 적용되는 것으로 단정할 수 없으며, 중국 대륙에 거주하는 중국 국민에 대해서도 당연히 그 효력이 미친다고 할 수 없다. 그리고 피상고인들은 중국 대륙에 거주하는 중국 국민임이 분명하므로, 동인同人들에 대해 당연히 동 조약에 의한 청구권 포기 효력이 미친다고 할 수 없다.

4. 일중공동성명 5항에 의한 청구권 포기에 대하여

(1) 일중공동성명 5항은 "중화인민공화국 정부는, 중일 양국 국민의 우호를 위해 일본국에 대한 전쟁 배상 청구를 포기한다는 것을 선언한다"고 기술돼 있는데, 그 문언에 따르자면 포기의 대상이 되는 '청구'의 주체가 명시돼 있지 않고, 국가 간의 이른바 전쟁 배상 외에 청구권의 처리를 포함한다는 취지인지 아닌지, 또한 청구권 처리를 포함한다 하더라도 중화인민공화국 국민이 개인으로서 지니고 있는 청구권의 포기를 포함하는 취지인지 아닌지가 반드시 명확하다고 할 수는 없다.

(2) 그러나 공표된 일중 국교 정상화교섭의 공식기록이나 관계자의 회고록 등에 기초한 고증을 거쳐 오늘날에는 공지의 사실이 돼 있는 교섭 경위 등을 감안해서 생각할 경우, 아래와 같이 일중공동성명은 평화조약의 실질을 지니는 것으로 봐야 하며, 일중공동성명에서

전쟁 배상 및 청구권 처리에 대해 샌프란시스코 평화조약의 틀과 다른 약정이 이뤄진 것으로 풀이할 순 없다고 봐야 한다.

(가) 중화인민공화국 정부는 일중 국교 정상화 교섭에서 '복교復交 3원칙'에 기초한 처리를 주장했다. 이 복교 3원칙이란 ① 중화인민공화국 정부가 중국을 대표하는 유일 합법 정부라는 것, ② 대만은 중화인민공화국 영토의 불가분의 일부라는 것, ③ 일화평화조약은 불법, 무효이며, 폐기돼야 한다는 것을 말한다. 중화인민공화국 정부로서는 이러한 생각에 입각할 경우 일중전쟁의 강화는 아직도 성립돼 있지 않다는 것이 되기 때문에 일중공동성명에는 평화조약으로서의 의미를 부여할 필요가 있으며, 전쟁 종결 선언이나 전쟁 배상 및 청구권 처리가 불가결했다.

이에 대해 일본국 정부는 중화민국 정부를 중국의 정통정부로 승인하고 일화평화조약을 체결한 경위로 볼 때 동 조약을 장차 종료시키는 문제와는 별도로, 일중전쟁의 종결, 전쟁 배상 및 청구권 처리라는 사항에 관해서는 형식적으로는 일화평화조약으로 해결이 끝났다는 전제 위에 서지 않을 수 없었다(일화평화조약에 의한 전쟁 배상 및 청구권 처리 조항이 중국 대륙에 적용될 것으로 단정할 수 없었던 것은 상기한 대로인데, 당시 일본국 정부는 그러한 견해를 채용하지 않았다).

(나) 일중 국교 정상화 교섭에서 중화인민공화국 정부와 일본국 정부는 모두 이상과 같은 다른 전제 위에서 교섭에 임할 수밖에 없는 입장이었다는 점을 충분히 인식하면서, 결과적으로 어느 쪽 입장에서도 모순 없이 일중전쟁의 전후 처리를 할 수 있도록 한다는 의도로 공동성명 표현을 모색했고, 그 결과 일중공동성명 전문에 일본국 쪽이 중

화인민공화국 정부가 제기한 복교 3원칙을 "충분히 이해하는 입장"이라는 뜻이 기술됐다. 그리고 일중공동성명 1항의 "일본국과 중화인민공화국 간의 이제까지의 비정상적인 상태는 이 공동성명이 공표되는 날 종료된다"는 표현은 중국 쪽에서 보자면 일중전쟁의 종료 선언으로 해석할 수 있는 것이며, 한편으로 일본국 쪽에서 보자면 중화인민공화국 정부와 국교가 없었던 상태가 이로써 해소됐다는 의미로 해석할 수 있는 것으로 채용됐다.

㈐ 이상과 같은 일중 국교 정상화 교섭 경위에 비춰본다면, 중화인민공화국 정부는 일중공동성명 5항을, 전쟁 배상뿐만 아니라 청구권 처리도 포함해서 모든 전후 처리를 실행한 창설創設적인 규정으로 파악하고 있었던 것이 분명하며, 또한 일본국 정부로서도 전쟁 배상 및 청구권 처리는 일화평화조약으로 해결이 끝난 것이라는 생각을 유지하면서도, 중화인민공화국 정부와도 실질적으로 동 조약과 같은 귀결이 되도록 처리됐음을 확인하는 의미를 지닌 것이라는 이해에 입각해서, 그 표현에 대해 합의한 것으로 풀이된다. 이상과 같은 경위를 거쳐 공표된 일중공동성명은 중화인민공화국 정부는 물론 일본국 정부에게도 평화조약의 실질을 지닌 것이라고 해야 한다.

그리고 앞서 기술한 대로 샌프란시스코 평화조약의 틀은 평화조약의 목적을 달성하기 위해 중요한 의의를 지닌 것이며, 샌프란시스코 평화조약의 틀을 벗어나 청구권 처리를 미정인 상태로 두고 전쟁 배상만을 결착하거나 또는 청구권 포기 대상에서 개인의 청구권을 제외할 경우 평화조약의 목적 달성이 방해받을 우려가 있다는 것이 명백함에도 일중공동성명을 공표할 때 굳이 그런 처리를 할 수밖에 없었던 사정을 전혀 엿볼 수 없고, 일중 국교 정상화교섭에서 그런 관점에서의 문제제기가 있었거나 교섭이 이뤄진 형적形跡도 없다. 따라서 일중공동성명 5항의 문언상 '청구'의 주체로 개인을 명시하지 않았다고 해서 샌프란시스코 평화조약의 틀과 다른 처리가 이뤄졌다고 풀이할 순 없다.

㈘ 이상의 내용에 따르면, 일중공동성명은 샌프란시스코 평화조약의 틀과 다른 취지의 것이 아니며, 청구권 처리에 대해서는 개인의 청구권을 포함해 전쟁 수행 중에 생긴 모든 청구권을 상호 포기한다는 점을 분명히 한 것이라고 해야 한다.

(3) 상기와 같은 일중공동성명 5항의 해석을 전제로, 그 법 규범성 및 법적 효력에 대해 검토한다.

먼저 일중공동성명은 우리나라에서 조약으로 취급되지 않고, 국회 비준도 거치지 않은 것이기 때문에, 그 국제법상의 법 규정성이 문제가 될 수 있다. 그러나 중화인민공화국이 이것을 창설적인 국제법 규범으로 인식하고 있었던 것은 명백하며, 적어도 동同 국가 쪽의 일방적인 선언으로서의 법 규범성을 긍정할 수 있는 것이다. 나아가 국제법상 조약으로서의 성격을 지닌다는 것이 분명한 일중 평화우호조약에서 일중공동성명에 제시돼 있는 원칙들을 엄격히 준수한다는 뜻이 확인돼 있는 것으로 볼 때, 일중공동성명 5항의 내용이 일본국에서도 조약으로서의 법 규범성을 획득했다고 해야 하며, 어느 경우든 그 국제법상의 법 규범성이 인정된다는 것은 명백하다.

그리고 앞서 기술한 대로 샌프란시스코 평화조약의 틀에서는, 청구권 포기란 청구권에 의거해 재판상 소구訴求할 권능을 상실한다는 것을 의미하므로, 그 내용을 구체화하기 위한 국내법상의 조치는 필요 없으며, 일중공동성명 5항이 정하는 청구권의 포기도 마찬가지로 국내법적인 효력이 인정된다고 해야 한다.

(4) 이상의 내용으로 볼 때, 일중전쟁 수행 중에 생긴 중화인민공화국 국민의 일본국 또는 그 국민 또는 법인에 대한 청구권은 일중공동성명 5항에 의해 재판상 소구訴求할 권능을 상실했다고 해야 하며, 그러한 청구권에 기초한 재판상의 청구에 대해 동同 항에 기초한 청구권 포기에 대한 항변이 주장될 경우 해당 청구는 기각을 면할 수 없다.

5. 정리

본 소송 청구는 일중전쟁 수행 중에 생긴 중국인 노동자의 강제 연행 및 강제 노동에 관한 안전배려의무 위반 등을 이유로 한 손해배상 청구이며, 전기前記 사실관계에 비춰보건대 피해자들이 입은 정신적·육체적인 고통은 지극히 큰 것이었다고 인정되지만, 일중공동성명 5항에 기초한 청구권 포기 대상이 된다고 하지 않을 수 없으며, 자발적인 대응의 여지가 있다고 하더라도 재판상 소구하는 것은 인정될 수 없다고 해야 한다. 따라서 청구권 포기에 관한 상고인 항변은 이유가 있으며, 위에서 얘기한 것과 다른 원심의 판단에는 판결에 영향을 미칠 게 분명한 법령의 위반이 있다. 논지는 이유가 있고, 원심 판결은 파기를 면할 수 없다. 그리고 이상과 같이 설시說示한 바에 따르면, 그 나머지 점들에 대해서 판단할 것도 없이 피상고인들의 청구는 이유가 없다고 해야 하며, 이를 기각한 제1심 판결은 결론적으로 정당하므로 피상고인들의 항소를 모두 기각해야 한다.

또 전기前記 2 (3)처럼, 샌프란시스코 평화조약의 틀에서도 개별 구체적인 청구권에 대해 채무자 쪽에서 임의의 자발적인 대응을 하는 데에는 지장이 없으나, 본건本件 피해자들이 입은 정신적·육체적 고통이 매우 컸고 또 한편으로 상고인은 앞서 기술한 바와 같은 근무조건에서 중국인 노동자들을 강제 노동에 종사케 해서 상응한 이익을 얻었으며, 또 전기 보상금을 취득하는 등의 여러 사정을 감안할 때 상고인을 포함한 관계자들이 본건 피해자들의 피해 구제를 위한 노력을 기울일 것을 기대하는 바이다.

재판장   재판관 나카가와 료지中川了滋

                  재판관 이마이 이사오今井功

                  재판관 후루타 유키古田佑紀

자료 4

한국 대법원의 전前 징용공 판결에 대해 뜻을 함께하는

변호사들 有志會의 성명

〔2018년 11월 5일〕

한국 대법원은 2018년 10월 30일 전 징용공 4인이 신일철주금 주식회사(이하 '신일철주금'이라고 한다)를 상대로 손해배상을 청구한 재판에서 전 징용공의 청구를 인정한 파기환송심에 대한 신일철주금의 상고를 기각하였다. 이에 따라 전 징용공에게 1인당 1억 원(약 1천만 엔)의 지급을 명령하는 판결이 확정되었다.

본 판결은 전 징용공의 손해배상청구권이 일본 정부의 한반도에 대한 불법적 식민지배 및 침략전쟁 수행과 직결된 일본 기업의 반反인도적 불법 행위를 전제로 한 강제 동원 피해자의 일본 기업에 대한 위자료청구권이라고 하였다. 아울러, 동 청구권은 1965년 체결된 '대한민국과 일본국 간의 재산 및 청구권에 관한 문제 해결과 경제협력에 관한 협정'(이하 '한일 청구권협정'이라고 한다)의 대상이 아니라고 하고, 한국 정부의 외교적 보호권과 전 징용공 개인의 손해배상청구권 모두 소멸되지 않았다고 판시하였다.

본 판결에 대해 아베 총리는 2018년 10월 30일 중의원 본회의에서 전 징용공의 개인 배상청구권이 한일 청구권협정에 의해 '완전하고 최종적으로 해결되었다'고 하며, 동 판결이 '국제법에 비추어 있을 수 없는 판단'으로, '의연하게 대응해 나가겠다'고 답변하였다.

그러나 아베 총리의 답변은 아래와 같이 한일 청구권협정과 국제법에 대한 정확한 이해가 결여되어 있으며, '의연하게 대응'하는 것만으로는 전 징용공 문제의 진정한 해결을 실현할 수 없다.

우리는 아래와 같이 전 징용공 문제의 본질과 한일 청구권협정의 정확한 이해를 분명히 하고, 전 징용공 문제의 진정한 해결을 위한 길을 제안하고자 한다.

1. 전 징용공 문제의 본질은 인권 문제다

본 소송의 원고인 전 징용공은 임금을 받지 못하고 감전사 위험이 있는 가운데 용광로에 코크스를 투입하는 등 가혹하고 위험한 노동을 강요당했다. 제공된 식사도 소량의 변변치 않은 것이었으며 외출도 허용되지 않았고, 도망을 꾀하면 체벌이 가해지는 등 극히 열악한 환경에 놓여 있었다. 이는 강제 노동(ILO 제29조 협약) 및 노예제(1926년 노예협약 참조)에 해당하는 것으로, 중대한 인권 침해였다.

본건은 중대한 인권 침해를 당한 피해자가 구제를 요구하며 제소한 사안으로, 사회적으로도 해결이 요구되고 있는 문제이다. 따라서 이 문제의 진정한 해결을 위해서는 그 내용이 피해자가 납득하고 사회적으로도 용인될 수 있어야 한다. 피해자 및 사회가 받아들일 수 없는 국가 간 합의는 어떠한 것이라고 해도 진정한 해결이 될 수 없다.

2. 한일 청구권협정에 의한 개인 청구권은 소멸되지 않았다

전 징용공에게 가혹하고 위험한 노동을 강요하고 열악한 환경에 처하게 한 것은 신일철주금(구 일본제철)이기 때문에 신일철주금에게는 배상 책임이 발생한다.

또한, 본건은 1910년 한일합병 후 한반도를 일본이 식민지배하고, 식민지배하 전시체제 아래에서 노동력 확보를 위해 1942년 일본 정부가 제정한 '조선인 내지 이입內地移入 알선 요강'에 따른 관 알선 방식에 의한 알선 및 1944년 일본 정부가 식민지 조선에 전면적으로 발동한 '국민징용령'에 따른 징용이 실시된 가운데 일어난 일이기 때문에 일본의 손해 책임도 문제가 될 수 있다.

본건에서는 신일철주금만을 상대로 했다는 점에서 전 징용공 개인의 신일철주금에 대한 배상청구권이 한일 청구권협정 2조 1항의 '완전하고 최종적으로 해결되었다'는 조항에 의해 소멸되었는지 여부가 중요한 쟁점이 되었다.

이 문제에 대해 한국 대법원은 전 징용공의 위자료청구권은 한일 청구권협정의 대상에 포함되어 있지 않다고 보고, 그 권리에 대해서는 한국 정부의 외교적 보호권과 피해자 개인의 배상청구권 모두 소멸되지 않았다고 판시하였다.

한편, 일본 최고재판소는 일본과 중국 간의 배상관계 등에 대해 외교적 보호권은 포기되었으나, 피해자 개인의 배상청구권에 대해서는 '청구권을 실체적으로 소멸시키는 것까지를 의미하는 것이 아니라, 당해 청구권에 기반하여 소구訴求할 수 있는 권능을 상실케 한 것에 그친다'고 판시하였다(최고재판소 2007. 4. 27. 판결). 이 논리는 한일 청구권협정의 '완전하고 최종적인 해결'이라는 문구에 대해서도 적용된다는 것이 최고재판소 및 일본 정부의 해석이다.

이 해석에 따르면 실체적인 개인의 배상청구권은 소멸되지 않은 것이기 때문에 신일철주금이 임의적이고 자발적으로 배상금을 지불하는 것은 법적으로 가능하며, 이 경우 한일 청구권협정은 법적 장애가 되지 않는다.

아베 총리는 개인 배상청구권에 대해 한일 청구권협정에 의해 '완전하고 최종적인 해결'이라고 언급하였으나, 이것이 피해자 개인의 배상청구권도 완전히 소멸되었다는 의미라면 일본 최고재판소의 판결에 대한 이해가 결여된 설명으로, 틀린 것이다. 또 반대로, 일본 최고재판소가 제시한 내용과 같은 의미라면 피해자 개인의 배상청구권은 실체적으로는 소멸되지 않았으며, 이를 어떻게 다룰 것인지는 해결되지 않았기 때문에 모든 청구권이 소멸된 양 '완전하고 최종적인 해결'만으로 설명하는 것은 오도(misleading)이다.

당초 일본 정부는 지금까지 한일 청구권협정에 의해 포기된 것은 외교적 보호권이며, 개인의 배상청구권은 소멸되지 않았다는 견해를 표명하고 있었던 바, 아베 총리의 상기 답변은 일본 정부의 견해와도 합치整合하는지 의문시된다고밖에 할 수 없다.

3. 피해자 개인의 구제를 중시하는 국제인권법의 진전에 따른 판결이다
본건과 같이 중대한 인권 침해에서 기인하는 피해자 개인의 손해배상청구권을 국가 간 합의에 의해 피해자의 동의 없이 일방적으로 소멸시킬 수는 없다는 개념을 제시한 사례는 그 외에도 국제적으로 존재한다(가령, 이탈리아 치비텔라 지역의 나치 독일에 의한 주민 학살 사건에 관한 이탈리아 최고재판소 판결 등). 이처럼 중대한 인권 침해에서 기인하는 개인의 손해배상청구권을 국가가 일방적으로 소멸시킬 수 없다는 개념은 국제적으로는 특이한 것이 아니며, 개인의 인권 침해에 대한 효과적인 구제를 도모하고자 하는 국제인권법 진전에 따른 것이라고 할 수 있는 것으로(세계인권선언 8조 참조), '국제법에 비추어 있을 수 없는 판단'이라고도 할 수 없다.

4. 한일 양국이 상호 비난할 것이 아니라, 본 판결을 계기로 근본적인 해결을 실시해야 한다

본건 문제의 본질이 인권 침해인 이상, 무엇보다도 피해자 개인의 인권이 구제되어야만 한다. 이는 즉, 본건에서 신일철주금이 본건 판결을 수용함과 함께 자발적으로 인권 침해 사실과 책임을 인정하고, 이에 대한 증명으로서 사죄와 배상을 포함하여 피해자 및 사회가 받아들일 수 있을 만한 행동을 취해야 하는 것이다.

예를 들어, 중국인 강제 연행 사건인 하나오카 사건, 니시마쓰 사건, 미쓰비시 머티리얼 사건 등 소송을 계기로 일본 기업이 사실과 책임을 인정하고 사죄하며, 이에 대한 증명으로서 기업이 자금을 출연하여 기금을 설립하고 모든 피해자 구제를 도모함으로써 문제를 해결한 사례가 있다. 여기에는 피해자 개인에 대한 금전金員 지급 뿐 아니라 수난의 비碑 내지 위령비를 건립하고 매년 중국인 피해자 등을 초청하여 위령제 등을 지내는 등의 노력도 포함돼 있다.

신일철주금도 마찬가지로 모든 전前 징용공 피해자 문제 해결을 위해 나서야 할 것이다. 이는 기업으로서도 국제적 신뢰를 얻어내 장기적으로 기업의 가치를 제고하는 것으로도 이어질 것이다. 한국에서 소송 피고가 된 일본 기업도 본 판결을 계기로 진정한 해결을 위한 노력을 시작해야 하며, 경제계 전체에 대해서도 그 노력에 대한 지원이 기대되고 있다.

일본 정부는 한일 청구권협정을 제시하면서 신일철주금을 비롯한 기업의 임의적이고 자발적인 해결을 위한 노력을 억제할 것이 아니라, 오히려 스스로의 책임을 자각하고, 진정한 해결을 위한 노력을 지원해야 한다.

우리는 신일철주금 및 한일 양국 정부에 대해 재차 본건 문제의 본질이 인권 문제라는 점을 확인시키고, 근본적인 해결을 위해 노력할 것을 촉구함과 함께 해결을 위해 최대한 노력을 다하겠다는 우리 자신의 결의를 표명한다.

발기인 변호사

아오키 유카靑木有加 아다치 슈이치足立修一

은용기殷勇基 우치가와 요시카즈內河惠一

오오모리 노리코大森典子 이와쓰키 고지岩月浩二

가와카미 시로川上詩朗 김창호金昌浩

자이마 히데카즈在間秀和 장계만張界滿

야마모토 세이타山本晴太 최신의崔信義

(찬동 변호사)

280명(명단 생략)

(찬동 학자 연구자)

18명(명단 생략)

합계 298명(2019년 1월 19일 현재)

자료 5
대한변호사협회와 일본변호사연합회의 공동선언
〔2010년 12월 11일〕

대한변호사협회(대한변협)와 일본변호사연합회(일변연)는 2010년 6월 21일에 서울에서 개최된 공동 심포지엄에서 일본 식민지배하 한국 국민에 대한 인권 침해, 특히 아시아 태평양전쟁 당시의 인권 침해 피해가 한일 양국 정부에 의해서 충분히 회복되지 않은 채 방치되어 있는 것에 대해, 양 변호사회가 함께 그 피해 회복을 위해 노력해야 한다는 중요성을 확인했다.

대한변협과 일변연은 현실적 과제로서 우선 일본군 '위안부' 문제와 관련된 입법 실현을 위한 노력이 필요하다는 인식을 공유함과 동시에, 1965년 한일 청구권협정에서 해결되지 않은 강제 동원 피해를 포함한 여러 과제에 대해서 법적 문제와 해결책을 검토하기로 했다.

대한변협과 일변연은 상기의 심포지엄과 그 후의 검토 및 오늘 도쿄에서 개최된 공동 심포지엄의 성과를 바탕으로 아시아 태평양전쟁 당시의 한국 국민에 대한 인권 침해 피해의 회복을 요구하고, 아래와 같이 선언한다.

1. 우리는, 한국병합조약 체결로부터 100년이 지났음에도 불구하고, 한일 양국 및 양 국민이 한국 병합의 과정이나 한국병합조약의 효력에 대한 인식을 공유하고 있지 않는 상황에서, 과거의 역사적 사실 인식의 공유를 향한 노력을 통해 한일 양국 및 양 국민의 상호 이해와 상호 신뢰가 깊어지게 하는 것이, 양호한 한일 관계의 미래를 위한 주춧돌을 쌓는 일임을 확인한다.

2. 우리는, 일본군 '위안부' 문제의 해결을 위한 입법이, 일본 정부 및 국회에 의해 신속하게 이루어져야 함을 확인한다. 이 입법에는, 일본군이 직접적 혹은 간접적으로 관여하여 설치 운영한 '위안소' 등에서 여성에 대한 조직적이고 계속적인 성적 행위의 강제가 당시의 국제법·국내법에 위반하는 중대한 인권 침해이며, 여성에 대한 명예와 존엄을 심각하게 손상시키는 것임을 일본이 인정하고 피해자에 대해서 사죄하고, 그 책임을 분명히 하여 피해자의 명예와 존엄 회복을 위한 금전의 보상을 포함한 조치를 취하며, 그 사업을 실시함에 있어서는 내각총리대신 및 관계 각료를 포함한 실시위원회를 설치하고 피해자 및 피해자를 대리하는 자의 의견을 청취하는 것 등이 포함되어야 한다. 또, 일본 정부는 일본군 '위안부' 문제를 역사적 교훈으로 삼기 위해서, 철저한 진상 규명과 교육 홍보를 위한 방책을 세우지 않으면 안 된다.

대한변협과 일변연은, 이러한 내용을 〈일본군 '위안부' 문제의 최종적 해결에 관한 제언〉으로서 정리하여 공동으로 공표하기로 했다.

3. 우리는, 1965년 한일 청구권협정의 완전 최종 해결 조항의 내용과 범위에 관한 양국 정부의 일관성 없는 해석·대응이 피해자들을 위한 정당한 권리구제를 방해하고 피해자들의 불신감을 조장해 왔다는 것을 확인한다. 이러한 사태를 해소하기 위해서, 한일기본조약 등의 체결 과정에 관한 관계 문서를 완전하게 공개하여 인식을 공유하고, 실현 가능한 해결책을 모색하여야 하며, 한국 정부와 같이 일본 정부도 자발적으로 관계 문서를 전면적으로 공개하는 것이 중요하다는 인식에 이르렀다.

4. 한국에서는 강제 동원에 의한 피해의 구제를 위해서 강제 동원 피해의 진상 규명 및 지원을 위한 법률이 제정되어 있지만, 아직 그렇지 못한 일본 정부에서도 진상 규명, 사죄와 배상을 목적으로 한 조치를 취해야 한다. 또한 우리는, 2007년 4월 27일 일본의 최고재판소가 강제 동원에 관련된 기업 및 그 관계자에 대해 강제 동원 피해자들에 대한 자발적인 보상을 위한 노력을 촉구했던 것에 유의하면서, 이미 자발적인 노력을 실시하고 있는 기업을 평가하는 것과 동시에, 다른 기업에 대해서도 같은 노력을 실시하도록 호소한다. 이때 상기되어야 하는 것은, 독일에서 강제 노동 피해에 대해, 독일 정부와 독일 기업이 공동으로 '기억·책임·미래' 기금을 설립해 피해자의 피해 회복을 도모했다는 것이다. 한국에서는, 진상 규명위원회가 피해자로부터의 피해 신고를 접수받아 피해 사실을 심사하고 있기 때문에, 동 위원회와

도 제휴하여 한일 양국 정부의 공동 작업에 의해 강제 동원 피해자의 피해 회복을 진행시키는 일도 검토해야 한다.

5. 우리는, 전몰자·전상자에 대한 원호 제도 및 국민연금제도의 대상에서 재일 한국인 고령자를 제외하고 있는 문제나, 공탁금이나 우편 저금의 반환 문제, 재일 한국인의 법적 지위·권리, 한국인 군인 군속이나 강제 동원에 의한 피해자의 유골의 발굴과 수집·봉환, 한국 문화재의 반환 등, 식민지배나 강제 동원으로 발생된 문제가 그밖에도 잔존해 있고, 그 해결을 위해서 협동하는 것이 중요하다는 것을 확인한다. 대한변협과 일변연은 피해자 등의 피해 회복이, 일본과 한국의 미래를 위해서 반드시 해결되어야 하는 과제이며, 해결을 위한 한일 상호의 노력 자체가 미래 지향적인 작업인 것을 재차 확인함과 동시에, 향후 이미 지적되고 있는 개별적 쟁점을 조사·검토하기 위해 공동의 위원회를 설립하는 등, 지속적인 조사 연구 및 교류를 통하여 피해자 등의 피해가 회복되는 그 날까지 공동 노력할 것을 선언한다.

2010년 12월 11일

대한변호사협회
회장 김 평 우

일본변호사연합회
회장 우쓰노미야 겐지

자료 6
대한민국과 일본국 간의 재산 및 청구권에 관한
문제의 해결과 경제협력에 관한 대한민국과 일본국 간의 협정
[한국 쪽 문헌·1965년 6월 22일]

대한민국과 일본국은,

양국 및 양국 국민의 재산과 양국 및 양국 국민 간의 청구권에 관한

문제를 해결할 것을 희망하고,

양국 간의 경제협력을 증진할 것을 희망하여,

다음과 같이 합의하였다.

제1조

1. 일본국은 대한민국에 대하여

(a) 현재에 있어서 1,080억 일본 엔(108,000,000,000엔)으로 환산되는

3억 아메리카합중국 달러(300,000,000 달러)와 동등한 일본 엔의 가치를

가지는 일본국의 생산물 및 일본인의 용역을 본 협정의 효력발생일

로부터 10년 기간에 걸쳐 무상으로 제공한다. 매년의 생산물 및 용역

의 제공은 현재에 있어서 108억 일본 엔(10,800,000,000엔)으로 환산되는

3,000만 아메리카합중국 달러(30,000,000 달러)와 동등한 일본 엔의 액수를 한도로 하고 매년의 제공이 본 액수에 미달되었을 때에는 그 잔액은 차년 이후의 제공액에 가산된다. 단, 매년의 제공 한도액은 양 체약국 정부의 합의에 의하여 증액될 수 있다.

(b) 현재에 있어서 720억 일본 엔(72,000,000,000엔)으로 환산되는 2억 아메리카합중국 달러(200,000,000 달러)와 동등한 일본 엔의 액수에 달하기까지의 장기 저리의 차관으로서, 대한민국 정부가 요청하고 또한 3의 규정에 근거하여 체결될 약정에 의하여 결정되는 사업의 실시에 필요한 일본국의 생산물 및 일본인의 용역을 대한민국이 조달하는 데 있어 충당될 차관을 본 협정의 효력발생일로부터 10년 기간에 걸쳐 행한다. 본 차관은 일본국의 해외경제협력기금에 의하여 행하여지는 것으로 하고, 일본국 정부는 동 기금이 본 차관을 매년 균등하게 이행할 수 있는 데 필요한 자금을 확보할 수 있도록 필요한 조치를 취한다. 전기 제공 및 차관은 대한민국의 경제발전에 유익한 것이 아니면 아니된다.

2. 양 체약국 정부는 본 조의 규정의 실시에 관한 사항에 대하여 권고를 행할 권한을 가지는 양 정부 간의 협의기관으로서 양 정부의 대표자로 구성될 합동위원회를 설치한다.

3. 양 체약국 정부는 본 조의 규정의 실시를 위하여 필요한 약정을 체결한다.

제2조

1. 양 체약국은 양 체약국 및 그 국민(법인을 포함함)의 재산, 권리 및

이익과 양 체약국 및 그 국민 간의 청구권에 관한 문제가 1951년 9월 8일에 샌프란시스코시에서 서명된 일본국과의 평화조약 제4조 (a)에 규정된 것을 포함하여 완전히 그리고 최종적으로 해결된 것이 된다는 것을 확인한다.

2. 본 조의 규정은 다음의 것(본 협정의 서명일까지 각기 체약국이 취한 특별 조치의 대상이 된 것을 제외한다)에 영향을 미치는 것이 아니다.

(a) 일방체약국의 국민으로서 1947년 8월 15일부터 본 협정의 서명일까지 사이에 타방체약국에 거주한 일이 있는 사람의 재산, 권리 및 이익

(b) 일방체약국 및 그 국민의 재산, 권리 및 이익으로서 1945년 8월 15일 이후에 있어서의 통상의 접촉의 과정에 있어 취득되었고 또는 타방체약국의 관할하에 들어오게 된 것

3. 2의 규정에 따르는 것을 조건으로 하여 일방체약국 및 그 국민의 재산, 권리 및 이익으로서 본 협정의 서명일에 타방체약국의 관할하에 있는 것에 대한 조치와 일방체약국 및 그 국민의 타방체약국 및 그 국민에 대한 모든 청구권으로서 동일자 이전에 발생한 사유에 기인하는 것에 관하여는 어떠한 주장도 할 수 없는 것으로 한다.

제3조

1. 본 협정의 해석 및 실시에 관한 양 체약국 간의 분쟁은 우선 외교상의 경로를 통하여 해결한다.

2. 1의 규정에 의하여 해결할 수 없었던 분쟁은 어느 일방체약국의 정부가 타방체약국의 정부로부터 분쟁의 중재를 요청하는 공한을 접수

한 날로부터 30일의 기간 내에 각 체약국 정부가 임명하는 1인의 중재위원과 이와 같이 선정된 2인의 중재위원이 당해 기간 후의 30일의 기간 내에 합의하는 제3의 중재위원 또는 당해 기간 내에 이들 2인의 중재위원이 합의하는 제3국의 정부가 지명하는 제3의 중재위원과의 3인의 중재위원으로 구성되는 중재위원회에 결정을 위하여 회부한다. 단, 제3의 중재위원은 양 체약국 중의 어느 편의 국민이어서는 아니 된다.

3. 어느 일방체약국의 정부가 당해 기간 내에 중재위원을 임명하지 아니하였을 때, 또는 제3의 중재위원 또는 제3국에 대하여 당해 기간 내에 합의하지 못하였을 때에는 중재위원회는 양 체약국 정부가 각각 30일의 기간 내에 선정하는 국가의 정부가 지명하는 각 1인의 중재위원과 이들 정부가 협의에 의하여 결정하는 제3국의 정부가 지명하는 제3의 중재위원으로 구성한다.

4. 양 체약국 정부는 본 조의 규정에 의거한 중재위원회의 결정에 승복한다.

제4조

본 협정은 비준되어야 한다. 비준서는 가능한 한 조속히 서울에서 교환한다.

본 협정은 비준서가 교환된 날로부터 효력을 발생한다.

이상의 증거로서, 하기 대표는 각자의 정부로부터 정당한 위임을 받아 본 협정에 서명하였다.

1965년 6월 22일 도쿄에서 동등히 정본인 한국어 및 일본어로 본서

2통을 작성하였다.

대한민국을 위하여
이동원
김동조

일본국을 위하여
시나 에쓰사부로
다카스기 신이치

자료 7
한일 청구권 및 경제협력협정 합의 의사록(1)
〔1965년 6월 22일〕

일본국 정부 대표 및 대한민국 정부 대표는 이 날 서명된 재산 및 청구권에 관한 문제의 해결 그리고 경제협력에 관한 일본국과 대한민국 간의 협정(이하 '협정'이라 한다) 및 관련 문서에 관해 다음의 요해了解에 도달했다.

1. 협정 제1조에 관하여

일본국이 공여하는 생산물 및 역무는, 일본국 내에서 영리 목적을 위해 사용될 수 없다는 데에 의견의 일치를 보았다.

2. 협정 제2조에 관하여

(a) '재산, 권리 및 이익'이란, 법률상의 근거에 의거해 재산적 가치를 인정할 수 있는 모든 종류의 실체적 권리를 말한다는 것을 요해했다.

(b) '특별 조치'란, 일본국에 대해서는 제2차 세계대전 전투 상태의

종결 결과로서 생겨난 사태에 대처해, 1945년 8월 15일 이후 일본국에서 집행된 전후 처리를 위한 모든 조치[1951년 9월 8일에 샌프란시스코 시에서 서명된 일본국과의 평화조약 제4조 (a)의 규정에 토대를 둔 특별약정을 고려해서 집행된 조치를 포함한다]를 말한다는 것을 요해했다.

(c) '거주했다'라는 것은 제2조 2 (a)에서 언급하는 기간 내의 어느 시기까지 그 나라에 1년 이상 계속 거주하는 것을 말한다는 것을 요해했다.

(d) '통상의 접촉'에는, 제2차 세계대전의 전투 상태 종결의 결과로서 한쪽 나라의 국민으로서 상대방 나라에서 철수(귀환)한 자(지점을 폐쇄한 법인을 포함한다)가 철수할 때까지의 기간에 상대방 나라의 국민과 한 거래 등 종전 뒤에 발생한 특수한 상태하의 접촉을 포함하지 않는다는 것을 요해했다.

(e) 제2조 3에 따라 집행되는 조치는, 동 조 1에서 말하는 양국 및 그 국민의 재산, 권리 및 이익 그리고 양국 및 그 국민 간의 청구권에 관한 문제의 해결을 위해 집행돼야 할 각국의 국내 조치라는 것에 의견의 일치를 봤다.

(f) 한국 쪽 대표는, 제2차 세계대전의 전투 상태 종결 뒤 1947년 8월 15일 전에 귀국한 한국 국민이 일본국에서 소유한 부동산에 대해 신중한 고려를 해 달라는 희망을 표명하고, 일본 쪽 대표는 이에 대해 신중히 검토할 뜻을 밝혔다.

(g) 동同 조 1에서 말하는 '완전하고 최종적으로 해결된 것으로 된다'는 양국 및 그 국민의 재산, 권리 및 이익과 양국 및 그 국민 간의 청

구권에 관한 문제에는 한일회담에서 한국 측으로부터 제출된 '한국의 대일 청구 요강'(소위 8항목)의 범위에 속하는 모든 청구가 포함되어 있고, 따라서 동 대일청구 요강에 관하여 어떠한 주장도 할 수 없게 됨을 확인했다.

(h) 제2조 1에서 말하는 '완전하고 최종적으로 해결됐다'는 양국 및 그 국민의 재산, 권리 및 이익 그리고 양국 및 그 국민 간의 청구권에 관한 문제에는 이 협정의 서명일까지 대한민국의 일본 선박 나포로 생겨난 모든 청구권이 포함돼 있으며, 따라서 그 모든 청구권은 대한민국 정부에 대해 주장할 수 없다는 것이 확인됐다.

3. 협정 제3조에 관하여

제3조 3에서 말하는 양국 정부가 각자 선정하는 국가 및 그들 국가의 정부가 협의에 따라 결정하는 제3국은 일본국 및 대한민국 쌍방과 외교 관계를 맺고 있는 나라 중에서 선정된 것으로 한다는 데에 의견의 일치를 봤다.

4. 제1의정서 제2조 1에 관하여

(a) 한국 쪽 대표는, 협정 제1조 1의 규정에 의거한 공여 또는 대부에 의해 이뤄진 사업의 수행상 필요할 것으로 예상되는 대한민국의 국내 자금을 확보하기 위해, 대한민국은 일본국 정부가 1억 5,000만 미국 달러와 같은 엔의 액수를 넘는 자본재 이외의 생산물을 공여할 것을 기대한다는 뜻을 밝혔고, 일본국 대표는 이에 대해 고려할 용의가 있다는 뜻을 밝혔다.

(b) 일본국이 공여하는 생산물은 무기 및 탄약을 포함하지 않는 것으로 한다는 데에 의견의 일치를 봤다.

5. 제1의정서 제2조 2에 관하여

외국 환율상의 추가 부담이 일본국에 부과될 경우란, 해당 생산물을 공여하기 위해 (i) 특히 높은 외화 부담이 필요할 경우, 및 (ii) 동등한 품질의 일본국의 생산물로 대체할 수 있는 수입품 또는 독립적 기능을 갖고 있는 수입 기계부품을 구입할 때 외화 부담이 필요할 경우를 말한다는 데에 의견의 일치를 봤다.

6. 제1의정서 제3조에 관하여

(a) 제3조 1에 대해, 한국 쪽 대표는 계약의 체결이 일본국 내에서 이뤄지는 것, 및 이 계약의 체결이란 서명을 의미하며, 서명에 이르기까지의 입찰, 공고 기타 행위에 대해서는 대한민국 정부(조달청)가 행할 경우에는 원칙적으로 대한민국에서, 기타의 경우는 대한민국 또는 일본국에서 이들 행위가 이뤄지는 것을 요해한다고 말했고, 일본 쪽 대표는 이에 대해 이의가 없다는 뜻을 밝혔다.

(b) 동 조 2의 계약에서, 수송, 보험 또는 검사와 같은 부수적 역무의 공여를 필요로 하며, 또 그것을 위한 지불이 제1의정서에 따라 이뤄지는 것으로 돼 있는 것은 모두 이들 역무가 일본 국민 또는 일본국의 법인에 의해 이뤄져야 한다는 뜻의 규정이 포함돼야 한다는 것으로 요해됐다.

7. 제1의정서 제6조 4에 관하여

(a) 동 교환공문 2 (b)의 사업계획 합의서 효력발생일이란, 사업계획 합의서에 별도의 규정이 있을 경우를 제외하고는 각각의 사업계획 합의서의 서명일을 의미한다는 것을 요해했다.

(b) 동 교환공문 2 (c)의 대부 실행일이란, 일본 쪽의 수출자와 대한민국 쪽의 수입자 간에 체결된 계약이 정하는 바에 따라, 해외경제협력기금이 대한민국 정부를 위해, 일본 쪽의 수출자에 대해 지불을 하고, 동 기금에 개설될 대한민국 정부의 계정勘定에서 차기(借記, 인출)하는 날이라는 것을 확인했다.

1965년 6월 22일 도쿄에서

E·S·

T·W·L·

자료 8
대한민국과 일본국 간의 기본 관계에 관한 조약

〔한국 쪽 문서·1965년 6월 22일〕

대한민국과 일본국은,

양국 국민 관계의 역사적 배경과, 선린 관계와 주권 상호 존중의 원칙에 입각한 양국관계의 정상화에 대한 상호 희망을 고려하며,

양국의 상호 복지와 공통 이익을 증진하고 국제평화와 안전을 유지하는 데 있어서 양국이 국제연합 헌장의 원칙에 합당하게 긴밀히 협력함이 중요하다는 것을 인정하며,

또한 1951. 9. 8 샌프란시스코시에서 서명된 일본국과의 평화조약의 관계규정과 1948. 12. 12 국제연합 총회에서 채택된 결의 제195호(Ⅲ)을 상기하며,

본 기본 관계에 관한 조약을 체결하기로 결정하여, 이에 다음과 같이 양국 간의 전권위원을 임명하였다.

대한민국

대한민국 외무부장관 이동원

대한민국 특명전권대사 김동조

일본국

일본국 외무대신 시나 에쓰사부로

다카스기 신이치

이들 전권위원은 그들의 전권위임장을 상호 제시하고 그것이 상호 타당하다고 인정한 후 다음의 제 조항에 합의하였다.

제1조

양 체약 당사국 간에 외교 및 영사관계를 수립한다. 양 체약 당사국은 대사급 외교사절을 지체 없이 교환한다. 양 체약 당사국은 또한 양국 정부에 의하여 합의되는 장소에 영사관을 설치한다.

제2조

1910년 8월 22일 및 그 이전에 대한제국과 대일본제국 간에 체결된 모든 조약 및 협정이 이미 무효임을 확인한다.

제3조

대한민국 정부가 국제연합 총회의 결정 제195호 (Ⅲ)에 명시된 바와 같이 한반도에 있어서의 유일한 합법 정부임을 확인한다.

제4조

(가) 양 체약 당사국은 양국 상호 간의 관계에 있어서 국제연합 헌장의 원칙을 지침으로 한다.

(나) 양 체약 당사국은 양국의 상호의 복지와 공통의 이익을 증진함에 있어서 국제연합 헌장의 원칙에 합당하게 협력한다.

제5조

양 체약 당사국은 양국의 무역, 해운 및 기타 통상상의 관계를 안정되고 우호적인 기초 위에 두기 위하여 조약 또는 협정을 체결하기 위한 교섭을 실행 가능한 한 조속히 시작한다.

제6조

양 체약 당사국은 민간항공 운수에 관한 협정을 체결하기 위하여 실행 가능한 한 조속히 교섭을 시작한다.

제7조

본 조약은 비준되어야 한다. 비준서는 가능한 한 조속히 서울에서 교환한다. 본 조약은 비준서가 교환된 날로부터 효력을 발생한다.

이상의 증거로써 각 전권위원은 본 조약에 서명 날인한다.

1965년 6월 22일 도쿄에서 모두 정본인 한국어, 일본어 및 영어로 2통을 작성하였다. 해석에 상위가 있을 경우에는 영어본에 따른다.

대한민국을 위하여

이동원

김동조

일본국을 위하여

시나 에쓰사부로

다카스기 신이치

자료 9
한일 공동선언 – 21세기를 향한 새로운 한일 파트너십[*]
(1998년 10월 8일)

1. 김대중 대한민국 대통령 부처는, 일본국 국빈으로서 1998년 10월 7일부터 10일까지 일본을 공식 방문했다. 김대중 대통령은 체재 중 오부치 게이조 일본국 내각총리대신과 회담을 했다. 두 정상은 과거 양국 관계를 돌이켜 보고, 현재의 우호협력관계를 재확인하는 동시에 미래의 바람직한 양국 관계에 대해 의견을 교환했다.

이 회담 결과, 두 정상은 1965년의 국교 정상화 이래 쌓아 온 양국 간의 긴밀한 우호협력관계를 더 높은 차원으로 발전시켜, 21세기를 향한 새로운 한일 파트너십을 구축한다는 공통의 결의를 선언했다.

2. 두 정상은 한일 양국이 21세기의 확고한 선린 우호협력관계를 구축해 나가기 위해서는 양국이 과거를 직시하고 상호이해와 신뢰에

---

[*] 한일 양측의 문헌을 통합해 실었다.

기초한 관계를 발전시켜 가는 것이 중요하다는 데에 의견의 일치를 봤다.

오부치 총리대신은 이번 세기의 한일 양국 관계를 회고하면서, 우리나라(일본)가 과거 한 시기에 한국 국민에 대해 식민지배를 통해 다대한 손해와 고통을 주었다는 역사적 사실을 겸허히 받아들이고, 이에 대해 통절한 반성과 마음으로부터의 사죄를 표명했다.

김대중 대통령은 이런 오부치 총리대신의 역사 인식 표명을 진지하게 받아들이고, 이를 평가하는 동시에, 양국이 과거의 불행한 역사를 넘어서서 화해와 선린우호협력에 기초한 미래지향적인 관계를 발전시키기 위해 서로 노력하는 것이 시대의 요청이라는 뜻을 표명했다.

또 두 정상은 양국 국민, 특히 젊은 세대가 역사에 대한 인식을 심화시키는 것이 중요하다는 데에 견해를 같이했으며, 그것을 위해 많은 관심과 노력을 기울일 필요가 있다는 것을 강조했다.

3. 두 정상은 과거 오랜 역사를 통해 교류와 협력을 유지해 온 한일 양국이 1965년 국교 정상화 이래 각 분야에서 긴밀한 우호협력관계를 발전시켜 왔으며, 이러한 협력관계가 서로의 발전에 기여했다는 데에 인식을 같이했다.

오부치 총리대신은 한국이 그 국민의 끊임없는 노력으로 비약적인 발전과 민주화를 달성하고, 번영하고 성숙한 민주주의국가로 성장한 사실에 경의를 표했다. 김대중 대통령은 전후 일본의 평화헌법하의 전수방위 및 비핵 3원칙을 비롯한 안전보장정책 그리고 세계경제 및 개발도상국에 대한 경제지원 등 국제사회의 평화와 번영에 대해 일본이 수행해 온 역할을 높이 평가했다. 두 정상은 한일 양국이 자유·민주주의, 시장경제라는 보편적 이념에 입각한 협력관계를 양국 국민 간의 광범한 교류와 상호이해에 기초해 앞으로 더욱 발전시켜 갈 것이라는 결의를 표명했다.

4. 두 정상은 양국 간의 관계를 정치, 안전보장, 경제 및 인적 문화 교류 등 폭넓은 분야에서 균형되고 더 높은 차원의 협력관계로 발전시켜 나갈 필요가 있다는 데 의견을 같이했다.

또 두 정상은 양국의 파트너십을 단지 2국 간의 차원에 그치지 않고 아시아태평양 지역, 나아가 국제사회 전체의 평화와 번영을 위해, 또한 개인의 인권이 존중되는 풍요로운 생활과 살기 좋은 지구 환경을 지향하는 다양한 시도를 하는 데 있어서, 전진시켜 가는 것이 매우 중요하다는 데에 의견의 일치를 봤다.

이를 위해 두 정상은 20세기의 한일 관계를 강화하고, 진정한 상호이해와 협력에 기초한 21세기를 향한 새로운 한일 파트너십을 공통의 목표로 구축하고, 발전시켜 가는 것에 대해, 아래와 같이 의견의 일치를 보는 것과 동시에, 이러한 파트너십을 구체적으로 실시해 가기 위해 이 공동선언에 부속하는 행동계획을 작성했다.

두 정상은 양국 정부가 향후 양국의 외무장관을 총람자로 해서 정기적으로 이 한일 파트너십에 기초한 협력의 진척 상황을 확인하고 필요에 따라 이를 더욱 강화해 가기로 했다.

5. 양국 정상은 현재의 한일 관계를 보다 높은 차원으로 발전시켜

나가기 위해 양국 간의 협의와 대화를 더욱 촉진시켜 나간다는 데 의견의 일치를 봤다.

두 정상은 이런 관점에서 정상 간의 이제까지의 긴밀한 상호 방문·협의를 유지·강화하고, 정기화해 가는 것과 함께 외무장관을 비롯한 각 분야의 각료급 협의를 더욱 강화해 가기로 했다. 또 두 정상은 양국의 각료급 간담회를 가능한 한 일찍 열어 정책 실시의 책임을 지닌 관계각료의 자유로운 의견 교환의 장을 마련하기로 했다. 그리고 두 정상은 이제까지의 한일 쌍방의 의원 간 교류 실적을 평가하고, 한일·일한 의연연맹의 향후 활동 확충 방침을 환영하는 것과 동시에, 21세기를 담당할 차세대의 젊은 의원들 간의 교류를 종용해 가기로 했다.

6. 두 정상은 냉전 후의 세계에 있어서 좀 더 평화롭고 안전한 국제사회 질서를 구축하기 위한 국제적 노력에 대해 한일 양국이 서로 협력하면서 적극적으로 참가해 나가는 것이 중요하다는 데 의견의 일치를 봤다.

두 정상은 21세기의 도전과 과제에 좀 더 효과적으로 대처해 가기위해서는 유엔의 역할이 강화되어야 하며, 이는 안보리의 기능 강화, 유엔 사무국 조직의 효율화, 안정적인 재정기반의 확보, 유엔 평화유지 활동의 강화, 도상국의 경제·사회개발에 대한 협력 등을 통해 실현할 수 있다는 데에 의견을 함께했다.

이런 점을 염두에 두고 김대중 대통령은 유엔을 비롯한 국제사회에서의 일본의 공헌과 역할을 평가하고, 향후 일본의 이러한 공헌과 역할이 증대되어 갈 것이라는 기대를 표명했다.

또 두 정상은 군출 및 불확산의 중요성, 특히 어떠한 종류의 대량파괴무기든 그 확산이 국제사회의 평화와 안전에 대한 위협이라는 사실을 강조함과 동시에 이 분야에서의 양국 간 협력을 한층 더 강화하기로 했다.

두 정상은 양국 간의 안보대화 및 여러 방편의 방위교류를 환영하고, 이를 한층 더 강화해 가기로 했다. 또 두 정상은 양국이 각기 미국과의 안전보장체제를 견지하면서 동아시아 아시아태평양 지역의 평화와 안정을 위한 다국 간 대화 노력을 한층 더 강화해 가는 것이 중요하다는 데에 의견의 일치를 봤다.

7. 두 정상은 한반도의 평화와 안정을 위해서는 북한이 개혁과 개방을 지향하는 동시에, 대화를 통한 좀 더 건설적인 자세를 취하는 것이 매우 중요하다는 인식을 공유했다.

오부치 총리대신은 확고한 안보체제를 다지면서 화해·협력을 적극적으로 추진하자는 김대중 대통령의 대북한 정책에 대해 지지를 표명했다. 이와 관련해, 두 정상은 1992년 2월에 발표된 남북 간의 화해와 불가침 및 교류·협력에 관한 합의서의 이행 및 4자회담의 순조로운 발전이 바람직하다는 데에 의견의 일치를 봤다. 또 두 정상은 1994년 10월에 미국과 북한 간에 서명된 '합의된 틀' 및 한반도에너지개발기구(KEDO)를 북한의 핵계획 추진을 막기 위한 가장 현실적이고 효과적인 메커니즘으로 유지해 가는 것의 중요성을 확인했다. 이와 관련해 두 정상은 북한의 지난번 미사일 발사에 대해, 유엔 안전보장이사회 의장이 안보리를 대표해서 표명한 우려 및 유감의 뜻을 공유하면서, 북한의 미사일 개발이 방치되면 일본, 한국 및 동북아시아 지역 전체의 평화와 안전에 악영향을 끼칠 것이라는 데에 의견의 일치를 봤다.

두 정상은 양국이 북한에 관한 정책을 추진해가는 데 있어서 상호 긴밀하게 제휴해 가는 것의 중요성을 재확인하고, 각종 레벨의 정책 협의를 강화한다는 데에 의견의 일치를 봤다.

8. 두 정상은 자유롭고 개방된 국제경제체제를 유지·발전시키고, 또한 구조적 문제에 직면한 아시아 경제의 회복을 실현해 나감에 있어서 한일 양국이 각각 안고 있는 경제적 과제를 극복하면서, 경제 분야의 균형된 상호 협력관계를 더욱 강화해 나가는 것이 중요하다는 데 합의했다.

이를 위해 두 정상은 양국 간의 경제정책 협의를 더 강화하고, 동시에 WTO(세계무역기구), OECD(경제협력개발기구), APEC(아시아태평양경제협력체) 등 다국 간의 장에서의 양국의 정책협조를 한층 더 진전시켜 간다는 데에 의견의 일치를 봤다.

김대중 대통령은 일본에 의한 이제까지의 금융, 투자, 기술이전 등의 다기한 대한국 경제지원을 평가하고, 동시에 한국이 안고 있는 경제적 문제들의 해결을 위한 노력을 설명했다. 오부치 총리대신은 일본 경제 재생을 위한 시책들 및 아시아 경제의 곤란 극복을 위해 일본이 실행하고 있는 경제지원에 대해 설명하면서, 한국의 경제 곤란 극복을 위한 노력을 계속 지지할 것이라는 의향을 표명했다. 두 정상은 재정투융자를 적절히 활용한 한국에 대한 일본 수출입은행의 융자에 대해 기본적 합의에 이른 것을 환영했다.

두 정상은 양국 간의 큰 현안이었던 한일 어업협정 교섭이 기본합의에 이른 것을 진심으로 환영하고, 동시에 유엔 해양법조약을 기초로 한 새로운 어업 질서 아래서 어업 분야에서의 양국 관계가 원활하게 진전하는 데에 대한 기대를 표명했다.

또 두 정상은 이번의 새로운 한일 조세조약이 서명 단계에 이른 것을 환영했다. 그리고 두 정상은 무역·투자, 산업기술, 과학기술, 정보통신, 정노사政勞使 교류 등의 각 분야의 협력·교류를 더욱 발전시켜 간다는 데에 의견의 일치를 봤으며, 한일 사회보장협정을 시야에 넣고 장차 적당한 시기에 상호 사회보장제도에 대한 정보·의견을 교환하기로 했다.

9. 두 정상은 국제사회의 안전과 복지에 대한 새로운 위협이 되고 있는 국경을 초월한 각종 범세계적 문제의 해결을 위해 양국 정부가 긴밀히 협력해 나간다는 데 의견의 일치를 봤다.

두 정상은 지구 환경문제에 관해 특히 온실효과 가스 배출 억제, 산성비 대책을 비롯한 여러 문제들에 대한 대응상의 협력을 강화하기 위해 한일 환경정책 대화를 추진하기로 했다. 또 개발도상국에 대한 지원을 강하고기 위해 원조 분야에서의 양국 간 협조를 더욱 발전시켜 간다는 데에 의견의 일치를 봤다. 또 두 정상은 한일 도망범죄인 인도조약의 체결을 위한 협의를 개시하고, 동시에 마약·각성제 대책을 비롯한 국제 조직범죄 대책 분야에서의 협력을 한층 더 강화하자는 데에 의견의 일치를 봤다.

10. 두 정상은 이상의 각 분야의 양국 간 협력을 효과적으로 추진해 나가는 기초는 정부 간 교류뿐만 아니라 양국 국민 간의 깊은 상호이해와 다양한 교류에 있다는 인식하에 양국 간의 문화인적교류를 확충해 나간다는 데 의견의 일치를 봤다.

두 정상은 2002년 축구 월드컵 대회의 성공을 위한 양국 국민의 협력을 지원하고, 2002년 축구 월드컵 대회 개최를 계기로 문화 및 스포츠 교류를 한층 더 활발하게 추진해 가기로 했다.

두 정상은 연구자, 교원, 저널리스트, 시민 서클 등의 다양한 국민 각층 간 및 지역 간 교류의 발전을 촉진하기로 했다.

두 정상은 이런 교류·상호이해 촉진의 토대를 형성하는 조치로서, 이전부터 추진돼 온 사증査證제도 간소화를 계속 추진하기로 했다.

또 두 정상은 한일 간의 교류 확대와 상호이해의 증진에 이바지하기 위해, 중고생의 교류사업 신설을 비롯해 정부 간의 유학생이나 청소년 교류 프로그램의 충실을 도모하는 것과 동시에 양국 청소년을 대상으로 워킹 홀리데이 제도를 1999년 4월부터 도입한다는 데에 합의했다. 또 두 정상은 재일 한국인이 한일 양국 국민의 상호교류·상호이해를 위한 가교로서의 역할을 담당할 수 있다는 인식 위에서, 그 지위 향상을 위해 양국 간의 협의를 계속해 나간다는 데에 의견의 일치를 봤다.

김대중 대통령은 한국에서 일본 문화를 개방해 나갈 방침임을 전달했고, 오부치 총리대신은 그런 방침이 한일 양국의 진정한 상호이해로 이어질 것이라며 환영했다.

11. 김대중 대통령과 오부치 총리대신은 21세기의 새로운 한·일 파트너십이 양국 국민의 폭넓은 참여와 부단한 노력에 의해 더욱 높은 차원으로 발전될 수 있다는 공통의 신념을 표명하는 동시에, 양국 국민에 대하여 이 공동선언의 정신을 함께하고, 새로운 한일 파트너십의 구축 발전을 위한 공동의 작업에 동참해 줄 것을 호소했다.

대한민국 대통령   김대중
일본국 내각총리대신   오부치 게이조

1998년 10월, 도쿄

자료 10
한국 민관공동위원회 견해

〔한일회담 문서 공개 후속 관련 민관공동위원회 개최에 관한
국무조정실 보도자료·2005년 8월 26일〕

작성자 한일회담 문서 공개 등 대책기획단

□ 정부는 8월 26일 오전 이해찬 국무총리 주재로 한일회담 문서 공개 후속대책 관련 민관공동위원회를 개최하고, '65년 한일 청구권 협정의 효력 범위 문제 및 이에 따른 정부대책 방향' 등에 대해 논의하였음.

□ 이 날 위원회에서는 그간 민관공동위 법리분과에서 회담문서 내용 등을 토대로 검토해 온 한일 청구권협정의 법적 효력 범위 등에 대해 논의하고 다음과 같이 정리하였음.

○ 한일 청구권협정은 기본적으로 일본의 식민지배 배상을 청구하기 위한 것이 아니었고, 샌프란시스코 조약 제4조에 근거하여 한일 양

국 간의 재정적·민사적 채권·채무 관계를 해결하기 위한 것이었음.

○ 일본군 위안부 문제 등 일본 정부·군 등 국가권력이 관여한 반인도적 불법 행위에 대해서는 청구권협정에 의하여 해결된 것으로 볼 수 없으며, 일본 정부의 법적 책임이 남아 있음.

- 사할린 동포, 원폭 피해자 문제도 한일 청구권협정 대상에 포함되지 않음.

□ 또한 위원회는 한일협정 협상 당시 한국 정부가 일본 정부에 대하여 요구했던 강제 동원 피해 보상의 성격, 무상자금의 성격, '75년 한국 정부 보상의 적정성' 문제 등을 검토하고 다음과 같이 정리하였음.

○ 한일협상 당시 한국 정부는 일본 정부가 강제 동원의 법적 배상·보상을 인정하지 않음에 따라, "고통 받은 역사적 피해 사실"에 근거하여 정치적 차원에서 보상을 요구하였으며, 이러한 요구가 양국 간 무상자금산정에 반영되었다고 보아야 함.

○ 청구권협정을 통하여 일본으로부터 받은 무상 3억 달러는 개인 재산권(보험, 예금 등), 조선총독부의 대일 채권 등 한국 정부가 국가로서 갖는 청구권, 강제 동원 피해 보상 문제 해결 성격의 자금 등이 포괄적으로 감안되어 있다고 보아야 할 것임.

○ 청구권협정은 청구권 각 항목별 금액 결정이 아니라 정치 협상을 통해 총액결정 방식으로 타결되었기 때문에 각 항목별 수령 금액을 추정하기 곤란하지만, 정부는 수령한 무상자금 중 상당 금액을 강제 동원 피해자의 구제에 사용하여야 할 도의적 책임이 있다고 판단됨.

※ 한국 정부가 61년 6차회담 시 8개 항목의 보상으로 일본에 요구한 총 12억 2,000만 달러 중 강제 동원 피해 보상에 대해서 3억 6,000만 달러(약 30퍼센트)를 산정한 바 있음.

○ 그러나 1975년 우리 정부의 보상 당시 강제 동원 부상자를 보상 대상에서 제외하는 등 도의적 차원에서 볼 때 피해자 보상이 불충분하였다고 볼 측면이 있음.

□ 정부는 이러한 위원회의 논의 결과를 토대로 오랜 기간 고통을 겪어온 강제 동원 피해자의 아픔을 치유하기 위해서 도의적·원호적 차원과 국민통합 측면에서 정부 지원 대책을 마련하기로 하였음.

○ 강제 동원 피해자들에 대해 추가적 지원 대책을 강구하고, 강제 동원 기간 중의 미불임금 등 미수금에 대해서도 일본으로부터 근거자료 확보 노력 등 정부가 구제대책을 마련.

○ 아울러, 정부는 일제 강제 동원 희생자에 대한 추모 및 후세에 대한 역사 교육을 위해 추도공간 등을 조성하는 방안도 검토.

□ 정부는 또한 일제 강점하 반인도적 불법 행위에 대해서는 외교적 대응 방안을 지속적으로 강구해 나가기로 하였음.

○ 일본군 위안부 문제는 일본 정부에 대해 법적 책임 인정 등 지속적인 책임 추궁을 하는 한편, UN 인권위 등 국제기구를 통해서 이 문제를 계속 제기.

○ "해남도 학살사건" 등 일본군이 관여한 반인도적 범죄 의혹에 대해서는 진상 규명을 한 후 정부 대응 방안을 검토.

□ 이날 회의에서 이해찬 국무총리는 60년 이상 지속해 온 강제 동원 피해자들의 고통과 아픔을 치유하여 국민통합을 도모하고, 정부의 도덕성을 제고하기 위해서는 늦었지만 이들에 대한 지원조치가 필요하다고 강조하고, 관계 부처는 사회각계의 의견을 폭넓게 수렴하여 충실한 정부대책을 마련하고, 외교적 차원의 노력도 다하도록 지시하였음.

자료 11
카이로선언

〔일본국에 관한 영국, 미국, 중국 3국 선언·1943년 12월 1일〕

    루스벨트 대통령, 장제스 대원수 및 처칠 총리대신은 각자의 군사 및 외교고문과 함께 아프리카에서 회의를 종료하면서 아래의 일반적 성명을 발표한다.

    각 군사사절은 일본국에 대한 장래의 군사행동에 관한 협정을 맺었다.

    3대 동맹국은 해로, 육로 및 공로를 통해 그 야만적인 적국에 대해 가차 없는 탄압을 가한다는 결의를 표명했으며, 그 탄압은 이미 증대되고 있다.

    3대 동맹국은 일본국의 침략을 제지하고 또 처벌하기 위해 이번의 전쟁을 수행하고 있으며, 이 동맹국들은 자국을 위해 아무런 이득도 바라지 않고 또한 영토 확장에도 아무런 의도도 갖고 있지 않다. 이 동맹국들의 목적은 일본국이 1914년의 제1차 세계전쟁 개시 이후에 일본국이 탈취하거나 점령한 태평양상의 모든 도서를 박탈하는 것과 함께 만주, 대만 및 펑후도澎湖島와 같이 일본국이 청국인으로부터 도취盜取한 모든 지역을 중화민국에 반환하도록 하는 데에 있다.

일본국은 또 폭력 및 탐욕으로 일본국이 약취略取한 다른 모든 지역에서 구축돼야 하며, 전기前記 3대국은 조선 인민의 노예 상태에 유의하면서 머지않아 조선을 자유롭고 독립된 나라가 되게 한다는 결의를 했다.

이 목적을 위해 3동맹국은 동맹국들 중 일본국과 교전 중인 나라들과 협조해서 일본국의 무조건 항복을 받아내는 데 필요한 중대하고 장기적인 행동을 속행할 것이다.

자료 12

포츠담선언

〔미국, 영국, 중국 3국 선언 · 발췌 · 1945년 7월 26일〕

1. 우리 합중국(미국) 대통령, 중화민국 정부 주석 및 그레이트 브리튼국(영국) 총리대신은 우리의 수억 국민을 대표해서 협의한 것을 토대로 일본국에 대해 이번 전쟁을 종결시킬 기회를 주기로 한다는 데에 의견 일치를 봤다.

2. 합중국, 영제국 및 중화민국의 거대한 육, 해, 공군은 서방으로부터 자국의 육군 및 공군에 대한 몇 배數倍의 증강을 받아 일본국에 대해 최후의 타격을 가할 태세를 정비하고, 그 군사력은 일본국이 저항을 끝낼 때까지 그 나라에 대해 전쟁을 수행할 모든 연합국의 결의에 따라 지지와 고무를 받고 있다.

3. 궐기한 세계의 자유로운 인민의 힘에 대한 독일국의 무익하고 무의미한 저항의 결과는 일본국 국민에 대한 선례를 극명하게 보여주

는 것이다. 현재 일본국에 대해 집결하고 있는 힘은 저항하는 나치에 대해 적용할 경우 모든 독일국 인민의 토지, 산업 및 생활양식을 필연적으로 황폐하게 만들 힘에 비해 헤아릴 수 없을 정도로 더 강대한 것이다. 우리의 결의에 지지를 보내는 우리 군사력의 최고도 사용은 일본국 군대의 불가피하고 완전한 파괴를 의미할 것이며, 또 마찬가지로 필연적으로 일본국 본토의 완전한 파괴를 의미할 것이다.

4. 무분별한 타산에 의해 일본국을 멸망의 심연에 빠뜨릴 방자한 군국주의적 조언자에 의해 일본국이 계속 통어(통제)될 것인지 아니면 이성의 경로를 일본국이 밟을 것인지를 일본국이 결정해야 할 시기가 도래했다.

5. 우리의 조건은 다음과 같다.
우리는 이 조건에서 이탈하지 않을 것이고, 이를 대신할 조건은 존재하지 않으며, 우리는 지연을 인정할 수 없다.

6. 우리는 무책임한 군국주의가 세계에서 구축驅逐될 때까지는 평화, 안전 및 정의의 신질서를 만들어낼 수 없다고 주장하며, 이로써 일본국 국민을 기만하고 그것으로 세계정복에 나선 과오를 범한 자의 권력 및 세력은 영구히 제거할 수밖에 없다.

7. 이러한 신질서가 건설되고 또 일본국의 전쟁 수행 능력이 파쇄됐다는 확증에 도달할 때까지는, 연합국이 지정하는 일본국 영역 내

의 지점들諸地點은 우리가 여기서 지시하는 기본적 목적 달성을 확보하기 위해 연합국 군대가 점령한다.

8. 카이로선언의 조항은 이행돼야 하며, 또한 일본국의 주권은 혼슈, 홋카이도, 규슈 및 시코쿠, 그리고 우리가 결정하는 작은 섬들諸小島로 국한한다.

9. 일본국 군대는 완전히 무장 해제된 뒤 각자의 가정으로 복귀해서 평화적이고 생산적인 생활을 영위할 기회를 가질 수 있다.

10. 우리는 일본인을 민족으로서 노예화하거나 국민으로서 멸망시키려는 의도를 갖고 있지 않다. 우리의 포로를 학대한 것을 포함한 일체의 전쟁 범죄인들에 대해서는 엄중한 처벌을 가할 것이며, 일본국 정부는 일본국 국민 간의 민주주의적 경향의 부활, 강화에 대한 일체의 장애를 제거해야 하며, 언론 종교 및 사상의 자유와 기본적 인권의 존중을 확립하기로 한다.

11. 일본국은 그 경제를 지지하고 또 공정한 실물 배상을 가능케 할 산업을 유지할 수 있어야 한다. 다만 일본국이 전쟁을 위해 재군비를 할 수 있게 하는 산업만은 허용될 수 없다. 이 목적을 위해 원료 입수(그 지배와는 구별한다)를 허용하며, 일본국의 장래 세계무역 관계 참가를 허용한다.

12. 위에 기록한 목적들을 달성하고 또 일본국 국민이 자유롭게 표명하는 의사에 따라 평화적 경향을 갖고 또한 책임 있는 정부가 수립되면 연합국의 점령군은 즉시 일본국에서 철수하는 것으로 한다.

13. 우리는 일본국 정부에 대해 즉시 모든 일본국 군대의 무조건 항복을 선언하고, 또 이 행동이 성의 있게 이뤄지도록 적당하고 충분한 보장을 제공하도록 동 정부에 요구한다. 그 외의 일본국 선택은 신속하고 완전한 파멸이 있을 뿐이다.

자료 13
샌프란시스코 평화조약
〔발췌·1951년 9월 8일〕

제2장 영역

제4조

(a) 이 조의 (b)의 규정을 유보하고, 일본국 및 그 국민의 재산에서 제2조에서 언급한 지역에 있는 것 및 일본국과 그 국민의 청구권(채권을 포함한다)에서 지금 이들 지역의 시정을 펴고 있는 당국 및 그곳 주민(법인을 포함한다)에 대한 것의 처리와 일본국의 이들 당국 및 주민의 재산 그리고 일본국 및 그 국민에 대한 이들 당국 및 주민의 청구권(채권을 포함한다)의 처리는, 일본국과 이들 당국 사이의 특별약정의 주제로 삼는다. 제2조에서 언급하는 지역에 있는 연합국 또는 그 국민의 재산은 아직 반환되지 않았다면, 현재의 상태대로 행정당국에 의해 반환되어야 한다(국민이라는 말은 이 조약에서 사용할 때는 언제나 법인을 포함한다).

(b) 일본국은 제2조 및 제3조에서 언급하는 지역의 어딘가에 있는 합중국(미국)군 정부에 의해, 또는 그 지령에 따라 수행된 일본국 및

그 국민의 재산 처리 효력을 승인한다.

(c) 일본국과 이 조약에 따라 일본국의 지배에서 제외되는 영역을 연결하는 일본 소유의 해저케이블은 2등분되며, 일본국은 일본의 터미널 및 이것과 연결되는 케이블의 절반을 보유하고, 분리되는 영역은 나머지의 케이블 및 그 터미널을 보유한다.

제5장 청구권 및 재산

제14조

(a) 일본국이 전쟁 중에 발생한 손해 및 고통에 대해, 연합국에 배상해야 한다는 것은 주지의 사실이다. 그러나 또한 일본국은 존립 가능한 경제를 유지해야 하므로, 일본국의 자원은 모든 전기前記의 손해 또는 고통에 대해 완전한 배상을 하고 또 동시에 다른 채무를 이행하기 위해서는 현재 충분하지 않다는 점을 승인받았다.

따라서,

1. 일본국은 현재의 영토가 일본국 군대에 의해 점령당했거나 일본국에게 피해를 입은 연합국이 희망할 경우 생산, 복구 등의 작업에 일본인의 역무를 제공함으로써 부과된 피해 보상 비용을 해당 국가에 보상할 수 있게끔 해당 연합국과 신속히 교섭을 개시하기로 한다. 그 약정은 다른 연합국에 추가부담을 부과하는 것을 피해야 한다. 또 원재료의 제조가 필요할 경우에는 외국 환율상의 부담을 일본국에 부과하지 않기 위해 원재료는 해당 연합국이 공급해야 한다.

2. (I) 다음의 (II)의 규정을 유보하고, 각 연합국은 다음에 언급하는 것의 모든 재산, 권리 및 이익에서 이 조약 최초의 효력 발생 때에 그

관할 아래에 있는 것을 차압差押하고, 유치留置하고, 청산淸算하고, 그 밖의 특정한 방법으로 처분할 권리를 갖는다.

(a) 일본국 및 일본 국민

(b) 일본국 또는 일본 국민의 대리자 또는 대행자

(c) 일본국 또는 일본 국민이 소유하고, 또는 지배한 단체

(I)에 명기하는 재산, 권리 및 이익은 현재 봉쇄됐거나 또는 소속을 바꿨거나 또는 연합국의 재산 관리 당국의 점유 또는 관리에 관련된 것으로, 이들 자산이 해당 당국의 관리 아래 놓였을 때 전기前記의 (a), (b) 또는 (c)에서 언급하는 어느 사람 또는 단체에 속하거나 또는 이들을 위해 보유되고 또는 관리되고 있던 것을 포함한다.

(II) 다음의 것들은 전기前記의 (I)에 명기하는 권리에서 제외한다.

(i) 일본국이 점령한 영역 이외의 연합국 일국의 영역에서 해당 정부의 허가를 얻어 전쟁 중에 거주한 일본 자연인의 재산. 단, 전쟁 중에 제한을 받았거나 또 이 조약의 최초 효력발생일에 이 제한을 해제받지 않은 재산을 제외한다.

(ii) 일본국 정부가 소유하고 또 외교 목적 또는 영사 목적으로 사용된 모든 부동산, 가구 및 비품 그리고 일본국의 외교 직원 또는 영사 직원이 소유한 모든 개인의 가구 및 용구류 기타 투자적 성질을 갖지 않는 사유재산으로 외교 기능 또는 영사 기능 수행에 통상 필요했던 것.

(iii) 종교단체 또는 사적 자선단체에 속하거나 또한 오직 종교 또는 자선 목적으로 사용한 재산.

(iv) 관계국과 일본국 간의 1945년 9월 2일 이후의 무역 및 금융 관계의 재개 결과로 일본국의 관할 내에 들어와 있던 재산, 권리 및 이

익. 단 해당 연합국의 법률에 반하는 거래로 발생한 것을 제외한다.

(v) 일본국 또는 일본 국민의 채무, 일본국에 소재하는 유체有體재산에 관한 권리, 권원權原 또는 이익, 일본국의 법률에 따라 조직된 기업에 관한 이익 또는 이들에 대한 증서. 단, 이 예외는 일본국 통화로 표시된 일본국 및 그 국민의 채무에만 적용한다.

(Ⅲ) 전기의 예외에서 (i)로부터 (v)까지에서 언급하는 재산은 그 보존 및 관리를 위해 필요한 합리적인 비용이 지불되는 것을 조건으로, 반환돼야 한다. 이들 재산이 청산될 때는 대신에 매득금賣得金을 반환해야 한다.

(Ⅳ) 전기의 (I)에서 규정하는 일본 재산을 차압하고, 유치하고, 청산하고, 기타 특정한 방법으로 처분한 권리는 해당 연합국의 법률에 따라 행사되며, 소유자는 이들 법률에 따라 주어지는 권리만을 가진다.

(Ⅴ) 연합국은 일본의 상표 그리고 문학적 및 미술적 저작권을 각국의 일반적 사정이 허용하는 한 일본국에 유리하게 취급하는 데에 동의한다.

(b) 이 조약에 별도의 규정이 있는 경우를 제외하고, 연합국은 연합국의 모든 배상청구권, 전쟁 수행 중에 일본국 및 그 국민이 취한 행동으로 발생한 연합국 및 그 국민의 청구권 그리고 점령에 따른 직접적인 군사비에 관한 연합국의 청구권을 포기한다.

제19조

(a) 일본국은, 전쟁으로 발생하거나 또는 전쟁 상태로 말미암아 취해진 조치들로 발생한 연합국 및 그 국민에 대한 일본국 및 그 국민의

모든 청구권을 포기하며 또한 이 조약의 효력 발생 전에 일본국 영역에서 연합국 군대 또는 당국의 존재, 직무 수행 또는 행동으로 발생한 모든 청구권을 포기한다.

(b) 전기의 포기에는 1939년 9월 1일부터 이 조약의 효력발생까지의 기간에 일본국의 선박에 관해 어느 연합국이 취한 행동으로 생긴 청구권 그리고 연합국의 수중에 있는 일본인 포로 및 비구류자에 관해 생긴 청구권 및 채권이 포함된다. 단, 1945년 9월 2일 이후 어느 연합국이 제정한 법률로 특별히 인정받은 일본인의 청구권은 포함되지 않는다.

(c) 상호 포기를 조건으로 해서, 일본국 정부는 또한 정부 간의 청구권 및 전쟁 중에 받은 멸실 또는 손해에 관한 청구권을 포함한 독일 및 독일 국민에 대한 모든 청구권(채권을 포함한다)을 일본국 정부 및 일본 국민을 위해 포기한다. 단, (a) 1939년 9월 1일 전에 체결된 계약 및 취득된 권리에 관한 청구권 그리고 (b) 1945년 9월 2일 뒤에 일본국과 독일 간의 무역 및 금융관계로 발생한 청구권을 제외한다. 이 포기는 이 조약의 제16조 및 제20조에 따라 취해진 행동을 방해하는 것은 아니다.

(d) 일본국은 점령 기간 중에 점령 당국의 지령에 따라 또는 그 결과로 행해지거나 또는 당시 일본국의 법률에 의해 허가된 모든 작위 또는 부작위의 효력을 승인하며, 연합국민에 대해 이 작위 또는 부작위에서 발생하는 민사 또는 형사 책임과 관련해 문제 삼는 어떤 행동도 취하지 않는 것으로 한다.

자료 14

세계인권선언

〔발췌·1948년 12월 10일 채택〕

제10조

모든 사람은 자신의 권리, 의무 그리고 자신에 대한 형사상 혐의에 대한 결정에 있어 독립된 공평한 법정에서의 공정하고 공개된 재판을 받는 것에 대해 완전히 평등한 권리를 갖는다.

자료 15

자유권 규약

〔시민적 및 정치적 권리에 관한 국제규약·발췌·1966년 12월 16일 채택〕

제14조

1. 모든 사람은 재판 앞에서 평등하다. 모든 사람은 그 형사상의 죄의 결정 또는 민사상의 권리 및 의무 다툼에 대한 결정을 위해 법률로 설치된, 권한이 있는, 독립된, 그리고 공평한 법원에 의한 공정한 공개 심리를 받을 권리를 갖는다. (후략)

자료 16

대한민국 헌법(제10호·현행 헌법)

〔발췌·1987년 10월 29일 공포〕

전문

유구한 역사와 전통에 빛나는 우리 대한민국은 3·1운동으로 건립된 대한민국임시정부의 법통과 불의에 항거한 4·19 민주이념을 계승하고, 조국의 민주개혁과 평화적 통일의 사명에 입각하여, 정의·인도와 동포애로써 민족의 단결을 공고히 하고 모든 사회적 폐습과 불의를 타파하며, 자립과 조화를 바탕으로 자유민주적 기본질서를 더욱 확고히 하여 정치·경제·사회·문화의 모든 영역에 있어서 각인의 기회를 균등히 하고, 능력을 최고도로 발휘하게 하며, 자유와 권리에 따르는 책임과 의무를 완수하게 하여, 안으로는 국민생활의 균등한 향상을 기하고 밖으로는 항구적인 세계평화와 인류공영에 이바지함으로써 우리들과 우리들의 자손의 안전과 자유와 행복을 영원히 확보할 것을 다짐하면서 1948년 7월 12일에 제정되고 8차에 걸쳐 개정된 헌법을 이제 국회의 결의를 거쳐 국민투표에 의하여 개정한다.

자료 17
일본국 헌법
〔발췌·1946년 11월 3일 공포〕

전문

일본 국민은, 정당하게 선출된 국회의 대표자를 통해 행동하며, 우리와 우리의 자손을 위해 제諸국민과의 협화協和에 의한 성과와, 우리나라 전토全土에 걸쳐 자유가 가져다줄 혜택을 확보하고, 정부의 행위에 의해 다시는 전쟁의 참화가 일어나지 않도록 할 것을 결의하며, 이에 주권이 국민에게 있다는 것을 선언하면서 이 헌법을 확정한다. 본디 국정은 국민의 엄숙한 신탁에 의한 것으로, 그 권위는 국민에게서 유래하며, 그 권력은 국민의 대표자가 행사하고, 그 복리는 국민이 향유한다. 이것은 인류 보편의 원리이며, 이 헌법은 이런 원리에 바탕을 둔 것이다. 우리는 이에 반하는 일체의 헌법, 법령 및 조칙詔勅을 배제한다.

일본 국민은 항구적인 평화를 염원하며, 인간 상호 관계를 지배하는 숭고한 이상을 깊이 자각하고, 평화를 사랑하는 제諸국민의 공정과 신의를 신뢰하며, 우리의 안전과 생존을 보지保持하기로 결의했다. 우리는 평화를 유지하고, 전제와 예종, 압박과 편협을 지상에서 영원히 제거하려고 노력하는 국제사회에서 명예 있는 지위를 차지하고자 한다. 우리는 전 세계의 국민이 다 같이 공포와 결핍에서 벗어나 평화 속에서 생존할 권리를 갖고 있다는 것을 확인한다.

우리는 어느 국가도, 자국의 일에만 전념하면서 타국을 무시해서는 안 되기 때문에, 정치 도덕의 법칙은 보편적인 것이며, 이 법칙에 따르는 것은 자국의 주권을 유지하고 타국과 대등한 관계를 맺으려고 하는 각국의 책무라고 믿는다.

일본 국민은 국가의 명예를 걸고, 전력을 다해 이 숭고한 이상과 목적을 달성할 것을 다짐한다.

자료 18
야나이 슌지 외무성 조약국장의 국회 답변

〔발췌·1991년 8월 27일 참의원 예산위원회·제121회 국회
참의원 예산위원회 회의록 3호 10페이지〕

시미즈 스미코: 그래서 지금 말씀하셨듯이 정부들 간에 원활하다면 민간들 사이에서도 원활해야 한다고 생각하는데, 지금까지 청구권은 해결이 끝난 것으로 돼 있습니다만, 앞으로도 민간의 청구권은 일절 인정하지 않을 방침을 관철하실 작정이십니까?

정부위원(다니노 사쿠타로): 앞서 말씀드린 것의 되풀이가 되었습니다만, 정부와 정부 간에는 이 문제는 해결이 끝났다는 입장입니다.

정부위원(야나이 슌지): 지금 아시아 국장이 답변하신 것에 대한 것입니다만, 굳이 제가 약간 보충해드리자면, 선생님께서 알고 계신 대로 이른바 일한 청구권협정으로 양국 간의 청구권 문제는 최종적으로 그리고 완전히 해결됐습니다.

그것이 의미하는 바는, 일한 양국 간에 존재하는 각각의 국민 청구

권을 포함해서 해결했다는 것입니다만, 이것은 일한 양국이 국가로서 갖고 있는 외교보호권을 상호 포기했다는 것입니다. 따라서 이른바 개인의 청구권 자체를 국내법적인 의미에서 소멸시켰다는 것은 아닙니다. 일한 양국 간에 정부로서는 이를 외교보호권의 행사로서 다룰 수는 없다, 이런 의미입니다.

＊ 당시의 직책은 시미즈 스미코는 참의원 의원, 다니노 사쿠타로는 외무성 아시아 국장, 야나이 슌지는 외무성 조약국장.

이토 데쓰오 외무성 조약국 법규과장의
〈'제2차 세계대전 뒤의 일본의 배상·청구권 처리'〉

〔발췌·외무성 조사월보 1994년도 1호 112페이지〕

4. 전후 처리 조약에서의 개인 청구권 포기

⑶ 외교보호권 포기

일본 정부는 전시 중 일본의 행위 때문에 입은 손해로 인해 국가 등
의 분리지역이나 연합국의 국민에 의해 제기되고 있는 손해배상 청구
에 관해, 개인의 청구권 문제에 대해서도 샌프란시스코 평화조약이나
한일 청구권·경제협력협정 등의 전후 처리 조약에 따라 국가 간의 문
제로서는 해결이 끝났다는 일관된 입장을 취하고 있다. 또 이들 조약
에서 규정하는 '국가가 국민의 청구권을 포기한다'는 문언의 의미는,
상기 ⑵에서 기술한 개인이 갖고 있는(또는 갖고 있다고 주장되는) 국내법
상의 개인 청구권 자체를 포기하는 것은 아니며, 국제법상 국가가 자
국민의 청구권에 대해 국가로서 갖고 있는 외교보호권을 포기하는 것
이라는 해석도 일본 정부가 이제까지 일관되게 취해 온 바이다.(주61)

외교보호권이란 "사인私人이 타국의 국제 위법 행위로 손해를 입

었을 경우에"그 소속 본국이 갖고 있는 "이를 보호하는 국제법상의 권리"이다.(주62) 전시 중의 행위에 의해 발생한 개인의 청구권 문제를 포함해서 외국의 국제 위법 행위를 추궁하기 위한 국제법상의 청구권을 행사할 수 있는 것은 그 개인의 모국인 국가이며, 그 국민이 입은 손해를 국가 자신의 법익 침해로 파악하고 국가가 자기의 자격에 포함돼 있는 외교보호권을 행사해서 가해자에게 청구하게 된다. 이것이 외교보호권의 행사이며, 청구를 통해 가해국으로부터 일정한 지불금을 수령했을 경우, 또는 어떤 정부 판단으로 청구권(외교보호권)을 포기했을 경우 어느 쪽이든 피해자 자신이 어느 정도의 금전적 보상을 받을 수 있을지를 논의하는 것은 구상국(求償國, 배상 또는 상환을 요구하는 나라)의 내부 문제다. 이것은 전쟁 배상을 받은 전승국과 그 국민의 관계에 대해서도 적용된다.(주63)

(주61) 일본 정부는 상기(주46)의 캐나다 내 일본 재산 소송, 시베리아 억류 소송 등에서 전후 처리 관계의 조약에서 규정하는 국민의 재산·청구권 포기의 의미에 대하여, 국가(정부)와 국민은 다른 권리 주체이고, 논리적으로도 국가가 국민 개인의 재산·청구권을 포기할 수 없는 것 등으로 외교보호권 포기론을 주장했다. 이에 대해서는, (가) 제2차대전 뒤의 이탈리아, 헝가리 등 추축국 5개국과의 평화조약에서의 개인 청구권 포기에 관한 규정은, 해당 추축국이 "국민을 위해 (on behalf of)" 청구권을 포기한다, 그리고 "모든 청구권은 소멸시킨다 (be extinguished)"고 규정하고 있으며(예컨대 이탈리아 제76조, 헝가리 제32조), 국가가 국민의 권리를 포기할 수 있는 것처럼 쓰고 있다, (나) "국가 및

국민의 청구권을 포기한다"는 규정 중에서 국가의 외교보호권 포기
는 '국가의 청구권'의 포기 쪽에 포함되는 것으로, '국민의 청구권'과
는 관계가 없다, (다) 국가는 적당한 보상을 함으로써 국민의 사권私權
을 소멸시킬 수 있으므로, 필요한 조치를 취하면 조약으로 개인의 권
리를 포기하는 것도 법이론적으로는 가능하다는 등의 반론이 있다.
또한 샌프란시스코 강화회의에서 네덜란드 대표는 제14조 (b)에서 연
합국이 포기하는 것에 동의한 '국민의 청구권'의 올바른 해석으로서
각 연합국 정부가 조약 발효 뒤에 자국민의 사적 청구권이 소멸되도
록, 그런 청구권을 몰수하는 것(expropriation)을 포함하는 것은 아니라
는 뜻의 진술을 하고 있다(외무성 샌프란시스코 회의 의사록 영문 p.219).

(주62) 야마모토 소지, 《국제법》, p.547. 외교보호권은 국제법상 국
가 고유의 권리이며, 국가 독자의 판단으로 행사, 불행사가 결정되고,
그 결과에 대해 자국민에게 보상 의무가 당연히 생기는 것은 아니다.

(주63) 이리에, 앞의 책(편주: 이리에 게이시로, 《일본 강화조약 연구》, 1951, 이
타가키 서점), p.248.

자료 20
중일공동성명

〔일본국 정부와 중화인민공화국 정부의 공동성명·1972년 9월 29일〕

일본국 내각총리대신 다나카 가쿠에이는, 중화인민공화국 국무원 총리 저우언라이의 초청으로, 1972년 9월 25일부터 9월 30일까지 중화인민공화국을 방문했다. 다나카 총리대신은 오히라 마사요시 외무대신, 니카이도 스스무 내각 관방장관 기타 정부직원들이 수행했다.

마오쩌둥 주석은 9월 27일 다나카 가쿠에이 총리대신과 회견했다. 쌍방은 진지하고 우호적인 대화를 나눴다.

다나카 총리대신 및 오히라 외무대신과 저우언라이 총리 및 지펑페이 외교부장은 일중 양국 간의 국교 정상화 문제를 비롯한 양국 간의 문제들 및 쌍방이 관심을 갖고 있는 기타 문제들에 대해 시종 우호적인 분위기 속에서 진지하고 솔직하게 의견을 교환했으며, 다음의 두 정부 공동성명을 발표하는 데에 합의했다.

일중 양국은, 일의대수一衣帶水 사이의 이웃나라이고, 오랜 전통적 우호의 역사를 갖고 있다. 양국 국민은 양국 간에 이제까지 존재했던 비정상적인 상태에 종지부를 찍기를 간절히 바라고 있다. 전쟁 상태의 종결과 일중 국교 정상화라는 양국 국민 바람의 실현은 양국관계의 역사에 새로운 한 페이지를 열게 될 것이다.

일본 쪽은, 과거 일본국이 전쟁을 통해 중국 국민에게 중대한 손해를 끼친 것에 대한 책임을 통감하고, 깊이 반성한다. 또 일본 쪽은 중화인민공화국 정부가 제기한 '복교(復交, 국교 회복) 3원칙'을 충분히 이해하는 입장에 서서 국교 정상화의 실현을 꾀한다는 견해를 재확인한다. 중국 쪽은 이를 환영한다.

일중 양국 간에는 사회제도의 차이가 있음에도 양국은 평화우호 관계를 수립해야 하며, 또 수립하는 것이 가능하다. 양국 간의 국교를 정상화하고 상호 선린 우호 관계를 발전시키는 것은 양국 국민의 이익에 합치하는 것이며, 또 아시아에서의 긴장 완화와 세계 평화에 공헌하는 것이다.

1. 일본국과 중화인민공화국 사이의 이제까지의 비정상적인 상태는 이 공동성명이 발표되는 날로 종료한다.

2. 일본국 정부는 중화인민공화국 정부가 중국의 유일한 합법 정부임을 승인한다.

3. 중화인민공화국 정부는 대만이 중화인민공화국 영토의 불가분의 일부임을 거듭 표명한다. 일본국 정부는 이 중화인민공화국 정부의 입장을 충분히 이해하고, 존중하며, 포츠담선언 제8항에 의거한 입장을 견지한다.

4. 일본국 정부 및 중화인민공화국 정부는 1972년 9월 29일부터 외

교 관계를 수립하기로 결정했다. 두 정부는 국제법 및 국제관행에 따라 각자의 수도에서의 상대국 대사관의 설치 및 그 임무 수행을 위해 필요한 모든 조치를 취하며, 또 가능한 한 신속하게 대사를 교환하기로 결정했다.

5. 중화인민공화국 정부는 중일 양국 국민의 우호를 위해 일본국에 대한 전쟁 배상 청구를 포기할 것임을 선언한다.

6. 일본국 정부 및 중화인민공화국 정부는 주권 및 영토 보전의 상호 존중, 상호 불가침, 내정에 대한 상호 불간섭, 평등 및 호혜 그리고 평화공존의 원칙들의 기초 위에 양국 간의 항구적인 평화우호 관계를 확립한다는 데에 합의한다. 두 정부는 위의 원칙들 및 국제연합 헌장의 원칙에 의거하여, 일본국 및 중국이 상호 관계에서 모든 분쟁을 평화적 수단을 통해 해결하고, 무력 또는 무력에 의한 위협에 호소하지 않을 것임을 확인한다.

7. 중일 양국 간의 국교 정상화는, 제3국에 대한 것이 아니다. 양국 어느 쪽도 아시아·태평양 지역에서 패권을 추구해선 안 되며, 이러한 패권을 확립하려는 다른 어떠한 나라 또는 나라의 집단의 시도에도 반대한다.

8. 일본국 정부 및 중화인민공화국 정부는 양국 간의 평화우호 관계를 강고히 하고, 발전시키기 위해 평화우호조약의 체결을 목적으로 삼아, 교섭을 한다는 데에 합의했다.

9. 일본국 정부 및 중화인민공화국 정부는 양국 간의 관계를 한층 더 발전시키고, 인적 왕래를 확대하기 위해, 필요에 따라, 또한 기존의 민간 약정도 고려하면서 무역, 해운, 항공, 어업 등의 사항에 관한 협

정의 체결을 목적으로 삼아 교섭을 진행한다는 데에 합의했다.

1972년 9월 29일 베이징에서

일본국 내각총리대신　　　다나카 가쿠에이

일본국 외무대신　　　　　오히라 마사요시

중화인민공화국 국무원총리　저우언라이

중화인민공화국 외교부장　　지펑페이

자료 21

청구권협정 연표

1910년 8월 22일	한일병합조약
1943년 11월 27일	카이로선언
1945년 7월 26일	포츠담선언(8월 14일 수락)
8월 15일	일본 패전, 조선 해방
12월 6일	주조선 미 육군사령부 군정청(미 군정청) 군정령 제33호를 발령
1946년 11월 3일	일본국 헌법 공포
1948년 7월 17일	대한민국 제헌헌법 공포
8월 15일	대한민국 정부 수립
9월 9일	조선민주주의인민공화국 정부 수립
9월 21일	한미 간의 재산 및 재정에 관한 최초의 협정 (한미협정) 체결
12월 12일	유엔 총회 결의 195(Ⅲ)

1950년 6월 25일	한국전쟁 발발(~1953년 7월 27일)
1951년 7월 10일	한국전쟁 휴전회담 개시
9월 8일	샌프란시스코 강화조약 조인
10월 20일	제1차 회담·예비회담 개시
11월 28일	제1차 회담·예비회담 종료
1952년 1월 18일	한국 정부, 해양 주권선언 발표(이승만 라인 설정)
2월 15일	제1차 회담·본회담 개시
4월 24일	제1차 회담·본회담 종료
4월 28일	샌프란시스코 강화조약 발효
1953년 4월 15일	제2차 회담 개시
7월 23일	제2차 회담 종료
7월 27일	한국전쟁 휴정협정 조인
10월 6일	제3차 회담 개시
10월 21일	제3차 회담 종료
1955년 12월 18일	일본이 유엔에 가입
1957년 12월 31일	한일회담 재개를 위한 한일 공동선언
1958년 4월 15일	제4차 회담 개시
1960년 4월 15일	제4차 회담 종료
4월 19일	한국에서 학생·시민에 의한 반정부 데모에 경찰 발포, 183명 사망(4·19 혁명)
4월 26일	이승만 대통령, 하야 성명 발표
10월 25일	제5차 회담 개시
1961년 5월 15일	제5차 회담 종료

5월 16일	한국에서 군사 쿠데타 발발(박정희)
6월 20일	미일 정상회담(이케다 하야토-존 F.케네디)
10월 20일	제6차 회담 개시
11월 12일	한일 정상회담(박정희-이케다 하야토)
1962년 11월 11일	박정희(국가재건최고회의 의장) 방일, 이케다 총리 등과 회담
11월 12일	한일 외무장관 회담(김종필-오히라 마사요시) 김·오히라 메모
11월 13일	박정희 방미(~25일)
1964년 6월 3일	제6차 한일회담 종료
같은 날	한국에서 계엄령 선포
12월 3일	제7차 한일회담 개시
1965년 2월 20일	한일기본조약 가조인
5월 16일	박정희 방미
6월 22일	한일기본조약 및 4협정 조인
같은 날	제7차 회담 종료
8월 14일	한국 국회, 한일기본조약 및 협정들 비준
12월 11일	일본 국회, 4번의 강행 채결 시도 끝에 한일기본조약 및 협정들 비준
12월 17일	'재산 및 청구권에 관한 문제의 해결 그리고 경제협력에 관한 일본국과 대한민국 사이의 협정' 제2조의 실시에 따르는 대한민국 등의 재산권에 대한 조치에 관한 법률 공포

* 요시자와 후미토시,《일한회담 1965-전후 일한 관계의 원점을 검증한다》(고분켄, 2015년), 이종원 외《전후 일한관계사》(유히카쿠아르마·2017년)의 연표를 참고로 저자가 작성.

자료 22
관계 지도

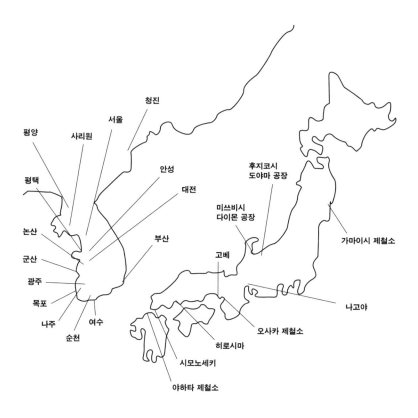

평양
사리원
서울
청진
안성
대전
평택
논산
군산
광주
목포
나주
순천
여수
부산
고베
미쓰비시
다이몬 공장
후지코시
도야마 공장
히로시마
시모노세키
야하타 제철소
오사카 제철소
나고야
가마이시 제철소

참고문헌

본문 중에 기술돼 있는 것 외에 이하의 문헌을 참고했다(순서 없음).

● 이상열, 〈한일 국교 정상화 교섭 과정에서의 한국 정부의 대일 정책 결정에 관한 한 고찰〉, 도쿄대학 대학원 법학정치학연구과 전수 코스 연구연보(2002년).

李相烈〈日韓国交正常化交渉過程における韓国政府の対日政策決定に関する一考察〉東京大学大学院法学政治学研究科専修コース研究年報(2002年)

● 이양수, 〈일한회담 문서 공개운동이 남긴 것-일한관계〉(일한회담 문서·전면공개를 요구하는모임 웹사이트, 2016년).

李洋秀〈日韓会談文書公開運動の残したもの-日韓関係〉(日韓会談文書·全面公開を求める会ウェブサイト, 2016年)

● 이데이시 다다시, 〈전후 보상 소송에서의 전 징용공 문제와 일한관계〉, 현대한국조선연구 15호(현대한국조선학회, 2015년).

出石直〈戦後補償訴訟における元徴用工問題と日韓関係〉現代韓国朝鮮研究15号(現代韓国朝鮮学会, 2015年)

● 오타 오사무, 〈일한 교섭-청구권 문제 연구〉,(크레인, 2003년).

太田修〈日韓交渉-請求権問題の研究〉(クレイン, 2003年)

● 오타 오사무, 〈한일 청구권 문제의 재고-탈식민지주의의 시각에서〉, 문학부논집 90호(불교대학 문학부, 2006년).

太田修〈日韓請求権問題の再考-脱植民地主義の視覺から〉文学部論集90号(佛教大学文学部, 2006年)

● 강선희, 〈한국에서의 일본의 경제협력〉, 현대사회문화연구21호(니가타대학 대학원 현대사회문화연구과, 2001년).

姜先姫〈韓国での日本の経済協力〉現代社会文化研究21号(新潟大学大学院現代社会文化研究科, 2001年)

● 김은정, 〈한일회담 청구권 문제에서의 일본 정부의 정책적 연속성〉, 현대한국조선연구 15호(현대한국조선학회, 2015년).

金恩貞〈日韓会談請求権問題における日本政府の政策的連続性〉現代韓国朝鮮研究15号(現代韓国朝鮮学会, 2015年)

● 가즈야 아야〈나치 시대의 강제 노동자 보상 문제-'끝나지 않는 책임'?〉, 사회과학논집49호(아이치교육대학 지역사회시스템강좌, 2011년).

葛谷彩〈ナチス時代の強制勞動者補償問題-'終わることのない責任'?〉社會科學論集49号(愛知敎育大學 地域社會システム講座, 2011年)

● 고상룡,《한국법》[제3판] (신잔샤, 2016년).

高翔龍《韓國法》[第3版](信山社, 2016年)

● 오다케 히로코,《감춰진 한일회담의 기록》(소시샤, 2011년).

小竹弘子《隱される日韓会談の記録》(創史社, 2011年)

● 사사다 에이지,〈Column⑯최고재판소 재판관의 국민심사〉, 사사다 에이지 외《토픽으로 시작하는 통치제도헌법을 생각한다》(유히카쿠, 2015년).

笹田栄司〈Column⑯最高裁判所裁判官の国民審査〉笹田英司ほか《トピックから始める統治制度憲法を考える》(有斐閣, 2015年)

● 시라이 교,〈인사청문회법〉, 외국의 입법 217호(2003년).

白井京〈人事聴聞会法〉外国の立法217号(2003年)

● 다무라 미쓰아키,《나치 독일의 강제 노동과 전후 처리-국제관계에서의 진상 해명과 '기억·책임·미래' 기금》(샤카이효론사, 2006년).

田村光昭《ナチス·ドイツの強制労働と戦後処理-国際関係における真相の解明

と'記憶・責任・未来'基金》(社会評論社, 2006年)

● 도고 겐, 〈전쟁과 동아시아의 경제성장〉, Musashi University Working Paper No.18(J-10)(무사시대학, 2013年).
東郷賢 〈ベトナム戦争と東アジアの経済成長〉 Musashi University Working Paper No.18(J-10)(武蔵大學, 2013年)

● 한일회담 문서·전면공개를 요구하는모임 웹사이트.
日韓会談文書・全面公開を求める会ウェブサイト

● 하라 아키라, 〈한일회담과 한일 국교회복〉, 미타학회잡지 109권 2호(게이오기주쿠경제학회, 2016年).
原朗〈日韓会談と日韓国交回復〉三田学会雑誌109巻2号(慶應義塾経済学会, 2016年)

● 야마모토 세이타, 〈법률사무소 아카이브〉(웹사이트).
山本晴太〈法律事務所のアーカイブ〉(ウェブサイト)

● 요시자와 후미토시, 〈한일회담에서의 대일 청구권의 구체적 토의의 분석〉, 히토쓰바시논총 120권 2호(히토쓰바시대학 히토쓰바시학회, 1998년).
吉沢文寿〈日韓会談における対日請求権の具体的討議の分析〉一橋論叢120巻 2号(一橋大学一橋学会, 1998年)

● 요시자와 후미토시,《전후 한일 관계-국교 정상화 교섭을 둘러
싸고》(크레인, 2005년).

吉沢文寿《戦後日韓関係-国交正常化交渉をめぐって》(クレイン, 2005年)

● 독립행정법인국제협력기구(JICA),《대한무상자금협력 및 기술
협력에 관한 조사보고서》(2013년).

独立行政法人国際協力機構(JICA)《大韓無償資金協力および技術協力に関する調
査報告書》(2013年)

● 요시자와 후미토시 편저,《50년째의 한일 다시 연결하기-한일
청구권협정으로부터 생각한다》, (샤카이효론사, 2016년).

吉沢文寿 編著《50年目の日韓つながり直し-日韓請求権協定から考える》(社会評
論社, 2016年)

미주

1 한반도의 해방으로 1945년 12월 6일, 재한 미군정청령 제33호(이하, 명령 33호)가 발령돼, 재한 일본 재산은 그 국공유·사유를 불문하고 미군정청에 귀속됐다. 최종적으로 1948년 9월 20일, '한미 간의 재산 및 재정에 관한 최초 협정'(이하, 한미협정) 5조에 따라 재한 일본 재산은 한국 정부에 이양 됐다.

2 "일본국 정부는 쇼와昭和 32년(1957년) 10월 31일부의 '한일 청구권의 해결에 관한 일본국과의 평화조약 제4조의 해석에 대한 미국의 견해 표명'을 기초로 쇼와 27년(1952년) 3월 6일에 일본국과 대한민국 간의 회의에서 일본 쪽 대표가 행한 재한 재산에 대한 청구권 주장을 여기에서 철회한 다." – 《마이니치신문》, 1958년 1월 1일자

3 도쿄 지방재판소 1963년 12월 7일 판결(《하급 재판소 민사재판 판례집》 14권 2451p.).

4 《조사와 정보》 230호, 국립 국회도서관, 1993년 11월 16일.

5 다쓰미 노부오 외 편, 《일한조약과 국내법의 해설(《시의 법령》 별책)》(대장성 인쇄국, 1966년), 1965년 11월 5일 중의원 한일조약 특별위원회에서 시이나 에쓰사부로椎名悦三郎 외무대신의 답변, 1993년 5월 26일 중의원 예산위원회 단바 미노루 외무성 조약국장 답변.

6 다쓰미 외, 앞의 책.

7 이치바 준코, 《히로시마를 가져간 사람들 – '한국의 히로시마'는 왜 생겨났나》, 가이후샤, 2000년.

8 강제 동원 진상 규명 네트워크의 고바야시 히사히로小林久公 씨가 국립공문서관 쓰쿠바 분관에서 발견한 《국내법 관계(상정 문답 기타) 40.7~40.10).

9 도쿄 지방재판소 2004년 10월 15일 판결 등. 즉 한국 거주 한국인들에 관한 공탁금은 반환 청구를 하면 거부하기 위해 보관하고 있는 셈이 되는데, 청구권협정의 적용을 받지 않는 조선민주주의 인민공화국, 일본, 기타 나라에 거주하는 한국인 및 조선인 등의 반환 청구에 대비해 보관 자체

는 계속하고 있는 것이리라.

10 최고재판소 2001년 11월 22일 판결(《판례 타임즈》1080호 81p., 《판례시보》1771호 83p.), 동 2004년 11월 29일 판결(《판례 타임즈》1170호 144p., 《판례시보》1879호 58p.) 등.

11 따라서 양국 간 조약의 청구권 포기 조항이 전쟁 피해자의 손해배상청구권에 어떤 영향을 주는 지 고찰할 경우, 한국 피해자들의 손해배상청구권 등 중 '청구권'에 해당하는 부분은 재산권 조 치법 같은 법의 적용을 받지 않는 중국이나 동남아시아 등의 피해자 문제와 법적으로 같다고 볼 수 있다.

12 한반도와 대만 출신자를 의미한다.

13 오사카 지방재판소 1991년 1월 31일 판결(정상근 1심 판결, 《판례 타임즈》901호 84p.), 도쿄 지방재판소 1992년 8월 13일 판결(정석일·석성기 1심 판결, 《판례 타임즈》855호 161p.) 등 참조.

14 도쿄 고등재판소 1998년 9월 29일 판결(《판례시보》1659호 35p.). 이 사건의 원고와 연구자가 대한민 국 외무부에 문의하고 받은 회답서를 통해 한국 정부의 해석에 대한 사실 여부를 확인했다(이 점 은 이 사건의 담당 변호사인 자이마 히데카즈在間秀和 변호사의 교시에 따른다).

15 1991년 12월 13일 참의원 예산위원회, 1992년 2월 26일 중의원 외무위원회, 1992년 3월 9일 중 의원 예산위원회의 야나이 슌지 조약국장 답변, 1992년 4월 7일 참의원 내각위원회의 가토 고이 치 외무대신 답변 등.

16 이 《외무성 조사월보》가 최근에 발견되거나 공개된 문헌이라는 오해가 있는 듯한데(예컨대 도서출 판 선인의 《강제 동원을 말한다》에 수록된 오일환 논문 등), 이미 《조사와 정보》230호(국립국회도서관, 1993년 11월 16일)에서 그 존재가 지적되었고, 2000년대에 이루어진 다수의 전후 보상 재판에서 원고 쪽 서면 증거로 제출된 적이 있을 정도로 이미 알려진 문헌이다.

17 오사카 지방재판소 1991년 1월 31일 판결, 도쿄 지방재판소 1992년 8월 13일 판결.

18 2000년 11월 17일부 〈샌프란시스코 평화조약 비체결국 국민에 의한 일본 기업 상대의 소송에 관 한 일본 정부의 견해〉(영문). 청구권 포기 조항의 법적 의미에 대한 언급은 없이, 외교 교섭과 2국 간 조약으로 해결 또는 해결되고 있는 문제라며, 미국 법원의 관할에 반대하는 취지다.

19 예컨대 관부 재판 항소심(2000년 11월 2일부 준비서면)에서는 "한일 청구권협정으로 포기된 것은 외 교보호권인데, 한국인의 '청구권'은 외교보호권을 통해서만 실현할 수 있는 권리이기 때문에 이 미 청구가 수용될 여지는 없다"고 주장했다. 우키시마마루 소송 항소심(2001년 10월 23일부 준비서면) 에서는 "한국 국민의 '재산, 권리 및 이익'은 일본의 국내법(조치법)으로 소멸됐으며, '청구권'은 한일 청구권협정의 직접 적용으로 소멸했다"고 주장했다.

20 이 소송들은 공동 원고의 청구 가운데 미지급 임금의 지급이나 군사우편저금 환불 등 '재산·권 리 및 이익'에 해당하는 청구가 포함돼 있었기 때문에 '재산권 조치법에 의한 소멸'이라고 일본 정부 또는 공동 피고인 기업에서 항변한 경우다. 그런데 법원이 정부 쪽 주장에서 한 걸음 나아 가 이 논리를 '청구권'을 주장하는 원고에게도 적용한 것이다.

21 일화평화조약으로 중국인 피해자의 청구권이 포기됐다는 일본 측 주장의 큰 틀은 아사다 마사 히코浅田正彦의 〈일화평화조약과 국제법〉, 《법학론총》147권 4호(2000년)~156권 2호(2004년)에 의 거하고 있다. 이 논문은 중국이라는 국가와의 전쟁 종결 및 배상 문제는 성격상 교환 공문의 적 용을 받지 않고 일화평화조약으로 해결됐으며, 중일공동성명으로 중화인민공화국이 이를 추인

함으로써 중화인민공화국 정부에 대한 대항력을 얻었다는 취지다.

22 후쿠오카 지방재판소 2002년 4월 26일 판결(중국인 강제 연행 후쿠오카 1차 소송, 《판례 타임즈》 1098호 267p., 《판례시보》 1809호 111p.), 도쿄 지방재판소 2003년 4월 24일 판결(산시성 성폭력 피해자 소송, 《판례 타임즈》 1127호 281p., 《판례시보》 1823호 61p.), 니가타 지방재판소 2004년 3월 6일 판결(중국인 강제 연행 니가타 소송), 도쿄 고등재판소 2004년 12월 15일 판결(중국인 '위안부' 1차 소송).

23 도쿄 고등재판소 2001년 10월 11일 판결(《판례 타임즈》 1072호 88p., 《판례시보》 1769호 61p.).

24 아사다 마사히코, 〈일화평화조약과 국제법〉, 《법학론총》 147권 4호~156권 2호.

25 최고재판소 조사관과 도쿄 지방재판소 재판관을 역임한 뒤 퇴임한 세기 히로시瀬木比呂志가 2014년에 출간한 《절망의 법원》(고단샤)를 보면, "도쿄 지방재판소의 다수 부에서 심리가 이뤄지고 있는 같은 종류의 헌법 소송들에 대해" "재판장들이 비밀리에 계속적인 회합을 하면서 각하 내지 기각을 암묵적으로 전제하고 심리 진행 방식 등을 상담했다"는 기술이 나온다. 저자의 도쿄 지방재판소 재임 기간 등으로 보건대 여기서 얘기하는 '같은 종류의 헌법 소송'이란 2000년대 중국인 피해자들이 낸 전후 보상 소송이었던 것으로 생각된다. 추측이긴 하지만 '국가 무답책', '시효·제척기간', '청구권 포기'의 세 가지 논점 중에서 어느 것을 택해 기각시킬지에 대해 상담을 했던 게 아닐까 싶다.

26 아베 고키, 〈샌프란시스코 평화조약과 사법에 접근할 권리〉, 《가나가와 법학》 46권 2·3 합병호 (2013년).

27 삿포로 고등재판소 2007년 6월 28일 판결(중국인 강제 연행 홋카이도 소송), 마에바시 지방재판소 2007년 8월 29일 판결·도쿄 고등재판소 2010년 2월 17일 판결(모두 중국인 강제 연행 군마 소송), 야마가타 지방재판소 2008년 2월 12일 판결·센다이 고등재판소 2009년 11월 20일 판결(모두 중국인 강제 연행 야마가타 소송), 도쿄 고등재판소 2009년 3월 26일 판결(하이난도 성폭력 소송), 가나자와 지방재판소 2008년 10월 31일 판결·나고야 고등재판소 가나자와 지부 2010년 3월 10일 판결(모두 중국인 강제 연행 나나오 소송), 후쿠오카 고등재판소 미야자키 지부 2009년 3월 27일 판결(중국인 강제 연행 미야자키 소송), 도쿄 지방재판소 2015년 2월 25일 판결(충칭 대폭격 피해자 소송), 오사카 지방재판소 2019년 1월 29일 판결(중국인 강제 연행 국가배상 소송).

28 나고야 고등재판소 2007년 5월 31일 판결(미쓰비시 나고야 조선여자근로정신대 소송, 《판례 타임즈》 1210호 186p., 《판례시보》 1894호 44p.), 도야마 지방재판소 2007년 9월 19일 판결·나고야 고등재판소 가나자와 지부 2010년 3월 8일 판결(모두 후지코시 근로정신대 2차 소송).

29 일종의 부언(附言, 덧붙여 말함) 판결인데, 이는 단순한 부언 이상의 효과를 가져온다. 예컨대 상장 기업이 피해자의 손해배상 청구에 자주적으로 대응했다 하더라도 실체적 권리가 존재하는 이상, 청구에 응한 이사는 주주로부터 책임 추궁을 면할 수 있게 된다.

30 도쿄 간이재판소 2009년 10월 23일 즉결 화해. 화해 조항에서 본 최고재판소 판결을 인용한 뒤에, 니시마쓰건설은 "심심한 사죄의 뜻을 표명"하고, 360명의 희생자들에 대한 보상, 기념비 건립, 위령사업 등의 비용으로 2억 5,000만 엔을 사업 주체인 자유인권협회에 신탁했다.

31 도야마 지방재판소 2007년 9월 19일 판결.

32 다카사키 소지, 《검증 일한회담》(이와나미쇼텐, 1996년) 109p. 다만 이 책에서도 지적하고 있듯이 개인 보상을 하겠다는 일본 정부의 제안이 성실한 것이었다고는 볼 수 없다. 그 뒤 한일 청구권

협정의 적용을 받지 않는 재일 한국·조선인 전쟁 피해자들에 대한 보상은 방치됐고, '평화조약 국적 이탈자 전몰자 유족에 대한 조위금 등 지급법'에 따라 전몰자·중증 전상자에게 일본인 피해자와 비교해서 현저하게 적은 액수의 조위금을 지급하기로 한 것이 한일 청구권협정 체결 35년 뒤인 2000년의 일이었던 사실을 보더라도 이것은 명백하다.

33 이 시책들은 대상자를 피징용 사망자로 한정한 점, 보상 금액이 소액이었던 점, 신고 기간이 짧아 신고 누락이 매우 많았던 점 등의 문제로 피해자들에게 큰 불만을 안겨주었다.

34 대법원 1970년 11월 30일 판결, 1970년 12월 22일 판결, 헌법재판소 1996년 10월 4일 결정, 1996년 10월 31일 결정, 1996년 11월 28일 결정, 1999년 7월 23일 결정, 2000년 3월 30일 결정.

35 김창록, 〈'한일 청구권협정'에 의해 '해결'된 '권리'〉, 경북대학교 법학연구원 《법학논고》 제49집.

36 서울행정법원 2004년 2월 13일 판결.

37 원문은 대한변호사협회 홈페이지 '국무조정실 보도자료' http://www.koreanbar.or.kr/pages/japandata/view.asp?teamcode=&category=&page=1&seq=7099&types=1005&searchtype=&searchstr=〉, 일본어 역은 일본변호사연합회 홈페이지 '전후 보상을 위한 한일 공동자료실'〈http://nichihttps://www.nichibenren.or.jp/library/ja/kokusai/humanrights_library/sengohosho/sonota_01.pdf〉.

38 일본군 '위안부' 피해자들은 이러한 견해에도 불구하고 한국 정부가 그 후에 일본 정부를 대상으로 한일 청구권협정 3조가 정한 분쟁 해결('외교상의 경로' 및 '중재위원회'를 통한 해결)에 나서지 않는 것은 위헌이라 하여 헌법재판소에 헌법소원을 제기했고, 헌법재판소는 2011년 8월 30일 결정에서 위헌 결정을 내렸다. 이 결정은 교착 상태에 빠져 있던 일본군 '위안부' 문제를 다시 논의하는 데 큰 역할을 했지만, 청구인도 한국 정부도 민관공동위원회 견해를 전제로 하고 있어 한일 청구권협정에 대한 새로운 해석을 더한 것은 아니었다.

39 따라서 "노무현 정권은 징용공 문제에 대해 한국 정부가 처리하겠다고 약속했다"는 일본 정부와 언론의 언설은 곡해다.

40 부산지방법원 2007년 2월 2일 판결, 부산고등법원 2009년 2월 3일 판결, 서울중앙지방법원 2008년 4월 3일 판결, 서울고등법원 2009년 7월 16일 판결.

41 헌법재판소 2001년 3월 21일 결정, 2005년 6월 30일 결정, 2011년 3월 31일 결정 등.

42 이것은 강제 동원 문제에는 외교보호권을 행사하지 않는다는 취지이기도 한데, 일본 언론은 이런 의미를 이해하지 못한 채 대통령이 강제 동원 문제를 언급한 것 자체를 비난했다.

43 실제로는 한국이 국제사법재판소의 관할 수락 선언을 하지 않고 있기 때문에 한국의 동의가 없는 한 이 소송은 실현될 수 없다.

44 개별 의견 2는 "청구권협정 당시 일본은 청구권협정을 통해 개인 청구권이 소멸하는 것이 아니라 국가의 외교보호권만 포기되는 것이라고 보는 입장이었던 게 분명하며, 협정의 상대방인 대한민국도 이런 사정을 숙지하고 있었던 것으로 생각된다. 따라서 양국의 진정한 의사도 역시 외교적 보호권만 포기되는 것이라는 점에서 일치하고 있었다고 보는 것이 합리적이다"라고 하지만, 한국이 '숙지'하고 있었다는 증거도, 일본의 입장에 동의하고 있었다는 증거도 존재하지 않는다. 다만 개인 청구권이 소멸한다고 생각하고 있었던(것으로 보이는) 한국 정부는 당연히 외교보호권을 행사할 의사가 없게 되므로 외교보호권을 행사하지 않는다는 한도 내에서 의사가 일치했다고 볼 수는 있다.

45 〈http://www.icj-cij.org/en/case/143〉에 판결을 포함한 소송 자료의 프랑스어·영어 원문, 〈http://justice.skr.jp/〉에 판결(다수 의견, 반대 의견, 개별 의견)의 일본어·한국어 졸역.

완전하지도, 끝나지도 않았다

양심적인 일본 변호사들의
징용공을 위한 변론

가와카미 시로, 김창호, 아오키 유카,
야마모토 세이타, 은용기, 장계만 지음
한승동 옮김

초판 1쇄 2020년 5월 20일 발행

ISBN 979-11-5706-193-8(03340)

만든사람들

기획편집	이경민
디자인	this-cover.com
마케팅	김성현 김규리
인쇄	한영문화사

펴낸이	김현종
펴낸곳	(주)메디치미디어
경영지원	전선정 김유라
등록일	2008년 8월 20일 제300-2008-76호
주소	서울시 종로구 사직로 9길 22 2층
	(필운동 32-1)
전화	02-735-3308
팩스	02-735-3309
이메일	medici@medicimedia.co.kr
페이스북	facebook.com/medicimedia
인스타그램	@medicimedia
홈페이지	www.medicimedia.co.kr

이 도서의 국립중앙도서관 출판예정도서목록(CIP)은
서지정보유통지원시스템 홈페이지(http://seoji.nl.go.kr)와
국가자료종합목록시스템(http://www.nl.go.kr/kolisnet)에서
이용하실 수 있습니다. (CIP제어번호: CIP2020012939)